U0013778

全新增訂版

養男育女調不同

Why Gender Matters 2E

Leonard Sax, M.D., Ph.D. 著

洪蘭 &丁凡 譯

目錄

直到最近，對於性別差異的爭論仍然有兩組人馬，一派認為性別差異是天生的並且應該欣然接受；另一派則認為這樣的差異是後天學習來的，並且應該透過改變男女平等的環境將之消除。薩克斯是少數執其中道的學者——他篤信男孩、女孩天生就不同，我們應該提供適性的環境以免限制了他們的發展。

——《時代》（*Times*）雜誌，二〇〇五年三月七日封面故事

令人信服的心理學家暨家庭醫師薩克斯，利用二十年來科學研究的文獻，為男孩、女孩在各方面不同的證據提供了一個導覽……這在本極易讀的書中也包含了對教養機敏的建議，協助青少年避免毒品以及過早開始性行為。薩克斯的發現、洞見與激動人心的觀點，應該很能引起家長的興趣並對他們多所助益。

——《紐約郵報》（*New York Post*）

利用學術研究並佐以執業上個案的軼事與教室觀察，薩克斯醫師對於防範毒品濫用與提高學習動機等主題提出了他的建議……這本書確實發人省思，而且薩克斯在他所提的主張背後都有堅實的科學根據……對於想要為孩子在面臨成人之路的挑戰上做最充足準備的師長來說，《養男育女調不同》是本值得一讀的好書。

——《科學人》（*Scientific American*）雜誌

《養男育女調不同》是本對老師及家長而言深富教育意義的手冊……能創造因應男孩與女孩差別的教育方式。

——《波士頓環球報》（*The Boston Globe*）

《養男育女調不同》蒐羅了範圍極廣的發現，從女孩對壓力的反應方式，到反毒廣告的訴求竟然成為鼓勵青少男吸毒的歷程，以及這一切差異都是打出生就設定好的事實。

——加拿大《國家郵報》（*The National Post*）

一本有說服力的新書……（薩克斯醫師）引述了大量的學術研究，以顯明男孩與女孩在許多方面的差異，從他們大腦的發展到他們如何處理壓力。

——瑪格麗特．溫特（Margaret Wente），加拿大《環球郵報》（*The Globe and Mail*）

（薩克斯）挑戰家長與老師，看他們是要接受研究上關於性別差異最新的證據，還是甘冒子女在教育成績與情緒健康的風險，仍堅持沒有性別天生差異這回事。

——瓊安．古德（Joanne Good），加拿大《卡加利前鋒報》（*The Calgary Herald*）

薩克斯的書很容易閱讀並具有說服力，在堅實的數據之中穿插了很多個案故事，挑戰了許多基本假設。

——瑪麗．沃德．門克（Mary Ward Menke），《一月雜誌》（*January magazine*）

棒極了……這本書對性別採取一個有別於傳統的觀點，薩克斯說：「強力主張中性教養孩子的教育制度，反而使男生和女生更加刻板印象化。」按照薩克斯的說法，教養你兒子長大成為一個關心、體貼男人最好的方法是先讓他當個男孩；培養女性數學家最好的方式是首先讓她當個女孩……我認為薩克斯談到重點了。成熟的男人和女人確實帶有刻板印象中屬於相對性別的一些特質，但最容易達到成熟的方式是首先得要有自信地當個男人或女人……薩克斯補充說，今天的孩子比較不快樂又缺乏自信，是因為沒有人教他們怎麼當一個男人或女人，這論點相當有力，即使是顯而易見，一旦你敢去思考它……在近來連續出版的瑪莉．艾柏絲黛（Mary Eberstadt）的《美國孩子自己在家》（*Home- Alone America*）與薩克斯的《養男育女調不同》，我們看到了兩本關於家庭生活與童年發展上重要、創意並且政治不正確的佳作。

——史丹利．克茲（Stanley Kurtz），《國家評論》（*National Review Online*）雜誌

身為一個國小校長，我經常在注意關於因性別所導致學習差異這方面傑出的文章與書籍，《養男育女調不同》是我讀過最好的作品。

——約翰．韋伯司特（John Webster），聖安東尼學院（the San Antonio Academy）校長

《養男育女調不同》是本傑出的博學之作，我要把它列入今年夏天的「教師閱讀書單」。

——保羅．克瑞格（Paul Krieger），基督學校（Christ School）校長

超有趣的……挑戰我許多基本的假設，並使我能以一個新的角度思考性別。

——瓊．霍頓（Joan Ogilvy Holden），聖史帝文學校（St. Stephens School）校長

對家長和老師來說，《養男育女調不同》是個了不起的資源，薩克斯醫師結合了他本身關於性別議題研究上淵博的知識，以及行醫執業上中肯的建議，行文順暢易讀。我等不及要我學校的同事一起閱讀、討論。

——瑪莎．卡茲（Martha Cutts），國家大教堂學校（National Cathedral School）高年級部主任

在這本平易適讀的好書中，薩克斯醫師結合了他廣博的科學文獻知識與許多有趣的個案研究，提出他對單一性別教育利多的主張。

——珊卓．魏托生（Sandra Witelson），麥克邁司特大學（McMaster University）神經科學愛因斯坦講座教授

我無法描述這本書如何為我打開眼界。是的，我——雖然我以為我是撫養男孩的專家。畢竟，我撫養了四個健康聰明的運動健將。我一定知道我在做什麼吧？但是在撫養男孩的日子裡，我經常覺得自己要發瘋了。我從某些運動場合回到家，全身發抖，因為教練吼我的孩子。我問我丈夫，以及被吼的兒子，他們怎麼能夠忍受那樣子被吼。幾乎是每一次，我丈夫和兒子都會看著我，完全不記得自己被吼過。現在我懂了！

——珍奈特．飛利浦（Janet Phillips），馬利蘭州（Maryland）波多馬克（Potomac）的一位母親

我是父親，我有一個四歲的女兒，和兩個剛出生的男孩雙胞胎。這本書對我特別有吸引力。我完全無法放下這本書。不但寫得很好，有很多有趣的奇聞軼事，還包括了性別研究的最新科學發現（有很多註解，如果你有興趣的話，可以自己閱讀文獻），並將文獻內容與親職任務作出連結。作者也是家庭醫生，看過很多失能的情況，如果當初有足夠知識，很可能就可以避免問題發生了。本書不只是對兒童的性別差異有豐富的資訊——他也將資訊有效連結到親職議題上，例如如何管教小孩、不同性別的教育策略、如何處理有問題的孩子、孩子與藥品（合法與非法的濫用）等。

——飛利浦．特魯比（Philip Trubey），加州聖塔菲（Santo Fe）的一位父親

我是高中管理人員，今天秋季，我正在領導同事讀這本書。我剛成為阿姨，剛好可以送這本書給我妹妹。我自己有兩個兒子和一個女兒。我讀這本書時，每一個字都吸引著我。會接觸到任何年紀孩子的人都應該閱讀本書。我強烈建議閱讀。

——里昂妮．蘭西斯（Leone Langseth），德州鹿園（Deer Park）

男生女生大不同

黃瑽寧
馬偕兒童醫院主治醫師

幾個月前，一本與防疫相關的兒童繪本，與我的 YouTube 頻道合作行銷。出版社策劃了一場見面會，由我一個人主持，沒有家長，搭配三個「男孩」，在鏡頭前針對繪本內容進行互動，孩子們的年齡分別是「四歲、七歲與八歲」。

我相信許多讀者，在讀到這段文字時，應該忍不住露出幸災樂禍的微笑，心裡想著「黃醫師，你慘了」。沒錯！正如大家所預期的，拍攝現場果然一片歡樂（？），三個男孩從開鏡到結尾，沒有任何一秒鐘是正襟危坐，冷靜問答。他們輪流敲打麥克風，被制止之後改成拍打圈叉牌，圈叉牌被沒收之後，開始跟我搶書，翻跟斗，在地上打滾……。整個錄製就在其中一位男孩把書封撕得稀巴爛後，順利地完成任務。

這裡必須要特別聲明，若不是為了錄製影片，若不是製作單位規定我一定要照著腳本走，否則與這三位活潑的男孩一起打鬧玩樂，其實是非常開心的經驗。他們天真無邪，屢屢脫口而出無厘頭的答案，對某些關鍵字產生莫名其妙的笑點，種種臨場反應都讓我捧腹不已。然而攝像鏡頭就只有一顆，要我隻身 hold 住全場，將三隻毛毛蟲釘在畫面中央一個小時，實在是太為難人了！

試想，如果當天來的是三個「女孩」，現場情況可能就完全不同。女孩們可能會穿著乾乾淨淨的洋裝，安安靜靜坐在長沙發上，按照腳本安排的順序輪流發言，而年紀最小的女孩，最後可能會因為情緒太過壓抑而哭泣……。雖然，我相信每一個孩子，都是上帝創造獨一無二的個體，但時常與兒童相處的兒科醫師，幼兒園老師，小學老師，或家中有不同性別手足的父母，肯定都依然會有深刻的感受，「陪伴男孩和女孩的方式，真的很不一樣！」

《養男育女調不同》是美國知名的心理學家和家庭醫生利奧納德．薩克斯（**Leonard Sax**）經典科普之作，自二〇〇五年初版至今，幫助全世界的父母，認識男孩與女孩的不同，包括大腦結構不同，感官能力不同，學習型態不同，情緒表達方式不同等等。隨著時代的演進，這次的全新增訂版也與時俱進，加入新的腦科學研究，以及現代青少年男女所遇到的性別議題等等。

理解養男育女調不同，可以讓父母與老師在陪伴孩子成長的過程中，幫助孩子發揮最大的潛能，而非被僵化的體制所壓抑。薩克斯醫師在書中不斷地強調，面對任何年齡時期的孩子，家長或老師都要努力地去探究，他們在生理上、或心理上遭遇的困境，進而給予正確的幫助。比如說當男孩子闖了禍，你皺眉怒斥他「怎麼可能沒看見？怎麼可能沒聽見？怎麼可能沒聞到？」的時候，他們可能真的是被冤枉的。而當女孩對著父親說「你太大聲了，我討厭你」的時候，很有可能你的音量，已經讓她感到恐懼與害怕了。

我的妻子曾經跟我分享，在漫長的求學過程中，她一向勇於發問，下課時還會去找老師問問題，幾乎所有的老師都對她印象深刻，「讓老師喜歡我」也是她努力學習的動機之一。反觀我的求學經驗中，幾乎沒有一個老師記得我，我也很少下課去找老師討論，學習的動機，就單純只是想要學習，或者被迫學習兩種情境，一點也不在乎老師對我的看法。我們夫妻分享學習經歷之後，再對照《養男育女調不同》書中的研究與論述，彼此相視一笑！原來，我們都是正常人，只是性別不同而已！

〈導讀〉

正視男孩女孩大腦差異：從養育到教育

洪蘭

我生長在一個重男輕女的時代，我的母親因為生了我們六個姊妹，不得祖母的歡心，我的父親也因沒有聽從祖母的話，把我們送出去做養女而不得祖母的諒解。所以我們小時候最常聽到的一句話就是：「考不上北一女不要念，考不上台大不要念。」只有考上公立學校，祖母才會勉強讓我們念。所以我們小時候都很希望自己是男生，男生會做的事，我們一定可以做，父母也把我們當男生栽培，再辛苦都讓我們念書，使我們將來比男生有出息。母親更要求我們每個人都要拿到博士，有一技之長，自己會賺錢，不必看人臉色。

因為家中都是女生，念的又是女校，平常很少有機會接觸到男生，所以一直到上大學，我都不覺得男女有什麼不同。尤其在課業上，女生的成績一向是比男生好，每學期班上拿書卷獎的都是女生，所以總是覺得女生和男生沒差別，如果有差別一定是別人的偏見。我們被訓練得對男女性別議題很敏感，處心積慮要證明兩者是一樣的。

這個迷思一直到我出國留學，經驗、見聞多了，才感到男生女生的確有不同。在國外我常迷路，因為對方向沒概念，我發現我雖然一樣會看地圖，但是如果我要往北，我的地圖一定要朝北，如果地圖朝南，我要花很長時間才能把它在腦海中轉過來。到我兒子十歲時，有一天開車在找路，我發現他看地圖的能力已經超越我了，坐在那裡拿著地圖指揮著我左轉或右轉，我才第一次相信或許在某些能力上，男女是有先天大腦上的不同。有了這種感覺後，我開始注意男女在各種能力上的不同，就發現女生指路都用地標和顏色：看到麥當勞左轉，看到右邊白色的教堂右轉，過去第三家紅色的房子再右轉……但是男生都是說：中正路向東走二公里……因此，我學會了問路時只問女生，因為問男生沒有用，我搞不清楚東在哪裡。

這些因性別而有差異的困惑我在心中放了很久，雖然坊間陸續有一些關於男女性別差異的書出版，但是對我來說，沒有實驗證據的書是「閒書」不可當真。一直到一九九九年我看到一本從大腦科學方面談男女性別差異的書出版，立刻把它翻譯成中文，就是《腦內乾坤》（**Brain Sex，中譯本遠流曾出版**）這本書，它的副標題是「男女有別，其來有自」，男女在各種能力上的差別是先天大腦設定的。有科學證據的書果然不一樣，這本科普書過往賣得很好，這在一般人不肯買書的台灣很少有的，顯現這方面知識是很多人的需求。

然而科學一直在進步，很多新知識不斷地湧出來，腦科學更是一個進步最快的領域，透過腦造影技術的精進，這十多年來我們對大腦在性別上的知識又累積了很多，所以覺得應該要再介紹更新的觀念。尤其國外非常注重大腦知識在教育上的應用，布希總統一上任就宣布「這是腦的十年」（It's the decade of brain），前美國第一夫人希拉蕊也在白宮召開腦與教育的記者會，強調大腦發展與學習上的關係。

很多有經驗的老師都覺得教男生和教女生是不同的，他們用一樣的方法教，但成果卻不同。《養男育女調不同》就是一本最新的從大腦神經結構上的不同看男女性別差異的書，對很多我們觀察到的現象提出合理的解釋。作者說明了男生和女生學習的方式不同，所以認為男女合班上課對男女生都不公平，他建議同校但分班，甚至男女分校。這個主張乍看之下好像開倒車，因為在一九六〇年代，女權主義者費盡九牛二虎之力才使得單性學校如西點軍校收女生，現在居然又說要恢復單性學校，這不是開倒車嗎？但是把書看完就明瞭了，因為書中列舉的理由我在北一女時都親身經歷過。在女校中，我們做任何事都不會考慮性別，女校中的女生會很自然地選擇去吹小喇叭或打鼓，在北一女立志要念物理和數學的同學比比皆是。但是男女合班就不一樣了，女生會比一般女性更女性化，不會選擇念理工科也決不肯去吹小喇叭，男生也更要裝出男子漢大丈夫的氣概。所以男女合校的女生最在乎的就是她的外表，尤其現在髮禁又解除了，更要花很多時間打扮自己（朋友說她的孩子每天一進了浴室就出不來，在裡面想盡辦法使自己更漂亮）。不過作者主張男女分班最主要的理由是在教學策略上應有不同，這本書應該可以說服很多老師在設計教學方案及出家庭作業上有所不同。

本書另一個重點是管教、紀律的方式。作者認為父母不是孩子的朋友，是監督保護他的人。朋友是平等關係，朋友的話可以不必聽，但父母是監護人，長輩的忠告不可當耳邊風。所以作者說，如果你覺得孩子應該要參加某個夏令營，而他不肯去時，你要堅持，因為父母有責任打開孩子的眼界。人不太可能喜歡一個不曾接觸過、不知道的東西，如果他接觸過了，仍然不喜歡，便可以作罷；但是要讓他先試試看，所以父母應該盡量讓孩子接觸不同的新東西，培養他的多元化。

作者也說父母要以身作則，如果不要孩子抽菸，自己就不可以抽菸，因為模仿是最原始的學習，家庭是最早的學習場所，教育應該從家庭開始。他認為現在過動兒這麼多，部分原因是這些孩子從小缺少家教。現在父母都順著孩子的意，不吃蔬菜便由他去，改吃漢堡、炸雞；不想睡覺便由他去，徹夜看電視、打電動……他認為這是不對的，因此在書中，他花了一章的篇幅來解釋紀律的重要性：一個沒有紀律的孩子是無法受教的，一個不能受教的孩子，他的前途便有限了。父母以為順著孩子的意，不讓他哭鬧便是愛孩子，其實反而害了他，進了學校後便被視為過動兒。書中舉的例子中，竟有十歲大的孩子一天要吃三顆藥，令人震驚，也令我們沉思。很多時候過動兒不是真正的過動兒，是後天不恰當的環境造成的。書中提到的傑夫瑞是個過動兒，但是他卻可以在非洲茂密的草叢中一動也不動地坐上好幾個鐘頭，等待獵物的出現，與《愛因斯坦的孩子》（*A Smile as Big as the Moon*，中譯本遠流出版）中的過動兒一樣，當他們有目標時，他們可以學會控制自己，一樣可以完成任務。

這本書的前半部從科學上來破解很多迷思，如作者說我們不應該問男生比較聰明還是女生比較聰明，應該問「在做什麼事的時候」男生比較優勢還是女生比較優勢。他說爭辯刀叉好還是湯匙好是沒有意義的，必須看你是要喝湯還是要切牛排，如果掌握住這點，就不會發生哈佛校長桑默士（Lawrence Summers）失言的事了。

在台灣，很多孩子過得很不快樂，追根究柢，是我們的教育制度沒有讓孩子的長處表現出來，反而提早給孩子很多他能力還做不到的作業，打擊他的自信心。現在幼兒園教的東西是我們以前進小學才學的，孩子還未準備好就教他閱讀、寫字、作心算，會使這個孩子痛恨學習，而且覺得自己一無是處。其實每個人開竅的早晚不同，但是被分到後段班、放牛班（或直接被稱做笨班）的孩子自尊心所受到的打擊，卻是沒有什麼可以補償回來的。

書中的例子我們每天都看得到，一個孩子雖然才五歲，但是老師嫌他笨、不喜歡他，他馬上知道。麥修的故事令人不忍，當孩子不肯上學時，父母要靜下心仔細檢查孩子的課程與他能力之間的關係，揠苗助長只會害死苗而已，沒有任何好處。孩子早一年上學與晚一年上學其實無關緊要，因為人生很長，對一個平均壽命七十八歲的現代人來說，他是五歲入學還是六歲入學又有什麼差別呢？人生是馬拉松，不是百米衝刺，時間一拉長，現在覺得不得了的事，以後回頭看起來不過爾爾。書中凱特琳自殺時的遺書上寫著：「真實的我是又胖又醜又笨的女孩……我不想做真正的我，我恨那個女孩……」這難道不是我們很多年輕人的心聲？我們都不喜歡真實的自己，都不能面對晚上卸下假面具的自我，所以才有這麼多的自殺案例。父母老師如果能看到孩子的優點，找出他的長處，孩子就不會覺得活著很痛苦。

在現在的社會，權力已從父母手中轉到尚未成年的孩子手上，父母什麼事都要徵詢孩子的意見，肚子餓了嗎，要不要吃飯？太晚了，要不要去睡覺？作者強烈質疑這是對的事情嗎？他說一個功能良好的家庭不是民主的家庭，重要的事孩子不應該有投票權，因為孩子心智未成熟，就像未成年人不能參政一樣，父母對孩子有監督保護的責任，小孩應該聽大人的話。當然他不是主張獨裁，但是書中舉的例子讓我們看到過猶不及都不好，父母可以信任孩子，但不可以放任孩子。所以他說，把電視機及電腦放在公共空間，使孩子看電視或上網時，父母隨時可以監督，這不是侵犯隱私（因為沒有進入孩子的臥室），這是監督保護，使孩子不受色情、暴力的汙染。

二〇〇五年《天下雜誌教育專刊》的主題是「家庭教育」，他們訪問了很多國中生，發現孩子最痛恨的是「補習」，最希望的是「父母聽他說話」，這本書可以與家庭教育專刊互補，讓父母知道應該怎麼帶孩子才是真正對他好。作者說「快樂時間」（和孩子一起做他喜歡做的事）和「管教時間」應該是七比一，如果花在管教上的時間比陪他玩的時間還多，父母就要檢討。如果台灣父母能做到這一點，我們的孩子會快樂很多，精神科病房也不會人滿為患。

這本書是這幾年來少見的有理論根據的教養書，它使我停下手邊原先在翻譯的另一本書，盡全力先把它譯出來。在目前混亂的社會，它有迫切性，社會、家庭、學校是教養孩子的三大支柱，缺一不可，一個國家的希望在孩子，只有青出於藍更勝於藍時，我們台灣才有希望。

第1章 差異性

傑森十六歲。他的妹妹桑妮雅十四歲。他們來自穩定的家庭，有兩位關愛他們的父母。爸媽擔心兒子傑森：他在學校不努力，成績一直退步。他的大部分閒暇時間都花在玩電玩遊戲了，例如《俠盜獵車手》（*Grand Theft Auto*）、《決勝時刻》（*Call of Duty*），或是在網路上閒逛，尋找女孩子的照片。

父母都以桑妮雅為傲。她成績都是甲等，同時也是運動員，有很多朋友。當我見到桑妮雅時，她告訴我，她睡得不好。她半夜會醒來，覺得自責，因為晚餐時吃了一整片披薩。她經常心悸、呼吸不過來。她剛開始偷偷用刀片割自己的大腿內側，免得父母看到。這些，她都沒有告訴父母。表面上看，她是陽光女孩，內心卻覺得自己快要崩潰了。

反之，她的哥哥傑森非常快樂。他可以吃掉整個披薩，一點不覺得懊惱。他睡得非常好。事實上，他星期六經常睡到中午，爸媽必須叫醒他。他閒暇時間喜歡和兩位很像他的朋友鬼混，玩電玩遊戲、看網路上的女孩照片。

麥修在八月幼兒園開學前滿五歲。他很盼望能去上學，過去他所聽到有關幼兒園的訊息使他認為，那根本就是個整天與朋友一直玩的好地方，他簡直等不及要上學了。所以當十月麥修不肯上學時，他的母親辛蒂真是驚訝極了。麥修不但不肯上學，連起床穿衣服都不肯，不止一次，辛蒂要替他穿好衣服、拳打腳踢地把他抱到車上、開車到幼兒園，再把他從車上拖出來送進教室。

辛蒂決定把這件事情弄個水落石出，所以她到他班上坐在後面觀察上課情形、和老師談……似乎一切都很正常。麥修的老師是位說話輕聲細語、受過良好教育、個性溫和的人，他向辛蒂保證這現象很正常，不值得擔憂，但是辛蒂仍放心不下。她是對的，因為「山雨欲來風滿樓」，暴風雨正在轉角處等著她呢！

凱特琳是個害羞的孩子，小學期間體重有點過重，進了中學以後，她從胖胖的、沒人理睬的小女孩蛻變成身材窈窕的萬人迷，她體重消失的速度快到令她的母親吉兒懷疑她是不是得了厭食症。在中學的四年裡，一切似乎都很正常，凱特琳課選得很重，有很多的朋友，課後又有一大堆的社團活動，通常她功課都得做到半夜以後才能上床。整體看來，她功課和社團的負擔簡直是瘋狂，但她似乎過得很快樂，雖然常常很狂亂、很疲憊，但是很快樂，至少每個人都這樣想。直到十一月的某天半夜三點鐘，凱特琳家的電話響了，護士告訴吉兒：凱特琳在醫院的急診室中，昏迷不省人事，她服下了大量的可待因酮（Vicodin，含可待因的止痛藥）及載安諾（Xanax，俗稱蝴蝶片）自殺。

這些真實的故事有著共同的因素：孩子的父母都不了解男孩和女孩的差別，以至於問題出現得莫名其妙。假如父母親了解性別會造成差異、了解孩子為什麼會這樣，這些問題其實是可以避免的。

我們後面會再回到這幾個個案。現在你可能還不了解為什麼它們與不了解兒童發展中的性別差異有關，沒關係，在後面你會看到更多有關傑森與桑妮雅、麥修和凱特琳的故事。一旦了解大腦中性別的結構差異，你就能看出在哪些地方父母親做了錯誤的決定，或是沒有及時採取行動，就會了解為什麼這些故事可以有不同的結局了。

無性別差異的教養方式

一九八〇年九月，我進入賓州大學（University of Pennsylvania）的博士班就讀，那時，加州州長雷根（Ronald Reagan）正挑戰卡特總統（Jimmy Carter）的寶座，想入主白宮。第一代的蘋果電腦（Apple）剛剛上市，當我問系裡的祕書會不會買部電腦來做文書處理時，得到的答案是「我的打字機還很好用」。那時沒有人聽說過電子郵件或網際網路，全球資訊網的發明還是十年之後的事。

在那個秋季，我選的課裡有一門是發展心理學的研究所討論課。我的教授艾隆佛瑞德（Justin Aronfreed）問道：「男孩和女孩為何表現不同？因為我們**期待**他們要有不同的行為。我們**教**他們這樣。試想，假如我們鼓勵女孩玩卡車和坦克車，男孩玩洋娃娃；假如我們鼓勵跟女孩子玩摔角、翻跟斗的遊戲，而擁抱和親親男孩子，我們所看到的許多男孩和女孩行為上的不同就會消失，甚至會**全部**消失。」

在另一門研究所的課中，我們又學到約翰霍普金斯大學（Johns Hopkins University）教授曼尼（John Money）獨特的研究。有個不幸的小男孩，他的陰莖在割包皮時不慎被燒焦（譯註：這件事於一九六七年發生在加拿大維尼匹克市，孩子在割包皮手術時出了意外，強烈的電流通過機器將男孩的陰莖燒壞），傷心的父母尋求曼尼教授的忠告，曼尼建議他們把這個男孩當女孩養。曼尼報告說這個改變很成功，他喜歡打扮得漂漂亮亮的，喜歡在廚房中幫媽媽作菜，討厭那些男孩子的玩具如卡車和槍。葛萊特曼（Henry Gleitman）教授告訴我們：「曼尼的研究更進一步支持了男孩和女孩的差異，當男孩依照我們替他設定的角色模範行事時，我們就獎勵他；假如他不照著性別角色去做，我們就懲罰他或至少不鼓勵他這樣做。我們所看到的男孩和女孩的差異是父母親創造出來的，並且在各方面強化這個差異。」

台下的我們點頭如搗蒜。在臨床實習時，我們常碰到那種深信「男孩和女孩的不同是天生的」的人，但是我們不理他，我們才是有真知的人。

但是我們真的知道得比別人多嗎？

一九八六年，我畢業了，同時獲得心理學博士以及醫學博士。當我離開費城到家醫科開始住院醫師實習時，我把六年來在賓州大學念研究所時累積的期刊論文都丟棄了；我丟掉一大堆影印的文獻，但留下了一個檔案夾，裡面有關於聽覺性別差異的研究文獻，顯示女孩和男孩的聽覺不同。

四年之後，我完成在家醫科的住院醫師訓練，我太太與我在馬利蘭州的蒙哥馬利郡開業，這是一個離華盛頓特區不遠的小郡。許多年過去了，性別差異這回事從沒有進入我的腦海，直到九〇年代中葉時，我突然發現有一長列二年級、三年級的男孩開始進入我的診所，他們父母手上都拿著學校給的通知單，上面寫著：「我們懷疑賈斯汀（或是卡洛斯，或是泰隆）可能有注意力缺失症（ADD），請評估。」

在這些病歷中，我發現孩子需要的不是治療過動症（ADHD，注意力缺失過動症）的藥，而是一個了解男生和女生在學習上有不同大腦機制的**老師**。我再追問下去，發現整所學校裡，沒人知道男生和女生在聽覺上有差異這回事。我重新閱讀檔案裡的文獻，上頭記錄著聽覺能力結構上的基本差別，顯示一般男孩的聽覺沒有一般女孩的那麼敏銳。在下一章我會仔細討論性別在聽力上的差異。

你可以想像一下，一間典型的二年級教室是什麼樣：六歲的賈斯汀坐在教室的最後面，二年級的女老師以她認為最恰當的聲音在教課。賈斯汀聽不清楚，所以他的注意力就游離到窗外的景色或瞪著天花板上的蒼蠅；老師注意到賈斯汀沒在注意聽課，賈斯汀表現出來的是注意力缺失，老師很自然就認為他有這方面的毛病了。

老師說賈斯汀顯現注意力缺失的毛病當然是對的，但是他的注意力缺失並不是由於注意力缺失症，而是因為老師聲音太小，賈斯汀根本聽不清楚。很少六歲男孩會舉手說：「對不起，小聲老師，我聽到你了，但是聽不太清楚。你可以說得更大聲一點嗎？」老師上課的聲音對她自己來說恰恰好，但是有些男生聽不清楚就打瞌睡了。有些個案我只要把男生換到教室前面的位子，就足以解決注意力缺失的問題。

「你應該寫一本書，薩克斯醫師。」一位家長這樣對我說：「寫一本書讓老師知道男孩和女孩的聽力敏感度有所不同。」

我允許自己擺出一副紆尊降貴的笑容：「我相信市面上一定已經有很多這種書供老師和父母參考。」我說。

「完全沒有。」她說。

「我去找一些給你看！」我說。

這段談話發生在二十年前，從那以後，我讀了許多本談論男女性別差異的暢銷書，你猜怎麼著？那個媽媽是對的。大部分架上的書不但沒有談到男女性別天生上的不同，很多還為了政治正確性，強調如果暗示男女有先天上的不同，就是男性沙文主義。布朗大學（Brown University）一位拿到永久教職的教授最近寫了一本書，宣稱把人類區分成男女兩性是我們文化上的人為發明。她說：「大自然給予我們的不只是男女兩性，我們目前的男性和女性是文化的自負。」這位專家說把孩子貼上標籤說他是男生或女生是「**社會**的決定」（*social* decision）。我們不應該把孩子標籤為男生或女生，這位教授說：「這不是一個非黑即白的問題，它是一個連續的向度，程度上的不同而已。」①這本書在《紐約時報》（*New York Times*）和《華盛頓郵報》（*Washington Post*）都獲好評。美國最權威的醫學期刊《新英格蘭醫學期刊》（*New England Journal of Medicine*）還讚揚作者對性別「仔細和獨創性」的發現。②

我很快就蒐集了大約一個小圖書館那麼多的暢銷書，告訴父母最好的育兒方法是**中性**育兒法。這些書告訴父母最好的方法，就是訓練你的孩子玩傳統上相對性別所玩的玩具：你應該給兒子買洋娃娃，教他如何照顧病人③；應該給女兒買一套建築工具。這些建議內在的假設是給男孩玩洋娃娃，會使男生比較會照顧人，給女生玩建築工具，是為了增加女孩子的空間能力，但是這個假設幾乎不曾被挑戰過。

在同一層書架上，你會看到有書本告訴你男生和女生在學習方面有先天上的差異，但是這些書往往在說：「女孩比男孩情緒化。」「在數學學習上，男孩有大腦的優勢。」我們下面會看到，這些話都不是真的。

從一方面來講，坊間有書宣稱男孩和女孩沒有先天上的差異，不這樣想的人都是五〇年代冥頑不靈的老古董；在另一方面，有書宣稱男孩和女孩有先天上的不同，但是這些作者解釋這些差異的方法，不過是更加深了性別的刻板印象。

這些書只有一點相同，他們都不是基於事實，而是基於作者個人的看法或有政治上的目的——要不就是否定內在天生的性別差異，要不就是把兒童發展上的性別差異做為維持傳統性別角色的理由。在等了幾年都沒有人寫有科學根據的男孩女孩的書之後，我決定自己動手寫一本。

每個孩子都是獨特的。我不會說所有的男孩都一樣，或是所有的女孩都一樣。我知道他們不一樣。我當醫生已經超過三十年了。我在門診看過幾千名女孩和男孩。但是，「每個孩子都是獨特的」這句話不應該讓我們盲目，看不到性別是兒童發育上兩個最大的基本原則之一——另一個是年紀。想要了解孩子，卻不了解兒童發育中性別扮演的角色，就像想要了解孩子的行為，卻不知道他的年紀一樣。隨便找一本類似《了解你的兩歲孩子》（*What to Expect from Your Two-Year-Old*）和《了解你的八歲孩子》（*What to Expect from Your Eight-Year-Old*）的書，你都會發現內容非常不一樣。當然，我們不能說，所有的兩歲兒童都一樣，或是所有的八歲兒童都一樣。雖然我們知道兩歲的孩子也很多元，還是可以有效討論兩歲和八歲的兒童有何不同，他們能做什麼、喜歡什麼、如何和父母連結等等議題。

至少，關於兒童的聽覺和說話的學習上，性別可能比年紀更基本。有名的語言學家，喬治城大學（Georgetown University）的教授坦能（Deborah Tannen）比較了不同年紀的女孩與男孩的語言能力，她「對於各個年紀的女孩與男孩的差異，以及同樣是女孩，或同樣是男孩，但跨越年紀的差異，其相似性感到震驚。在許多方面，二年級女孩更像二十五歲的成年女性，而不像二年級男孩。」④

年紀差異提供了我們思考性別差異的好方向。沒有兩個女孩會一樣，也沒有兩個男孩會一樣。七歲的史黛芬妮喜歡在泥裡打滾和踢足球，和七歲的柔伊很不同。柔伊最喜歡的活動就是玩她的芭比娃娃。柔伊也堅持參加兒童啦啦隊。柔伊五歲時就想要有自己的口紅。她的母親芭芭拉是一位堅定的女性主義者，為此嚇壞了。她不敢置信地問我：「這念頭是打哪兒來的？我只有一根口紅，已經半年沒用了。我痛恨芭比，瞧不起芭比。我從來沒幫柔伊買過芭比娃娃。都是她的阿姨和叔叔買給她的。」

雖然史黛芬妮和柔伊之間有差異，但是她們之間的共同性可能會讓你感到訝異。我們將會看到，史黛芬妮的聽覺系統、視覺系統，以及和成人建立關係的意願，都更像柔伊，而不像她的兄弟們或大部分的男孩。

本書第一版出版於二〇〇五年。接下來，有許多新的研究發表了，顯示女孩和男孩有重要的天生差異。但是很少家長和教師知道這些研究，因為新聞媒體很少做這方面的報導。在這本新版中，我將分享這些研究結果。

一開始，我們先看看一些很驚人的新研究，顯示男孩女孩在嗅覺、聽覺和視覺上的差異非常大。接下來我們會看看男孩女孩在冒險和攻擊性上面的差異。第五章則分享我在過去十六年裡，造訪四百多間學校所學到的、關於課堂上男孩女孩差異的觀察。如果老師了解這些差異，會有更多男孩喜歡艾蜜莉．迪更生（或譯艾蜜莉．迪金生，Emily Dickinson）和《簡愛》（*Jane Eyre*），更多女孩想要做電腦程式設計了。

第六章裡，我們將檢視關於「性」的男孩女孩差異之最新研究結果：女孩如何和男孩以不同的方式體驗性衝動，並擁有不同的性期待。大部分的男孩和大部分的女孩之間，浪漫和性的建構似乎不同。第七章會回到藥物和酒精。女孩男孩都會上癮，但方式不同，路徑也往往不同。你對於男女差異知道得越多，越能夠保護你的兒女。

第八章完全是新添的，主題是社交媒體和電玩。本書第一版於二〇〇五年出版時，還沒有 Snapchat 和 Instagram。那時候的電玩還是使用控制面板，和使用同一套控制面板的另一個人對打，或和電腦對打。今天的網路遊戲當時尚未出現。關於電玩和社交媒體，過去十年發表了很多研究。女孩在社交媒體上花的時間越多，越可能變得焦慮或憂鬱。男孩比較不會。此外，男孩比較容易每週多花好幾小時玩電玩，因此社交技巧可能發展不足。

第九、十、十一章討論不合乎典型性別模式的女孩和男孩。第九章檢視最新非典型性別女孩和男孩的研究。以前，他們被稱為「男人婆」和「娘娘腔」。女孩們不盡然相同。男孩們也不盡然相同。女孩之中的差異和男孩之中的差異不僅僅是統計數字而已，這些差異是有意義的，而且也有其後果。性別非常複雜。

第十章專注於女同性戀、男同性戀和雙性戀的孩子。第十一章分享我對雙性人和跨性人的理解。這三章——第九、十、十一章——形成一個單元。為了理解我在第十一章中引述的、關於跨性別者的研究，最好先理解我在第九章提到的雄激素受體研究。所以，如果你要閱讀這三章，希望你能照著順序閱讀。

第十二章是本書最後一章，我試圖讓大家理解，身為家長，我們可以如何運用這些知識協助孩子成長，成為自己。我們不能回到糟糕的一九五〇年代，女孩和男孩被塞進粉紅色和藍色的框框裡就完事了。在現代社會，女孩和男孩都可以成為他們想要成為的任何人。我們肯定和珍惜性別差異，但是這一切意味著什麼呢？在最後一章以及全書中，我們會一再地提出這個問題。

第一版出版之後的十二年間，一大堆性別差異的研究發表了。除了在學術界，大部分研究都不為人知。你會在本書中看到這些研究。我說過了，性別非常複雜，但也非常重要。

「本質相對於教養」的古老議題正處於危急關頭。如果無法覺察並尊重兒童發育的差異，將會造成很大的傷害。我在本書中會一直強調這一點。我會試著說服你，對性別差異缺乏覺知，將在無意間強化了性別刻板印象，結果就是更多女孩在社交媒體放上自己性感撩人的照片，更多男孩花長時間玩暴力電玩，假裝自己是雄偉的戰士或壞人。你可能一時還無法看到，性別盲目的教養與性別刻板印象的結果之間的連結，在本書中，我將讓你看到它。同樣重要的是，對於性別越來越困惑的現象，使得女孩越來越焦慮與憂鬱，男孩則越來越疏離。

過去十二年，許多讀者聯絡我，鼓勵我，告訴我本書第一版對他們多麼有價值——在親職上、和有問題的青少年工作時、教學、神職，或在少年法庭上。我寫了這個最新版，心裡想著各位：母親、父親、社工、老師、學校行政人員、牧師、猶太教士、回教領袖，或假釋官。我希望此書有所幫助。

第2章 嗅覺、視覺與聽覺

在這個時代，婚姻風險很高……
歷史與經驗告訴我們
男性與女性
以不同的音調聽著音樂……
那婚姻還有什麼價值呢？
或許只是因為，半個世界
在房間裡，
只會有一雙眼睛注視。
一個人看不見的，
正是另一個人的巨大金獅子……

——**比爾・河姆（Bill Holm）**，〈雪兒和菲爾的婚禮之詩〉（*Wedding Poem for Schele and Phil*）

嗅覺

十八年來，我在華府郊區，馬利蘭州蒙哥馬利郡開業。我認識的一對夫妻——姑且稱為珍妮佛和湯姆吧——八月時去度假一週。回家後不久，珍妮佛來看我。珍妮佛說：「度假回來，我走進廚房，覺得快被熏死了。臭得要命。很難描述那個臭味。想像一堆雞屎上面的腐爛屍體吧。」事實上，珍妮佛沒有用「屎」這個字。她用了更糟糕的字眼。「天氣很熱，我們走的時候關掉了冷氣。回家以後，把冷氣打開，情況更糟糕了。冷氣把臭味吹到全家各處。我很確定死掉的東西——一定有東西死掉——卡在管線某處。離開之前，我覺得我有聞到一絲絲味道。無論是什麼，我們回家的時候，都變得萬分強烈。我告訴丈夫：『我們需要雇用修理工人或管線工人來找出問題，並且**清理乾淨**。』你知道他說什麼嗎？」

我說：「不知道。」

「他說：『**我**沒聞到任何味道啊。』你能相信嗎？我以為他是在故意惹我生氣。或者他根本是在豬圈長大的豬。」

兩天後，湯姆來看我。他說：「我太太簡直是個巫婆。」事實上，湯姆沒有用「巫婆」這個字。他用了更糟糕的字眼。「她一直嘮叨，要我找人來清理管線，或是敲開牆壁之類，找出臭味是從哪裡來的。可是**我根本什麼也沒聞到**。要我花一大堆錢，消除我根本聞不到的臭味，我才不要。」事實上，他沒有用「臭味」這個字。

我告訴湯姆我跟珍妮佛說過的同樣的話。女性和男性的嗅覺不一樣。女性認為——對女性而言——非常臭的味道，男性非常可能壓根聞不到。最好的辦法就是雙方都要尊重和信任彼此的說法。如果你是女性，丈夫說他什麼也沒聞到，不要說他是豬。跟他解釋，雖然他聞不到可怕的臭味，你卻聞得到。

如果你是男性，妻子說可怕的臭味讓她頭痛，不要說她是巫婆。在某些狀況下，女性可能聞得到男性聞不到的味道，請尊重她。

證據是什麼呢？

達爾頓（Pamela Dalton）博士和同事在實驗室裡，讓男女受試者聞各種不同味道。不只聞一次，而是聞許多次。達爾頓和同事發現，重複聞了之後，女性聞到味道的能力提升了。改善了多少呢？百分之五〇嗎？百分之五〇〇，五倍嗎？不。**平均而言**，改善了十萬倍：原本能夠聞到的味道在稀釋十萬倍之後，女性還是聞得到。

男性也有類似的改善嗎？敏感度提升了十萬倍？不，沒這回事。好吧，那改善了一千倍呢？沒有。一百倍呢？抱歉。平均而言，男性的嗅覺**完全沒有任何改善**！①

珍妮佛雇了一個人來清理管線。他們找到了兩隻死老鼠，臭味就是牠們散發出來的。老鼠死在管子的一小窪死水裡，讓臭味特別難聞。

我認為事情是這樣的。他們離開家的前幾天，老鼠就死了：珍妮佛說離開之前有聞到一絲絲臭味。度假前，每次珍妮佛走進房子，都曝露在臭味中，就像達爾頓進行的實驗那樣。因為經過了重複接觸，她變得對這個味道更加敏感。然後他們和孩子一起度假去了。回來時，老鼠在溫暖的管線死水中腐爛，味道更重。而湯姆根本什麼也沒聞到。

怎麼可能？我們用來聞味道的嗅覺系統發生了什麼事？是什麼使得男女表現如此不同？

很快地上一下解剖學：鼻子裡的嗅覺接受器經由嗅覺神經把訊息送到嗅球。嗅球位於腦子底部，是嗅覺訊息的第一站。

腦中有兩種細胞：**神經元**是最重要的細胞，因為它們扮演了最重要的角色，用電波訊號運送訊息。但是**神經膠質**細胞也很重要，因為它們提供結構，也可能調節腦中資訊處理的過程。②

在各方面，女性都比較優秀。女性的嗅球有更多細胞：一般的女性有一千六百二十萬個細胞，男性只有九百二十萬。嗅球裡的神經元數量也不同，一般女性有六百九十萬個，男性只有三百五十萬個。女性的神經膠質細胞也更多，有九百三十萬個，男性只有五百七十萬個。這些差異在統計上講，非常重大。③

當我讀到嗅球的性別差異時，想到了拜訪紐西蘭海斯汀（Hastings）男校和女校的經驗。紐西蘭的學校常常男女分校。我見到葛塔哇（Nga Tawa）女校的女孩們。學校晚上安排了與附近男校合辦的舞會，學生可以自願參加。兩個學校的老師都很挫折，因為女生不愛參加。參加的男生人數總是多於女生。男生拒絕和其他男生跳舞，所以一半的男生坐在那裡看別人和女生跳舞。每一週，來參加的女生越來越少。

我問女生：「為什麼不想去舞會呢？」一個女生回答：「我受不了那些**臭臭的**男生把手放我身上！」後來我見到了男生，問他們：「你去參加舞會之前有先洗澡嗎？」所有的男生都搖頭。我問：「為什麼不洗呢？」一個男生回答：「不需要啊。我又不臭。」我告訴他以及其他男生：「你根本**不知道**女生聞了覺得你臭不臭。你不是女生。你無法聞到女生能聞到的味道。你去參加舞會之前，需要先回家，**用肥皂**洗澡！」

如果你是有兒子的母親，如果他的房間很臭，不要說：「你有什麼毛病？你怎麼受得了這股臭味？」如果兒子房間不好聞，先問問兒子是否覺得房間有臭味。如果他說沒有，跟他解釋，他的房間**確實**很臭，但是他可能聞不到。跟他解釋，即使他不覺得有臭味，「清潔」意味著還是要保持房間乾淨。對於母親和兒子，「清潔」可能有著不同的意義和標準。你要跟他解釋，你的觀點才是他需要執行的標準，不是他的。

跟他說，對於任何男性，如果他希望有一天和女性共同生活的話，學習接受女性的清潔標準將會是很有用的生活技巧。

正如我說過的，我是醫生，執業超過三十年了。我看過許多婚姻決裂。在電視上，婚姻決裂的起因多半是其中一方有了外遇。在真實世界，以我的觀察，外遇倒不是離婚主因。許多忙碌的家長根本沒有時間外遇。婚姻殺手往往始於類似珍妮佛和湯姆之間的疏於溝通。他們來見我之前，對彼此感到非常憤怒。珍妮佛認為湯姆根本不重視她對臭味的抱怨。湯姆認為珍妮佛太愛挑毛病了，一直抱怨著他根本聞不到的臭味。這種問題一再發生的話，可能導致情感破裂。但是一旦湯姆和珍妮佛理解是怎麼一回事之後，他們能夠更了解彼此，帶著幽默感理解彼此的差異。

聽覺

記得我在第一章分享的故事嗎？關於「小聲老師」課堂上的二年級男生？多年來，我處理過很多類似的個案。正如我說的，如果把學生換到前排坐，或是換到老師聲音更大的班級去，有些男生會表現較佳。我發現，光是要求「小聲老師」大聲說話很少有用，她可能努力個一、兩天，甚至一、兩週，最後總是恢復原樣。

在第一版中，我試著了解為什麼有些男生在大聲說話的老師課堂上表現會比較好。我沒有解釋得很好。我引述了聽覺**門檻**（可以聽到的最小聲音）的研究。一般女孩或成年女性的聽覺門檻，比一般男孩或成年男性的門檻低，但是男女差異並不太大，範圍有許多重疊。後來發現，女孩和男孩體驗門檻之上的中程聲音時，也有差異，而聽覺門檻的性別差異並不那麼重要。

我要為我自己解釋一下。第一個研究——男生比較聽不到小聲老師說話——直到二〇〇七年才發表，比我的書晚了兩年。研究有點牽涉到技術性，所以我把我對這篇研究的討論放在書後的「額外資訊」裡：〈聽覺的性別差異〉（見第三六三頁）。結論就是：對一般的男孩和女孩說話時，你必須對男孩提高八個分貝的音量。八個分貝的差異差不多是一般汽車收音機上音量鈕的三個格子。不是說你得用吼的，而是更大聲。如果你是母親，覺得兒子忽視你，試試看說話大聲一點。

反之亦然。曾經有一個女孩抱怨，她父親總是對她吼叫。不是說話的內容讓她不開心，而是他說話的方式：他太大聲了。她說：「很討厭。」她告訴我，她會溜回房間，關起門來。她避免接觸自己的父親，只是因為不喜歡被吼來吼去。

幾天之後，我和她的父親談話，提到他女兒說爸爸有時候會吼她。父親說：「我**從來沒有**吼過這個孩子！你聽到我說的話了嗎?!」他說得很大聲，幾乎像在吼叫了。

我解釋說，對音量的敏感度會因為年紀與性別而不同。一般的女孩和成年女性，比同齡的男孩和成年男性對聲音更敏感（請參考書後面的額外資訊，有更多數據），而兒童與青少年比中年人對聲音更敏感。我解釋說，他是一位中年男性，和青春期的女兒說話時，他對聲音的敏感度遠遠不及女兒。他不覺得自己在吼叫，但是女兒感覺他在吼叫。我建議她，下一次和女兒說話時，要努力保持小聲。

幾週後，我又看到他女兒。她說：「真是驚人。我爸爸可以像正常人那樣說話了。」她不再躲避父親了。

視覺

二十年前，一個名叫安德魯．菲利普斯（Andrew Phillips，這是他的真名）的小男孩放學回家，幾乎要哭了。老師給班上同學每人一盒蠟筆和一張白紙。老師說：「我們來創作吧。你可以畫任何你想畫的圖。」

安德魯用黑蠟筆畫了火柴人，拿著刀互相砍殺。班上其他孩子（剛好大部分是女孩）畫了彩色的人、寵物、花和樹。女生畫的人，頭上有頭髮，身上有衣服。安德魯的人偶沒有這些裝飾。老師誇獎女生的圖畫，沒有誇獎安德魯的。

安德魯很不開心地回家。母親珍妮特安排與老師談話。老師一點歉意都沒有，還說：「事實上，我正想安排評估呢。」

珍妮特問：「評估？什麼意思？」

「請精神健康專家評估。畢竟，他畫的是兩個人互相攻擊。」

珍妮特說：「可是他只是一個六歲的**小男孩**。」

「當然，所以我決定暫時不申請評估。」

孩子選擇畫什麼，確實可以代表他的某些特質。畫戰士打來打去的男孩，和畫朋友或寵物或花的女孩（或男孩）是很不同的孩子。

有一個古老寓言：

> 納叔丹負責幫國王照顧一群很美麗的鳥。有一天，他在皇家庭園走著走著，看到樹上有一隻老鷹。他拿出剪刀，幫牠修剪爪子、翅膀和鳥喙。他說：「這樣好一點了。你的照顧者顯然沒有好好照顧你。」
>
> **教訓**：你無法將老鷹變成知更鳥或鴿子，只會毀了老鷹。④

老師對安德魯說：「你為什麼不可以畫些比較不那麼暴力的圖畫呢？像是梅麗

他晃動長劍，射出雷射光，沙（殺）了龍。

但是龍還在（還活著）。

莎，或是艾蜜莉畫的那樣？」但安德魯聽到的訊息是：「你為什麼一定要是你的樣子？你為什麼不能像別人一樣？」你為什麼要當大老鷹？你為什麼不能當知更鳥或鴿子？

安德魯的母親讓他退出這所備受讚譽的私校，轉學到梅特戴（Mater Dei），馬利蘭州一家專收男生的學校。很快地，他又開始畫圖了。男校的老師不會堅持學生要用很多彩色，也不會要求他們畫有眼睛、嘴巴和頭髮的臉。老師協助學生使他們畫的英雄人物更令人興奮、更生動，還請學生說說圖畫裡的故事。安德魯說的故事裡有英雄、龍和戰爭。上面的畫是他二年級時畫的，他寫的解說是：「他晃動長劍，射出雷射光，沙（殺）了龍。但是龍還在（還活著）。」

安德魯在男校表現很好。他不但擅長繪

畫，還擅長寫作、演戲和運動。尤其是運動。安德魯成為我行醫三十年來所見過最有才華的運動員。他高中畢業時，身高一九三公分，體重一三一公斤，全身都是肌肉。美國足球聯盟的許多球隊都希望他加入。最後他選擇了史丹佛大學，因為他們的學術環境非常好，還提供獎學金。在史丹佛，他主修古典文學，研究拉丁文和希臘文。他在史丹佛時，負責球隊的攻擊防衛，協助足球校隊擠進全美十大。除了安德魯之外，還有另一位安德魯．勒克（Amdrew Luck）也居功不小。（**譯註：作者在玩文字遊戲，勒克是「幸運」的意思。表示他們運氣很好。**）

你不需要去念男校才能獲取像是安德魯這樣的成就。你需要能夠了解並尊重性別差異的老師。

如果你給女孩和男孩一盒蠟筆、一張白紙，讓他們隨意畫，會發生什麼事呢？許多研究一致顯示，女孩比較會用很多顏色畫花、樹和寵物。圖中如果有人，人會有眼睛、嘴巴、頭髮和衣服。少數男孩也會像女孩這樣畫。我們在第九章會看到，這些性別不典型的男孩——畫圖像女孩的男孩——也和其他性別不典型的男孩有其他的共通之處。

但是絕大多數男孩畫的圖和女孩畫的圖很不同。大部分男孩喜歡畫很有動力、正在改變的行動，例如怪獸正在吃掉外星人，或火箭撞到星球。如果有人物出現，往往身體只是直線構造，沒有眼睛、嘴巴、頭髮和衣服。

有些老師自己觀察到了男孩與女孩的差異性，但是許多老師還沒有。我們不能責怪老師。我遇過從最好的學校——例如哈佛教育研究所（Harvard Graduate School of Education）、德州大學（University of Texas, Austin）——得到小學教育碩士學位的老師，但是從來沒有人告訴他們男孩與女孩的差異。相反地，他們學到了六歲兒童畫人的時候，應該要有眼睛、嘴巴和頭髮；如果沒有，就要糾正。大家沒有說出口的共識就是，兒童畫畫只有一種正確的方式：有很多顏色和細節。男孩的圖畫往往無法符合這個條件。老師會告訴或暗示畫暴力主題的男孩——例如武士屠龍——他畫得不對。有時候，老師很溫和地糾正：「安德魯，你為什麼要畫這麼暴力的圖畫？你看艾蜜莉畫的可愛小狗狗，你為什麼不畫這種的圖畫呢？」有時候糾正更強硬。我聽過一個家長說，小兒子受到懲戒，因為他畫了羅馬鬥士砍掉另一位羅馬鬥士的頭，違反了學校對暴力與描繪暴力行為的「零容忍」。

結果之一就是許多男孩不喜歡畫畫了。我參訪過一個美國小學的二年級課堂。老師說：「自由時間！你可以做任何你想做的事情！」有些女生坐在教室中間，開始畫圖。一個男生開始在教室裡跑來跑去，發出嗡嗡嗡的聲音。我看了他一會兒，然後站到他前面，讓他停下來。我指著女生說：「你為什麼不想坐下來畫圖呢？」男孩毫不猶豫，也毫無愧疚地回答我：「畫畫是女生做的事情。」

畫畫是女生做的事情。他從哪裡學來的想法？我相信老師從來沒有說過：「畫畫是女生做的事情。」但是她可能說過類似的話。她讚美並**理解**彩色人物、寵物、花和樹的畫——但是無法真正理解全是黑色的武士屠龍的畫——老師等於是在無意間送出了訊息：畫畫是女生的事。**對於性別差異缺乏覺察，無意間造成的後果就是強化了性別刻板印象**。結果就是許多男孩相信「畫畫是女生的事」的文化。去年，全美參與大一美術進階先修課程考試的學生中，只有四分之一是男性。⑤這不是天生的。男性也能夠創作偉大的藝術品。但是在現代美國文化中，很少男孩會**想**學習藝術。他們已經被無視性別差異（對性別差異盲目）的文化倒盡胃口了。文化有意無意地一直告訴他們：「畫畫是女生的事」。

雖然畫畫的**能力**可能並無天生性別差異，但是我認為證據清楚顯示，「女孩和男孩**想**畫什麼」確實有巨大的差異。在研究過的每一個文化中——非洲、亞洲、歐洲和北美洲——女孩比較喜歡用很多顏色畫花和寵物；男孩較喜歡用少數顏色畫行動。⑥過去的十六年裡，我參觀過四百多所學校，發現當老師了解這些差異時，就能打破性別刻板印象，讓喜愛足球與電玩的男生也會喜歡畫畫。

越來越多證據顯示，男孩和女孩之所以會喜歡畫不同的東西，可能大部分來自視覺系統的基本差異。我在書後面的額外資訊裡舉出了部分證據：〈視覺的性別差異〉。（見第三七三頁）每個人腦中都有兩套視覺系統，一個負責色彩、細節和質地，另一個負責速度和方向——尤其是方向的改變。我在額外資訊中舉出的證據顯示，女孩和成年女性在負責色彩、細節和質地的系統中有更多資源，男孩和成年男性則在負責速度與方向的系統中有更多資源。

美國教育偏向於女性化，尤其是早期教育，結果就是女性視角成為正常標準；女性看事情的方式被如此內化，大家甚至無法覺察到。**當然**，人物應該有眼睛、嘴巴、頭髮和衣服。怎麼會有人認為並非如此呢？

有好消息：我親眼看到，當老師（男女皆然）接受一天的性別差異訓練之後，課堂就可以出現非常戲劇化的改變。只要跟老師解釋，大部分男孩想要畫**行動**，不是色彩或質地；提醒老師，他們的工作就是協助男孩畫**他**想畫的圖畫：更生動、更能描繪行動。有時候，只要畫幾條線代表風或快速的車子，就能讓男孩的臉發亮了。女老師就像男老師一樣，也可以做到這一點。我們會在第五章進一步談到策略。

第3章
冒險

要使生活過得多采多姿唯一的祕訣就是去冒險，
讓你每天都生活在危險中。
把你的城市建在維蘇威火山的斜坡上，
把你的船開進不知名的大海，
向你的朋友宣戰！
向你自己宣戰！

——尼采（Friedrich Nietzsche, 1887）①

套圈圈

讓我們先假設你是大學的新鮮人，正在選修心理學的課。修這門課的條件之一是必須「自願」參加系上的一些實驗做受試者，你選擇套圈圈的實驗，因為老師發給你的實驗簡介上說只要二十分鐘即可完成，而且不必打針。

於是你按照預定的時間準時報到了。實驗助理告訴你該怎麼做：地板上有一根一呎高的柱子，你要把六個馬蹄鐵大小的橡皮圈丟過去套在柱子上。

「我要站在哪裡？」你問。你看到地板上有很多條線，上面標示著一呎、二呎、五呎、十呎、十五呎和二十呎。

「隨便你。」助理回答。

「你是說我可以站在一呎遠的地方，把六個圈全部套進去嗎？」

助理點點頭。

「我需要至少套進幾個圈嗎？」

「不需要，」助理回答：「丟完六個以後，我們就進行實驗的下一個部分。我會離開房間一下，讓你有一些隱私權。」

「隱私？」你問道。但是助理已經離開了。

現在你該怎麼做？大部分的女生會站在一呎或二呎遠的地方，把圈圈套進去；大部分的男生會站在五呎或十呎遠的地方，雖然站得遠立刻增加他們的失敗率。②

你丟完了六個圈圈。

「好，現在我們開始下一步的實驗。」助理說。門打開，進來兩個你的同學，你點點頭，說聲哈囉。這兩個同學都與你同一性別，假如你是女的，這兩個同學就是女生。這兩位同學坐在靠牆的椅子上，面對著你。

「好，現在我們再擲一次。」助理說，又把六個圈圈拿給你。

大部分的女生會像之前一樣的擲圈圈，不管旁邊有沒有別人在看；但是大部分的男生就不一樣了，當有別的男生在看時，他會表現出心理學家所謂的冒險移位（risky shift）③：假如剛剛他一個人的時候，是從二呎遠的地方擲圈子，現在他會退到五呎遠；假如剛剛沒有人觀看的時候，他是站在五呎遠的地方，現在有人觀看了，他會退到十呎遠。即使他以前從來不認得這兩個人，以後也不會再看到他們，他還是會在別人面前逞英雄。受試者對自己行為改變的解釋是：「我不想讓他們認為我是軟腳蝦。」

每天危險地過日子

許多男孩喜歡冒險，大部分男生會對敢於冒險的男生肅然起敬，尤其是冒險成功了的人（譯註：成者英雄，敗者狗熊）。女生比較不喜歡為冒險而冒險，更不會因為別人的冒險行為而覺得那個人了不起。④在另一個研究裡，男孩和女孩都參與同樣危險的活動，但是女孩比較認為冒險不好玩，壓力也比較大。⑤女生可能**願意**冒險，但是她們不會只為了活得刺激而特意去**自找**險冒。

想像你又回到中學時代，假設你聽到一個朋友騎自行車飛越了十二呎高的木板牆落在沙灘上——他沒有別的目的，只是好玩。敢做這種危險行為的男生，在他同學眼裡的地位立刻提升。「你聽到布瑞特幹了什麼嗎？他翻越了擋風牆耶，好厲害喲！」即使失敗，這些孩子還是會贏得其他同學的尊敬，因為他們敢試。

假如女孩子聽到另一個女孩子騎車飛越擋風牆頭，她們不會「噢！」「啊！」那樣驚嘆，她們會批評：「她一定頭殼壞掉才會去幹那種傻事，真是神經病！」

另一個例子是高中生，假設一個十二年級的男孩禮拜五晚上去參加派對，和一個才剛認識的大學女生發生性關係而且沒有戴保險套，星期六他又去另一個派對，與另一個年輕女人發生性關係，也沒有戴保險套，他的同學會對他肅然起敬，尤其當這兩個女人都是絕色的話。「你這傢伙硬是要得！」他們會這樣對他說，並且與他擊掌道恭喜。

假如同樣的橋段是發生在女生身上，她十二年級的女同學發現她與不同男人發生性關係而且沒有用保險套，可不會覺得她的大膽作風有什麼了不起，不論與她發生關係的男生英不英俊，她們只會覺得這個女生不是蕩婦，就是瘋了，或者兩者皆是。⑥

男生和女生對危險的評估不同，他們會不會去做這個冒險行為的可能性也不同。當孩子一旦會走路了以後，男生就比女生容易做危險的事：把他的手指插入牆上的電插座中、想要站在籃球上、從椅子上跳下來，⑦即使父母禁止，男生還是不見得會聽。美國及其他國家的研究都發現男生比較敢做危險的動作，⑧男生也比女生容易受傷或意外死亡，如溺水、擦槍走火或騎車撞到頭。⑨

心理學家摩隆吉洛（Barbara Morrongiello）面談了六歲到十歲、受過傷或差一點死亡的孩子。她發現男生：

- 比較容易把他的受傷歸因為運氣不好，而不會認為是自己技術不佳，或是沒有遠見。
- 比較不會告訴父母他受了傷。

- 意外發生時多半有別的男孩子在場。⑩當有一群男孩子在一起起鬨時，他比較可能做危險或愚蠢的事，自己一個人單獨時比較不會。

密蘇里大學（University of Missouri）的彼特森（Lizette Peterson）和她的同事研究孩子在危險情況下，男女反應的差異。她們設計了一個電腦遊戲，孩子在騎健身腳踏車（固定靜止在一處不能移動）時，可以和電腦螢幕的情境互動，這個遊戲設計得非常逼真，當孩子看著螢幕上他所騎的腳踏車經過樹下時，甚至會把頭低下來避開樹枝。當這些孩子突然遇上危險時（例如地上有盤起來的水管擋住路，或是極度危險的情境：如對面駛來的汽車突然失控、越過分隔中線衝來，幾乎要壓到孩子），孩子所騎的固定健身腳踏車有電線連接到電腦上，使實驗者可以測量孩子踩剎車以避免相撞的反應有多快。

假如這些男孩子真的在騎腳踏車，我可不願坐在他們的後座，因為這些男孩踩剎車的速度比女生慢了許多。假如這個虛擬情境是實景的話，許多男孩都會有生命的危險。在報告覺得這種虛擬的相撞**很刺激**的比例上，男生也比女生多，而女生多半覺得**很恐怖**，嚇死了。⑪

所以男生比女生愛冒險的一個原因是：**冒險本身**可以帶給他們快樂的感覺，這個觀念很多女人不能接受。有個媽媽警告她的兒子說：「不准騎車去跳過擋風牆，你會受傷。」這句警告完全失去重點，她的兒子知道這個行為很危險，而他要這樣做完全就**因為**它是危險的。

波士頓大學（Boston University）的研究人員問：為什麼大部分溺水者都是男生？數據驚人。介於十五歲到十九歲的青少年中，有九．八倍的男孩比女孩更可能意外溺斃。二十歲到二十四歲之間的年輕人中，有一〇．四倍的男性也比女性更容易意外溺斃。也就是說，十五歲到二十四歲之間的年輕人當中，有十倍的男性比女性更容易意外溺斃。⑫為什麼？

夏天，想像一群女孩在佛州海灘上散步。她們看到一個告示牌：「浪潮帶！禁止游泳！去那邊有救生員的區域游泳。」大部分女孩會說：「嘿，我們可能不應該在這裡游泳。我們去那邊吧。那邊比較安全。」現在想像一群青春期男孩在同一片海灘上玩，看到同一個告示牌。很可能其中一個男孩會嗤之以鼻地說：「浪潮？哈！就只是海水而已！我比海水更強！」他跳進海裡，可能再也回不來了。

波士頓大學心理學家發現一個主要因素是，男孩和年輕男性「可能都高估他們的游泳能力……比女性更容易讓自己處於危險水域。」⑬等到男孩發現自己判斷錯誤，已經為時晚矣。

同樣的，匹茲堡大學（University of Pittsburgh）流行病學家發現，男生比較容易死於雷雨交加的暴風雨現場：當女生開車看到溪水暴漲、淹過路面時，她會掉頭走另外一條路；男生多半覺得他過得去，結果車子被沖走，人死於突發的洪水激流中。⑭

這可能是另一個為什麼男孩更容易參與危險活動的原因。男孩會有系統地**高估**自己的能力，或是**低估**危險。

典型的刻板印象可能在這兒也有點關係。當你問誰在騎腳踏車、爬樹等事情上容易受傷時，男生與女生都會說女生比較容易受傷。事實上正好相反：是**男生**比較容易受傷。⑮大部分的電視、電影、電玩遊戲都是英雄救美。也有例外——最新一集《星際大戰》電影裡，我最喜歡的角色就是雷伊——但這些都只是例外。大部分的影視節目裡都呈現了男性喜愛冒險的偏見，這種文化的潛移默化可能是男生高估自己能力的一個原因。

但是做這種推理要小心，不要像七〇年代的學者那樣，相信性別差異主要是來自文化影響。研究者觀察到的，雄性哺乳類動物也比較喜歡冒險，如猴子、狒狒、黑猩猩。人類學家費地根（Linda Marie Fedigan）和佐哈（Sandra Zohar）想知道為什麼日本獼猴母的比公的多很多。在出生時，雄猴和雌猴的比例大約是一比一，但是到成年時，這個比例就掉為一比**五**：猴群中平均一隻成年的公猴周圍可以發現五隻母猴。這些公猴是怎麼了？為什麼動物園長大的獼猴沒有這個現象？

費地根和佐哈想了很多的可能性解釋：

- **「男性脆弱」假設**：或許雄性比較容易被傳染，死於疾病。
- **掠食者假設**：或許雄性比較不擅長躲避天敵。
- **冒險假設**：或許雄性比較喜歡做危險的動作。
- **基因突變假設**：或許雄性身上突變的機率比較高（這其實是前面「男性脆弱」假設的另一種說法）。

在仔細檢視二十一年的資料後，費地根和佐哈發現只有一個假設得到支持，就是冒險假設。公猴會像青少年的男生一樣做瘋狂的傻事。她們發現公猴會強行通過高速公路，結果就被卡車撞死，因為車子速度太快，猴子沒有經驗不能預測；母猴通常避開高速公路，她們對呼嘯而過的車子會感到害怕，很少以身試法。⑯

這個差異看起來是天生的，你很難說公猴高估自己的能力因為牠看過〇〇七情報員詹姆士．龐德（James Bond）的電影，所以雄性靈長類（包括人類在內）會去做危險的事情，應該是天生的而不是文化的影響。

膽子訓練

假如你有個兒子，你必須了解他的動機，才可以阻止他騎腳踏車躍下懸崖。女孩的父母也要了解這一點，才能適時鼓勵她去冒正當的險，以提升她的自我評價。

許多社會都有性別不平等存在。公司行號的總裁都是男的居多，雖然足以勝任這個職位的女生比比皆是。《財富》（*Fortune*）五百強中，只有二十六間公司的總裁是女性，過去三十年，這個男女比例都沒有改變。⑰

在收入上也有性別差異。在美國，一個全職的女性賺的錢比一般男性少。部分是因為職業別的關係。一般來說，一個具碩士學位的軟體工程師，薪水比有碩士學位的小學老師高，大部分的軟體工程師是男性而大部分的小學老師是女性。

但是即使控制了職業、教育程度、工作時數，這個性別差異仍然存在。根據大部份估計，以同樣的工作，男性每賺一塊錢，女性只賺九十二分。⑱男生在做同樣工作上拿的錢還是比女生多，大部分領域都是這樣，除了少數例外，例如精算師與會計師就是少數男女待遇相同的領域。⑲

經濟學家巴庫克教授研究卡內基美隆大學（Carnegie Mellon University）畢業的商學院碩士學位學生起薪有無男女的不同。她發現在起薪上，男生一般就比女生高出百分之八，男生一年就多拿四千美元。巴庫克教授檢視誰在面試時要求比較高的薪水，結果發現有百分之五十七的男生在面試時會要求比較多的錢，而女性中只有百分之七會開這個口。假如控制性別，巴庫克發現：開口要求比較高薪水的人，起薪比不敢開口者的年薪多了四、〇五三美元，這個性別差異可以歸因到女生**並未開口要求**比較高的薪水。⑳

還沒有開始工作就敢對老闆要求加薪真是件冒險的事，你可能激怒未來的老闆，還沒上工就被炒魷魚了。你可能給人一個貪心的不良印象，不好的開始是失敗的一半，將來的事業進展都吃虧，所以大多數的女生不敢要求薪水；假如她們不要求，老闆自然不會給。

如果你想成功，想**真正**在商界或政界成功，你必須願意冒這類的險，你也要你的女兒能夠這樣做，時機來到時能夠冒險：你如何使她有這種自信心敢去冒險？

我的第一個建議：如果你的鄰居是典型的北美洲家長的話，**不要**像你的鄰居那樣做。北美洲的父母對女孩子都過分保護，不肯讓她們從事冒險的行為，如爬樹或放開雙手騎單車。我自己就碰過無數次孩子受傷時，父母不同的反應態度。假設十四歲的傑生在打美式足球時傷到背，他勉強可以走路，由爸爸扶著進入我的診所，他自然很關心孩子的傷勢，但是我可以從言談中察覺到有那麼一絲驕傲。「傑生是在得分線上受傷的，他們攻到距我們二碼的地方，在第四節，第四當，傑生撲向前去抱住跑鋒，犧牲他自身的安危，阻擋了敵隊的進攻，我們最後贏了這場球。」我看了一下X光片，似乎沒有什麼大礙，神經科的檢查也都正常，我對爸爸說傑生只是扭傷了肌肉，休息幾天，泡熱水澡，放鬆肌肉就會好。聽到這兒老爸的第一個問題是：「傑生什麼時候可以回去打球？」

去年我在一名十四歲的女孩身上看到同樣的傷勢：崔西是曲棍球手，她也是勉強可以走，應該說幾乎不能走，由爸媽二人陪同來到我的診所。同樣地，X光片看起來很正常，神經科檢查也是，我告訴爸媽崔西只是扭傷肌肉，建議她多多休息，泡熱水澡，讓肌肉放鬆，說的話與我對傑生父親講的一樣。父母親的第一個問題是：「你認為崔西應該放棄曲棍球嗎？或許她不適合這種運動，或許這一季她不該再打了。」

父母親態度的差異非常顯著，令人不敢相信，我開始提醒父母注意這一點。「假設崔西是男孩，你會考慮叫你的孩子這一季不要打球嗎？」我問他們。父母們很猶疑。「不，你們不會，」我說：「你們會說：『站起來自己走出去，去鍛鍊，你一定可以做到！』」

有什麼方法可以使女孩喜歡冒險嗎？冰島的一位教育家歐拉斯達特（**Margrèt Pála Ólafsdótir**）發展出一套訓練幼兒園女孩冒險的課程。這是她帶著一隊女生去野外戶外教學時想出來的。那天天氣很熱，有幾個女孩子就脫掉了鞋襪，她一時衝動，鼓勵**所有的**女生都把鞋襪脫掉，打赤腳在公園的石子路上行走，然後鼓勵她們打赤腳跳舞，有個女孩在石頭刺痛她的腳時哀叫。「腳痛時如果不抱怨可以怎麼樣？」歐拉斯達特問其他女孩們。「唱歌！」一個女孩說。「所以我們就唱歌了，」歐拉斯達特說：「一路打赤腳唱歌跳舞回到學校，我們覺得像女超人。」

歐拉斯達特寫道：「女孩們都非常高興，非常驕傲她們發現了一個新世界。」受此鼓舞，歐拉斯達特把床墊拖到幼兒園去，她把床墊疊在一起，旁邊放張桌子，鼓勵女生從桌上跳下到床墊上，鼓勵她們一邊尖叫一邊跳，因為過去女生的刻板印象是遊戲時都要保持安靜，所以訓練她們出聲就很重要，變成勇敢冒險訓練（daring exercise）的一個重要部件。很快地，女生房間就和男生房間一樣吵鬧了。「當女生說從桌上跳到床墊太容易時，我們就把桌子架高，最後每一個東西上面都再架上一張椅子。」歐拉斯達特寫道。

一旦女孩子發現她們的老師要她們去冒險，她們就開始創造自己的挑戰。她們把雞蛋高拋在空中再接住它（有時沒弄破）；她們打水槍戰。一個女孩用泡綿磚砌了一堵高牆，「你要幹什麼？」歐拉斯達特問她。「跳過去！」女孩說。「這堵牆對她顯然是太高了，但是我怎能摧毀她花了幾個月的努力才建立起來的信心？」歐拉斯達特問自己。

這個小女孩站起身，深呼吸一口，然後跳過去，直接落在牆上，把牆撞倒。全班都笑起來，我們的女英雄不太確定她該怎麼反應，望著我求助……我想起我自己的經驗，不論我多努力都覺得不夠好，最後只有放棄，失去我的自信，不再去冒險……這正是女生為何被動，不去嘗試新東西……這個小女孩找到了一個最好的方法，可以訓練女生擺脫過去擔憂會犯錯的恐懼……我就這樣對我班上的女生說了，當然我改變了用辭使她們可以聽得懂。㉑

這個故事點出了這種做法的問題。假如一個女孩大膽去做了一件事但是失敗了，她可能從此不敢再冒險；歐拉斯達特看到了這個危險。「女孩子的思想中充滿弱小無能、自信心低落的感覺，假如我們不知道我們為什麼這樣訓練的話，這個方法會帶來反效果。」所以她從女孩子可以做的事情著手，逐漸讓她們建立信心，把牆加高。

菲瑟涅國家公園

讓我們回到彼特森的實驗。她讓學生騎健身腳踏車模擬很多危險的情境，然後問**父母親**這些孩子以往騎腳踏車有沒有受過傷，有沒有嚴重到需要送醫院的程度。她發現那些受過傷的**比較不**害怕模擬危險的虛擬情境，即使在控制了孩子騎自行車的信心以後仍然如此。她把這稱為「顛倒勇效應」（invulnerability effect）：當一個孩子跌下腳踏車，膝蓋擦破皮時，傷口會結痂、癒合，一個禮拜之後他會想：「嘿，這沒有那麼糟嘛！我受了傷，現在我又好了。」

小小破個皮對孩子有利無害，對女孩子尤其有利。跳不過牆、掉下來跌破皮，然後發現這也沒什麼了不起，過兩天就好了，這種感覺是建立你女兒勇氣和內在力量很好的方法。讓我舉個例子：我去澳洲六次，看到的「膽子訓練」。他們不稱之為「膽子訓練」，而是稱之為「索降」。美國稱之為「懸崖垂降」。

勞力斯敦（Lauriston）是澳洲一間女校，我去參觀過兩次。澳洲男女分校的現象很普遍，比美國多了很多。九年級每個女生都需要在浩瓜（Howqua）的分校待一年。浩瓜位於墨爾本北方，車程三小時處，靠近曼斯菲德（Mansfield），是一片荒涼的山區森林。這一年，她們經常在崎嶇的山路上爬山，而且沒有手機。女孩們住在森林小屋中。每一個女孩都必須參與索降。

威利斯（**Jen Willis**）是勞力斯敦的戶外教育主任，告訴了我一個安靜害羞女生的故事。她很聰明，課堂表現很好，但是她在班上不太說話，不喜歡舉手，或在別人面前發言；就算發言，她的聲音也很小，幾乎像是耳語。我們姑且稱呼她凱拉吧。凱拉很懼高。她懇求威利斯不要逼她索降。威利斯堅持要她索降。況且，威利斯並沒有權限讓凱拉例外。**每一個**女孩都得做索降訓練，並實際進行索降。沒有例外。

那一天終於到了。威利斯告訴凱拉：「你第一個上。」我覺得這樣做不太體貼，但是威利斯解釋說：「如果你站在懸崖上，看著朋友一個一個垂降下去，可能很可怕。懸崖很陡，她們一旦垂降下去，你甚至無法看到她們，除非你自己俯身往下看。我知道凱拉絕對不會這麼做。如果你害怕索降，看著別人垂降下去可能更可怕。我知道凱拉先下去會最好。」

威利斯一定是做對了。凱拉的索降毫無困難。第二天，老師注意到凱拉在課堂上的表現改變了。凱拉開始舉手發言。她開始公開發言。當她說話時，也不再是耳語，你可以聽到她在說什麼。借用女權主義者吉利根（**Carol Gilligan**）的說法，凱拉「找到了她的聲音」。一位老師問凱拉，為什麼她現在可以自在地舉手發言了？凱拉說：「經過索降之後，在班上發言不再顯得那麼可怕了。」

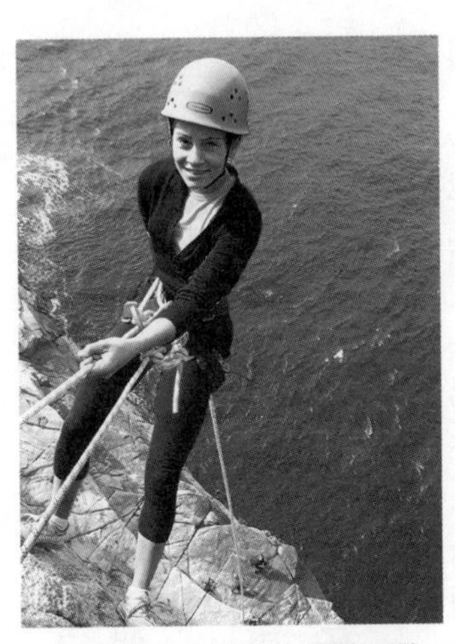

正確的訓練可以賦權女孩，勇於冒險。
照片由澳洲塔斯馬尼亞州聖麥可學院提供。

請注意，浩瓜的勞力斯敦學校活動是**硬性規定**。美國學校也有類似活動，以我的經驗，幾乎都是選擇性的，不是硬性規定。結果就是最需要參加的女孩會選擇不參加。凱拉永遠不會主動報名參加這種活動。她甚至懇求老師不要逼她參加。如果你認為你的女兒需要加一把勁，才能找到自己的聲音，我會建議你找個類似勞力斯敦的地方，幫她報名，即使她說她不想去。在我所撰寫的《教養，你可以做得更好》（*The Collapse of Parenting*，**中譯本由遠流出版**）書裡，我解釋過了，家長有時候必須推孩子一把，讓孩子做他原本不想做的事情。如果你的女兒很害羞，幫她報名攀岩課程。當我建議家長運用親權，強制幫逃避冒險的女兒報名攀岩課程時，美國家長通常會嚇得臉色發白。我在《教養，你可以做得更好》中探討過，如果無法運用親權，將會使得美國孩子越來越脆弱與焦慮。

聖麥可學院（St. Michael's College School）是澳洲塔斯馬尼亞州（Tasmania）的女校，校方很重視索降，相信索降可以賦權女孩、找到自己的聲音，勇於做恰當的冒險。每一名女生都必須參與，從六歲開始接受訓練。九年之後，女孩們可以在菲瑟涅國家公園（Freycinet National Park）的懸崖索降，距離太平洋海面有四百英尺高。前一頁是學校給我的照片。看看這個女孩的臉，她很鎮靜。如果是我，在那個情況下，我會嚇到腿軟發抖。

澳洲有很多類似活動。在美國比較少，但你還是找得到。並不是每一個女孩都需要這種活動。你必須了解你的孩子。在冒險這一點上，個別差異是很大的。我曾經碰過一個女孩騎著她的越野車衝下很陡的山坡，那個山坡上可是布滿了灌木，崎嶇得很；我也見過一個男孩不肯畫指畫，因為他很擔心水彩洗不掉會留在他的手指上。那個騎越野車的女孩可以教她一些如何預防危險的方法（下面立刻會談到）；不敢畫手指畫的男孩可以給他一些冒險訓練，或者是類似浩瓜的勞力斯敦活動。

危險預防

對那些喜歡冒險的孩子，我們該怎麼辦？他從樓上滑滑板下樓，或者至少試過；他騎自行車飛越庭院圍牆進入人行道；當全家去游泳時，他只想快速衝刺到跳水板的最高處跳下來。你已經因為他受傷而帶他去急診室三次了，但他一點也不在意受傷。現在他在玩空中滑板特技，還要求去上跳傘課程。每一年他都要求去學比去年更危險的事，你不能老做著他脊椎受傷的噩夢；你該怎麼做？

減低孩子受傷機會有三個原則，**第一個是記住「冒險移位」**。一群男孩在一起，會做很蠢的事情。如果是一個人，沒有其他男孩在旁邊，他們就不會這麼做，或比較不會這麼做。你的孩子想要刺激，很好，全家去滑雪或坐雪車時，堅持每一個都得先去上課，不管他們的程度如何，和專家上一堂課會使孩子對自己的能耐有正確的了解；他可能認為自己已經夠格去滑專家級的雪坡，教練可以教他如何在適合他滑雪技術的雪坡上滑，並且玩出很多花樣。全家一起去滑雪，遠比一群青少年到同樣的滑雪場安全多了。

第二個原則是有人監督比沒有人監督好。我曾看到父母不肯讓孩子玩美式足球，因為他們認為美式足球太危險，卻讓他和同伴去停車場玩滑板。對這些父母我有一句忠告：你的孩子在沒有人監督的停車場發生意外的機會，遠比在有成人的監督下打美式足球來得高。喜歡冒險的孩子只要有機會一定會去冒險，是的，你的孩子在美式足球場上會有危險，他會跟別人相撞，那些人比他高又比他壯，但比起一群男生在沒有成人陪伴的停車場玩，有稱職教練監督的美式足球練習還比較安全，孩子嚴重受傷的機率其實很小。YouTube上有一大堆影片，都是男孩在停車場，在正在移動的車子引擎蓋上耍特技，車上沒有人駕駛。你的孩子在美式足球場上發生危險的機率，比他在停車場跟著一群男孩鬼混的風險低。

第三個原則是建立你的權威。幾年前，達拉斯牛仔隊的角衛山德士（Deion Sanders）在比賽時受了傷。球隊醫師要山德士不可再下場比賽，因為腦震盪的腦會發生腫脹，一個小時以後可能會覺得好一些，但是假如你頭部再受傷的話，腫脹可能會致命。這就是為什麼醫生告訴山德士坐下休息，不要再上場了。

山德士不聽醫師勸告，當他覺得好一點時，又要下場去打，醫師並沒有叫罵或生氣，他僅拿走山德士的頭盔，緊緊夾在他腋下。（當然，現在的美國美式足球聯盟有了新的規定，正式禁止山德士再上場，但是事件發生在一九九九年。）

這是一個建立你權威的方法，對喜歡冒險與不願意遵守你訂下規則的孩子，不必叫罵，不必爭執，不必討價還價，只要做你應該做的事。假如你告訴孩子沒有你的允許以及成人的陪伴下，不許把他的越野機車騎下陡峭的山路，而他卻不聽你的話——不用再告訴他一遍，不用要求他承諾以後不敢。當他的朋友來邀他一起再度騎下陡峭的山路時，假如他說：「我不能去，因為我答應我爸除非有成人陪伴，否則我不能去。」那會使他看起來像個窩囊廢。以「男孩行為準則」來說，順從父母的意思、遵守答應父母的承諾是懦弱的表現，但是「男生行為準則」會尊敬一個超級巨大的摩托車鎖。

因此，去五金行買一個大鎖，當他的朋友來邀他時，他可以很誠實地說：「我去不成了，我爸把我的車鎖住了。」當你決定你的兒子何時、何地、可以**和誰**騎，包括至少有一位成年人時——你才打開那個大鎖。

第4章 攻擊性

真正的男子漢喜歡打架。

——**巴頓將軍**（General S. George Patton, 1944）①

從表面上看起來，女生的打架平滑無聲得像塊大理石。

——女性研究者**西蒙**（Rachel Simmons, 2002）②

傑夫瑞

傑夫瑞十四歲，情緒陰晴不定，易怒，有憂鬱症，很討厭上學，也不喜歡運動，沒有親近的朋友。精神科醫生替他開了抗憂鬱症的藥外加利他能（Ritalin），因為他也有注意力缺失症；但是即使服了藥，傑夫瑞仍然退縮、萎靡不振。每天上學像是去打仗，要平安度過這一整天可不容易，雖然他的父母已經把他放到私立學校，小班小校，老師都對他很好，但是每天仍然過得很辛苦。

有一年夏天，傑夫瑞的父親安排他去非洲的辛巴威打工兩個月，做職業獵人克里夫的助手。克里夫專門安排美國和歐洲人去非洲狩獵。傑夫瑞的父母在他的行囊中替他備妥了整個夏天的藥。

克里夫與傑夫瑞相處了三天以後，便叫他把藥停掉，說：「你根本不需要服藥。」他是對的——至少在非洲的叢林中狩獵時，傑夫瑞不需要藥物的幫忙。他可以在高茂的草叢中一動也不動地坐上好幾個鐘頭，靜待獵物的出現。

當地的土著恩德貝萊人（Ndebele）一眼就喜歡上傑夫瑞，他們看出他與其他的美國人和歐洲人不一樣。傑夫瑞與當地人生活在一起覺得非常自在，當地人也把他當做他們的一分子。最主要的是傑夫瑞想要學原住民的打獵方式，所以他們教他使用標槍。

殺死松雞的冠軍傑夫瑞

你有用弓和箭射奔跑目標的經驗嗎？想像你嘗試擊中一個奔跑的目標，但是不是用弓箭而是用標槍，一根比棒球棍長兩倍的木製尖棍，你必須在三十碼外擊中目標。經過一個小時的訓練後，傑夫瑞告訴原住民他覺得可以出征了，他們掩口竊笑，指著三十碼外的一隻松雞。傑夫瑞看著目標，點點頭，揚起手上的標槍用力擲出去——標槍貫穿松雞，當場斃命，每個人都非常驚訝，只有傑夫瑞不以為意。

克里夫立即拍下傑夫瑞站在一堆岩石上頭，一手舉著松雞，一手拿著標槍，仰天長嘯的這張照片。傑夫瑞回到美國後，給了我一張。

他的母親珍說：「那個夏天是個轉捩點。」傑夫瑞還是需要服藥才能在學校中學習，但是他的態度完全改變了，他的憂鬱症也消失了。他不再把自己視為失敗者，珍說那個暑假帶給了他自信心。

假如傑夫瑞的父母沒有送他到辛巴威，而是送他去過動兒夏令營的話，事情會完全不一樣。現在這種夏令營多得不得了，像雨後春筍般地冒出來，他們把同被診斷為過動和注意力缺失的孩子放在一起，加強他們的讀寫能力，通常是在七月和八月為期六個禮拜的時間集訓，開學後再各自回到原來的學校去上課。假如傑夫瑞的父母送他去過動兒夏令營的話，他就不會是今天這個外向、溫和的年輕人了。

「人最偉大的時刻，是當他有勇氣重新施洗命名內在的邪惡。」尼采如是說。③原本傑夫瑞在馬利蘭的中學讀書時的那些缺點，當他換個環境到辛巴威的曠野後，就變成了他的優點。那個感覺自己並非一無是處的經驗改變了他的一生，在他達到別人認為做不到的——把一隻松雞插在三十碼外的地上——目標後，學校功課不再那麼無望地困難了。

如果你反對狩獵，這個部分你可能很難接受：假如傑夫瑞只是擲中了牆上的目標，這個經驗並不會帶來同樣的效果。擲中牆上的目標沒有什麼了不起，但是當場殺死一隻活的動物就不一樣了。大部分的女人（也有些男人）對這種想法退縮，感到厭惡。我並不是鼓勵支持這個行為，不過我必須說明：女生對暴力的感覺是真的和男生不一樣。

操場的教訓

你看過孩子在操場玩嗎？心理學家列佛（Janet Lever）花了一年的時光，在小學的操場觀察男生和女生遊戲。她注意到男生常打架，頻率比女生多二十倍，但是她很驚訝地發現：不打不相識，打過架的男生反而變成**更好**的朋友，他們會比打架前更常玩在一起。④

女生很少打架，女生多半是動口不動手，結果這個不好的感覺會維持很久。「我恨你！我永遠、永遠不要再跟你玩了！」凱蒂對愛咪如是說，而且年齡越大，她們越會死守著這些話，不再交往。吵完架後，整個學期愛咪一國的人就不再和凱蒂這一國的人說話了。

你可能認為這些差異都是人類文化的產物，不過請想一想：列佛的觀察報告和科學家對黑猩猩的觀察很相似。公猩猩打架的次數也是比母猩猩高二十倍，但是這場架大多不超過幾分鐘，而且很少會有嚴重傷害。兩隻在大清早打架的黑猩猩，到黃昏時可能就一起梳理捉虱了。亞特蘭大約克斯靈長類研究中心（Yerkes National Primate

Research Center）的狄華（Frans de Waal）說：「挑釁常是雄性黑猩猩尋求同伴的一個方式，先探試一下，個性合不合，這是友誼的第一步。」雌猩猩很少打架，但是牠們打過架後，友誼也就完了，敵對的情形可以維持好幾年。根據狄華的觀察，雌猩猩打架的後果可能**比較**慘烈，會帶來嚴重傷害，打過架的雌猩猩就「不太可能和好」。⑤

對人類來說，這個差異從孩子一學會說話就可以看出來了。兩歲的男生讓他選擇有暴力打架的故事和溫暖和煦的故事，多半是選擇有暴力打架的；但是兩歲的女生就會選擇溫暖和煦的故事。⑥在另一個研究中，心理學家發現，喜歡聽暴力故事的五歲和七歲女生，長大後比其他女生有更多的行為問題；但是喜歡聽暴力故事的男生，長大後並不見得會如此。⑦對暴力故事的偏好對五到七歲的男生來說是常態；對女生來說，就是精神疾病的前兆。

心理學家露易和大衛．派瑞夫婦（Louise & David Perry）曾經面談平均年齡為十歲的男生和女生，問他們對各種假想情境的反應。例如，假如你和同伴在玩球的時候，有人來搶走你的球，你會打他嗎？假如你打了他，你認為就可以把球搶回來嗎？你打完人後會有什麼樣的感覺？大部分男生說他們會打那個想要搶球的孩子；孩子的年紀越大，越有信心可以把球給搶回來，而且會說打人完全沒有罪惡感。「為什麼**我**要覺得有罪惡感？是他來搶我的球耶！」他們很自信其他的男生會贊同他的看法。這是有道理的：好勇狠鬥的男生在他同學眼中的地位是**較高**的。只要這個打人的行為不是他去欺負人、而是別人來挑釁的話，就沒關係。

女生就完全不同了。女生不但比較不會去打搶球的人，她們還會為了打人行為懷著罪惡感，也比較沒信心可以把球搶回來。即使是在被挑釁之後才做出的攻擊行為，女生也會覺得不安、有罪惡感，而且她們並不期待其他的女生會支持這個行為，因為好勇狠鬥的女生在同儕眼中的地位其實是**下降**的。⑧

現在有證據顯示，這些差異至少有一些是天生的。這些證據來自先天性腎上腺增生症（**congenital adrenal hyperplasia, CAH**）的女孩。這些孩子因為腎上腺的失常，在母親的子宮裡有比較高的男性荷爾蒙，這些過多的男性荷爾蒙使得她的大腦比較男性化。如果給她們飛機、球、汽車、玩具兵、洋娃娃、彩色筆玩時，她們會選擇飛機、汽車、球或玩具兵，而比較不會選洋娃娃和彩色筆。當測試四歲左右的 CAH 女孩時，研究者發現她們對暴力打架故事的偏好是介於正常女孩和正常男孩之間：CAH 的女孩比正常女孩更喜歡聽打架的故事，但是沒有像正常男孩那麼喜歡。⑨事實上，CAH 女生對男性化玩具偏好的程度，與她 CAH 的嚴重程度有關：CAH 程度越嚴重（即大腦在出生前接觸到越多的男性荷爾蒙），她的行為越男性化，也越喜歡男生的玩具。⑩這個研究發現，父母對孩子的玩具偏好沒有影響力，那些鼓勵他們女兒玩比較女性化玩具的父母，對他們孩子遊戲行為的影響力是零。

實驗室動物的研究結果也相同。在高等動物中，特別是我們的近親靈長類，公猴比較喜歡打打鬧鬧；在一個長尾獼猴的研究中，幼公猴翻滾打架的次數，比幼母猴高出六倍。⑪幼母猴比較喜歡照顧嬰猴，使小猴子的母親可以出去採集食物，當需要哺乳時，母猴才從這些保母手中把嬰兒接過去。⑫

其他靈長類也一樣，你會看到年輕女性比年輕男性更有興趣照顧嬰兒。狒狒⑬和恆河猴⑭都是如此。野生黑猩猩中，年輕女性比較會在懷中抱著一根樹枝，就像黑猩猩母親懷抱嬰兒那樣，年輕男性則會用樹枝當武器。⑮就像人類，一般女孩比男孩對嬰兒更有興趣。研究發現，對嬰兒有興趣的男女差異會隨著年齡**漸減**，而女孩又比男孩對嬰兒更有興趣。無論年紀，男性對嬰兒的興趣始終保持一定。四十五歲以上的女性比起年輕女性、少女或女孩而言，對嬰兒的興趣則比較淡。記錄這個現象的研究者認為，差異顯示了「生物針對親職責任的適應」，這是根深柢固的差異。⑯性別差異似乎不會因為家長對孩子行為的態度而有所影響。家長鼓勵兒子照顧嬰兒的男孩，不會比家長沒有鼓勵兒子照顧嬰兒的男孩對嬰兒來得更有興趣。⑰

如果我們在各種靈長類動物（包括人類）中，都觀察到類似的行為，那麼，這種行為可能具有某種生物優勢。年輕女性喜歡照顧小嬰兒的行為顯然有其生物優勢。研究顯示，年輕母猴越是經常練習照顧小嬰兒，她將來的親職表現就會越好。⑱

那麼翻滾打鬧的行為又有什麼演化目的呢？靈長類學家認為，雄猴花很多時間追逐打鬧有兩個目的。一個是在許多靈長類中，包括我們的近親黑猩猩，都比較會從事追殺獵物的工作。在野外，成年的雄猩猩通常要負責獵殺猴子的任務，而母猩猩很少參與狩獵行為，牠們採集堅果、漿果及無脊椎動物，如白蟻。年輕的公猩猩常獵殺猴子，年輕的母猩猩則從來沒有被觀察到從事這個行為。⑲

研究者相信另一個理由是：小時候的打鬧教給雄性動物狩獵的守則，假如一隻雄性的靈長類，小時候被剝奪與其他小猴打鬥遊戲的機會，牠長大後會有**更高的**暴力傾向，而不是更低。⑳牠們從來沒有學會如何與其他公猴打鬧，所以憤怒常是鬱積到一爆發就不可收拾。假如我們的近親是如此，我們很可能也會如此。等一下我們就會談到那些善意改革人士禁止打躲避球，甚至丟雪球的後果，他們的理由是這些行為太粗暴、有攻擊性；但是從靈長類的研究看來，這樣做不但不會減少他們的攻擊性，反而會**增加**。下面你會看到欲禁彌彰。

肯定武士

攻擊性對女生的意義與對男生不同。對很多男生來說，有攻擊性的運動，如美式足球、拳擊、摔角，不只是好玩，同時也是長久友誼的基礎。對女孩子來說，「攻擊性=有趣」這件事並不會自然發生，女生之間的攻擊性並不會建立友誼，反而是摧毀友誼。所以女生很難去想像，攻擊性的玩耍怎麼可能帶來正向的結果。

這些差異同時也影響孩子們的**交談**，特別是同性同儕之間的交談。你可以放一部錄音機在男生的更衣室，聽聽他們如何嘲弄他人。

「你媽媽好胖，她坐在iPad上，iPad就變成平面電視寬螢幕了！」

「你媽媽好胖，他們用Google地景攝影機幫她照證件照。」

「你媽媽笨到以為塔科貝爾（Taco Bell；譯註：加州及美國西南部墨西哥餅的連鎖店，它的商標為一黃色的鐘）是墨西哥的電話公司（譯註：美國電話公司為貝爾公司，紀念發明電話的亞歷山大．貝爾）。」

「你媽媽老到我叫她要做出適合她年齡的行為時，就死掉了。」

許多男性根深柢固地喜歡在關係中開玩笑、彼此攻擊。這個現象不止於人類，其他靈長類也會這樣。女孩和男孩不同是很自然的。從觀察猴子和黑猩猩的證據顯示，在很大的程度上，這些差異是天生的。我們應該承認、接受並合理運用這些差異。但是，現代的許多教育者卻要抹殺性別差異。

特別是許多學校積極阻止和懲罰「攻擊性」的玩耍。許多學區禁止孩子在校園玩躲避球，認為躲避球鼓勵暴力行為。[21]有些學校嚴格執行禁令，甚至禁止玩鬼抓人。馬利蘭州銀泉鎮（Silver Spring）伍德霖小學（Woodlin Elementary School）的校長珍寧斯（Doris Jennings）說：「下課時間的肢體接觸是不恰當的。」[22]其他學區則威脅要開除丟雪球的學生。[23]

越來越瘋狂了。十歲的強尼．瓊斯（Johnny Jones）走到教室前面拿鉛筆。回座位時，他的朋友假裝「射擊」他。強尼也假裝拉開弓箭「射擊」對方。一個女生告訴老師，男生在彼此射擊。老師把兩個男生拉到走廊，責罵他們。校長讓強尼回家，還告訴強尼的母親比佛利，強尼違反了學校關於武器的政策，將會被**開除**。強尼的母親僱了律師。經過三個月的法律折衝，學校終於同意讓步，刪除強尼的停學紀錄。孩子的代言人懷特海德（John Whitehead）觀察到，學校的行為等於是「將想像力定罪」。[24]懷特海德也勸告孩子：「在學校不要亂開玩笑。」身為男孩——做些男孩子一向喜歡做的事情，例如說：「砰砰砰，你死掉了。」——可能會惹上大麻煩。

反對玩躲避球、「砰砰砰」和丟雪球的基本前提就是：如果你禁止男孩玩假裝的暴力遊戲，男孩就比較不會有暴力行為。在我寫的《浮萍男孩》（*Boys Adrift*）一書中，我更深入地探討了這個議題的證據，並且特別注意真正有暴力行為的男孩，例如一九九九年四月柯倫拜校園（Columbine High School）槍擊事件的兇手克萊伯德（Dylan Klebold）和哈里斯（Eric Harris）。事實上，沒有任何證據顯示，禁止男孩玩假裝的暴力遊戲，可以降低他們以後參與真正暴力事件的可能性，例如科倫拜校園事件裡的克萊伯德與哈里斯。事實上，禁止玩男孩的遊戲可能加強了壓抑的攻擊性，將來會成為壓抑的攻擊會用比較不健康的方式展現出來。古老的拉丁俗語說：「你可以用鐵叉子試著趕走自然本性，但是它一定還會回來。」[25]男孩會不想參與學校學習，將能量放在《決勝時刻》或《俠盜獵車手》的下一關。這些遊戲會獎勵男孩對於攻擊性玩耍的熱情。

要平靜一個孩子攻擊驅力的方式，並非是在每一次驅力出現時澆熄它，學校禁止打躲避球的效應就像美國在一九三〇年代禁酒一樣，欲禁彌彰。你應該想辦法**轉變**孩子的攻擊驅力，把它變成有建設性的行為。考林斯（Julie Collins）是一所高中的輔導員，她說：「你無法把一個小霸王變成天使，但是你可以把小霸王變成武士。」

考林斯的座右銘是：要肯定武士。

下面這個故事證明了考林斯的原則。在伊利諾州有個小城，一直受到不良少年幫派的騷擾，商人如果不提供免費的汽水、零食等保護稅，他的店便會被砸爛。有一位店東打賭說，他的店員可以打贏這群不良少年的頭子；這個頭目接受了挑戰。

小鎮上的人都來觀看決鬥，這個店員與幫派頭目又踢又打地扭成一團，打了彷彿有幾個小時般，不分高下。最後那位店員提議今天到此為止，宣稱比賽友誼性勝利。結果那位店員不但贏得了幫派少年的尊敬，也變成他們非正式首領。這位店員的名字叫亞伯拉罕・林肯（Abraham Lincoln）。[26]

一八三一年時，這個小鎮組織了一支義勇軍參加黑鷹戰爭（Black Hawk War）。這支義勇軍成員多半是年輕的幫派分子，他們推舉林肯為領袖，而且在往後的三十年，林肯從店員一路爬上美國總統的寶座，他們一直都對他效忠。[27]

這個年輕林肯的真實故事說明了一個男性友誼的古老傳統。一位作家觀察到：「年輕人的領袖都是從打敗社群中最強悍的人，來建立他的權威。亞瑟王（King Arthur）打敗了無敵蘭斯洛（Lancelot），俠盜羅賓漢（Robin Hood）打敗了小約翰（Little John），把他從橋上打落水裡。」[28]我要加一句就是：這個傳統比亞瑟王和羅賓漢更古老，它可以一直回溯到歷史的源頭。五千年前的希臘神話中，基加美修國王（Gilgamesh）打敗了鬥士安基杜（Enkidu），就像所有這些故事一樣，他們兩人從此變成最好的朋友。的確，男性的比武通常會穩固友誼，使彼此變成終生的知己。

這就是男性。很多年輕男孩會從暴力或假裝的暴力中得到刺激，大部分女孩則不會。我不是說女孩從不會有暴力或攻擊性，只是女孩很少像大部分男孩那樣**享受**肢體攻擊和衝突。女孩有自己的攻擊性表達方式。我們很快會討論到這一點。

年紀越大，性別差異越小

有一晚，我對家長針對這個議題演講。現場有三百多位家長出席。我說：「很多男孩會享受有攻擊性的衝突，但是大部分女孩不會。」我看到一位和我年紀相當的女性舉手，但是我沒有請她發言。當觀眾多於三百位時，必須等到演講的最後才能讓觀眾提問題。如果你在演講中一直讓觀眾隨時提問，九十分鐘之後，你可能還沒講完。

這位女士看我沒反應，就離開座位，走下過道，接近我站的位置。階梯沒有鋪地板，她的靴子踩在地上，發出非常大聲的「咚咚咚」。最後，我停下演講，等了一會兒，等她走到面前。

我問：「什麼事？」

她站得非常近，說：「薩克斯醫師，我只是要你知道，我是一位訴訟律師，我**喜歡**衝突。我**喜歡**有攻擊性。而我是女人！你的理論站不住腳，對吧？」

我不確定該說什麼。我試著在腦子裡思考該說什麼。我說：「讓我問你一個問題。當你九歲或十歲時，正在唸小學，那時的你也喜歡衝突嗎？」

她的表情很奇怪。我猜她想說：「當然喜歡！」但是她沒有這麼說。最後，她搖頭說：「不喜歡。」我把麥克風交給她。

她說：「我小時候不一樣。我不喜歡別人對我大聲說話。如果老師看我的眼光不同，我就會哭起來。我一開始當訴訟律師時，做得並不好。對方的律師會在法庭上公開嘲笑我。我會去女廁，躲在裡面一直哭泣。」她吸一口氣又說：「我看到這些律師在法庭上彼此攻擊，之後又一起去酒吧喝酒、開玩笑。一個下午，他們邀我一起去。我去了。這時候我才明白：嘲笑別人只是一個**遊戲**。我也開始玩這個遊戲。我會在法庭上嘲笑他們，就像他們對我那樣。我開始打贏官司了。那是十年前的事。現在我在我的領域裡，是最好的律師之一。我很享受。但是我了解你說的。我花了很長時間才達到現在的狀況。」

年紀越大，性別差異越小。身為執業醫生，我看到許多中年婦女既大膽又有攻擊性，也看到許多與她們相反的中年男性。但是喜歡肢體衝突，或是閒暇喜歡玩暴力遊戲——例如《決勝時刻》或《俠盜獵車手》——的十歲女孩則很不尋常。

女生的暴力型態

瑪莉是十五歲茱莉的媽媽，她告訴我最近有一天茱莉上完騎術課回家時怪怪的，吃晚飯時瑪莉問她怎麼了。

「沒事！」她說。

「別騙我，你看起來不對勁，告訴我。」

茱莉好像要哭出來了：「馬廄裡的那些女孩子都**恨**我。」

「胡說，她們是你最好的朋友呀。」瑪莉說。

茱莉沒有說話，她緊握著湯匙，眼睛瞪著她的湯。

「你們不是禮拜六才一起出去看馬術表演，又一起去吃晚飯的嗎？」瑪莉提醒她：「你告訴我你們玩得很痛快，這不過是五天前的事，怎麼這麼快就變卦了？你為什麼會認為她們突然不喜歡你了？」

「我今天一走進馬廄，她們就停止說話；她們在談論我。」茱莉說。

「你怎麼知道她們在談論你？」媽媽問道。

茱莉翻她的眼珠，「這很明顯。」她說。她去攪拌她那碗還沒有喝的湯。「她們現在都恨我，我跟麗莎說嗨，她表現得好像我根本不存在。麗莎是我最好的朋友，你能相信嗎？假如不是我的話，麗莎在這裡根本連一個朋友都沒有，她根本不可能來上這個課，」茱莉熱淚盈眶：「都是凱倫的錯，凱倫恨我，她**一直**都很恨我，她嫉妒我因為我騎得比她好，我的馬也比她的好。現在她使所有的女生都敵視我。」

第二天早上，茱莉說她不要再去上騎術課了。她從六歲就開始騎馬，「求求你不要叫我再回到那個馬廄去。」她懇求她媽媽。

很多父母在這個情況下會犯一個錯誤，就是認為情況沒有那麼糟，都是他們女兒自己想像出來的。他們認為問題只存在女兒的大腦裡，誤以為外表沒有攻擊的跡象，裡面就沒有攻擊發生。不要被騙，你的女兒是對的。

女生與男生打架的方式不一樣。男生可能會欺負人，但是這個惡意是表面看得見的：瑞利把嚼過的口香糖黏在麥可的椅子上，麥可一屁股坐下去，立刻感到不對，他四處張望看是誰幹的好事，有人指了指瑞利，兩個人就幹起架來；麥可撲到瑞利身上，兩人扭作一團在地板上翻滾，又打又踢，直到麥可把瑞利壓在地上、動彈不得。老師趕來把他們拉開，叫他們去校長室挨罰。隔天麥可和瑞利又坐在一起吃午飯，感情比未打架前更好。

挑釁，引發暴力反應，然後是和解——這是許多男孩的行為模式。但女孩就不是這樣，「女生打架從表面上看來是沒有半點聲音，平滑得像大理石一樣。」[29]這是女性研究者西蒙觀察後的結論。關係緊張程度的上升是非常細微的，有時候，連女生自己都無法告訴你是什麼時候開始的。對女生來說，猛烈的反應是不恰當的，而且很少會這樣發生，因為你很難界定女生的挑釁：

- 「她在走廊上不理我，即使我先跟她打招呼她仍然不理。」
- 「午餐時，她跟凱倫一起而不跟我坐，她明明知道凱倫跟我不和。」
- 「當我在英文課堂上發言時，她嘆氣，好像我說的話很愚蠢。」

壓力慢慢沸騰，有時幾個禮拜，有時幾個月，一直腐蝕著直到友誼消失殆盡。

西蒙用「另類攻擊」來形容少女之間的勾心鬥角。這個名詞取得很好，因為它提醒我們這的確是攻擊行為的一種形式，父母親有時看不見這種攻擊的傷害。通常這個加害者是所謂的「好女孩」——對長輩有禮貌，很聰明，很會隱藏她的作惡痕跡。這個加害其他女孩的女魔頭常常是人緣最好、最有社交手腕的女孩，這點與男生正好相反，男生的小霸王通常是功課不好、粗野的壞孩子。

女生的這種欺負行為與男生恰恰相反。欺負人的男生通常沒有什麼朋友，在社交上的舉止失措，在學校功課不好，他用欺負別人的方式提升自己的地位，至少在他自己眼中是如此。「假如雅各很怕我，我就不可能是學校中最被看不起的人。」他會這樣想，但他可能與雅各根本就不熟。他去欺負雅各並不是雅各做了什麼惹惱他的事，他欺負雅各純粹是他自己的不安全感，以為使別人難受自己就會過得好一點，也希望用欺負雅各的方式討好其他同學。「當一個沒人喜歡的同學，被校園中很紅的團體成員欺負時，其他人會以為去欺負受害者，就可以提升他們自己的地位。」康乃爾大學（**Cornell University**）的畢夏普教授（**John Bishop**）如是說。[30]

這個情況在女孩子中就完全反過來了。男生通常會去欺負他不太認得的人，女生則永遠挑她社交圈子中的人下手。這些女孩是親密的敵人，她們彼此相知甚深，知道對方的弱點在哪裡，從哪裡下手傷害最深。[31]下面是一個總結的圖表：

欺負人的女孩	欺負人的男孩
有很多朋友	沒有什麼朋友
很有社交手腕	社交上笨拙
在校功課很好	學業表現低於平均值
與被害者很熟	不認識被他們霸凌的男孩

在這個議題上，我在學校開的工作坊叫做「四種霸凌」。工作坊中，我們指認了四種不同的霸凌：

1. 男孩對男孩的霸凌
2. 女孩對女孩的霸凌
3. 性騷擾
4. 仇恨霸凌

男孩對男孩的霸凌可以說是「典型」的霸凌。大惡棍打柔弱的男孩，推到牆上或塞進置物櫃裡。**仇恨霸凌**指的是基於種族、族裔、性傾向等等條件的霸凌。例如在白人為主的學校裡，白種孩子欺負拉丁裔的孩子，或是在以拉丁裔為主的學校裡，拉丁裔孩子欺負非拉丁裔的孩子；這就是仇恨霸凌。即使參與者全都是男孩，也不算是典型男孩對男孩的霸凌。停止男孩對男孩霸凌的有效策略，和停止仇恨霸凌的有效策略不同。男孩對男孩的霸凌，往往是性別典型的男孩欺負性別非典型的男孩，例如魁武帥氣的男孩打書呆子男孩。第九章會進一步討論性別非典型的男孩，以及他們為什麼常常成為霸凌的對象。

性騷擾也是一種霸凌，但是動機不同。最常見的性騷擾是男孩欺負拒絕跟他交往的女孩。根據我對四百多家學校的觀察顯示，教導孩子成為紳士淑女的學校，最能夠有效預防性騷擾。紳士不會騷擾淑女，淑女也不會忍受騷擾。在第十二章裡，我會解釋更多。

我們現在的重點是女孩對女孩的霸凌。女孩為什麼這麼做呢？

我有幸和寫了《怪女孩出列》（*Odd Girl Out*）的西蒙（Rachel Simmons）一起單獨吃飯。我告訴她，她的書裡，我最喜歡的章節是〈鏡子裡的霸凌者〉。瑞秋承認，國中時，她自己是一個霸凌者。瑞秋告訴我：「是啊，大家都說那是他們最喜歡的章節。」瑞秋說，這是最難寫的一章，因為她必須寫出自己不光彩的一面——惡毒的女孩。但是，這是非常重要的一章，因為這一章教給我們一個重要教訓：**任何女孩都可能成為霸凌者**。只有少數男孩會霸凌別人，但是任何一個女孩都可能霸凌別人。

男孩霸凌男孩的動機很直接：霸凌者打個子比較小的男孩時，會有出自肺腑的快感。總是有少數男孩和成年男人特別享受造成別人痛苦的過程。有些女孩也享受造成別人痛苦到過程，但是很少，遠比男孩要少。[32]反之，任何一個女孩都可能霸凌別人。為什麼？

答案是：保衛自己的社交地位。假設你是很受歡迎的運動型女孩，而且很有趣——這就是你的社交位置。另一個女孩搬進城，進了你的學校。她也很擅長運動，也很有趣。大家都在講，新來的女孩多麼有趣、運動多麼強。你可能覺得你的位置受到威脅，可能想開始散播惡毒的故事，說這個女孩很驕傲自大，會騙人，讓你的朋友都不喜歡她。

成人會理解，學校的社交結構中，有足夠的空間容納另一個有趣又很會運動的女孩，但是十三歲的女孩不是成人，她是十三歲的女孩。

以我的觀察，如果要預防並糾正女孩對女孩的霸凌，最有效的就是全校性的策略。第五章會分享一些我在我的《棉花糖女孩》（*Girls on the Edge*，**繁體中文版由遠流出版**）一書中提到的策略。如果你是老師、輔導員或學校行政人員，或是你正打算和學校的工作人員談話，我會建議你先讀一讀這裡提到的策略。但假如你發現你的女兒是被孤立的人，你該怎麼做呢？

第一是嚴肅看待這件事情。不要告訴你的女兒這沒什麼大不了，都是她自己在胡思亂想。或許是她太過敏感，但或許她不是。你值得花時間確定有沒有這回事。這個問題是什麼時候出現的？誰是你女兒的敵人？是誰在散布謠言使別人鄙視她？這些人的動機是什麼？要記得很多時候，不是你的女兒做了什麼不好的事，而是別人嫉妒她。西蒙說：「被孤立排斥的女生通常是其他女生羨慕的對象：美貌、有男朋友、有錢、有很酷的衣著。」[33]你要親自到學校和輔導老師面對面談。很多時候輔導老師會知道學校的情況，有時候很不幸的，輔導老師也沒個頭緒。無論如何，你必須讓學校知道你關心的程度。

你可以讓你女兒加入另外不同的課外活動組，團體運動是最理想的，舞蹈和戲劇也是很好的選擇，或是騎馬、游泳。當然，這些團體裡的女孩子也很可能與她學校中的那些女孩子一樣壞；但是女孩需要有人脈，新的人際關係網路。你讓你的女兒知道你了解她的處境、你很嚴肅地在幫她處理這個問題，你盡力在幫助她，而不是說服她沒有這回事，就憑這些，你已經使她好過很多了。

在極端的情況下，你可能需要和女兒談談她有什麼選擇，問她願不願意轉學到別的學校去。假如你在公立學校系統，輔導員可以促成這件事，這是另一個為什麼要親自去找輔導員的原因。有的時候，他能幫你安排在學期終了時，不著痕跡地轉學。

注意你孩子有無憂鬱症的徵兆。假如你女兒出現不可控制的哭泣，假如她對以前有興趣的事物不再感興趣，假如她開始在談自殺，那麼你要立刻尋求專業協助。這個被別的女生排斥的經驗對她是個大打擊，可能會引爆憂鬱症並附帶自殺的念頭。假如你有任何懷疑，絕對不要遲疑，立刻去預約好的心理醫師或精神科醫師請求幫助。千萬不要等。

第5章 學校

梅蘭妮

梅蘭妮高中三年都是顆閃亮的超級巨星，她的功課很好，十一年級時，她就選了晉級英文、晉級西班牙文、晉級美國歷史、晉級生物學及三角學。她不但全部都拿A，並且是真心喜歡上這些課。她特別對生物學中的環境科學有興趣，她的生物老師葛立芬小姐看出她的才能，特別鼓勵她，在葛立芬老師的幫助下，梅蘭妮設計了一個實驗去測試波多馬克河流域內各個不同地點水汙染的情形，從西維吉尼亞州一直到華盛頓特區。梅蘭妮的實驗在環境科學展中拿到第二名。「你不只是聰明，」葛立芬老師對她說：「很多科學家只是聰明，真正偉大的科學家還要有想像力。」梅蘭妮聽了臉上發光。

聽從葛立芬老師的建議，梅蘭妮在高三那年選修了晉級物理。葛立芬老師向她保證她一定不會有問題：「物理對你來說是很自然的事情，你本來就有一個很會分析的頭腦。」

上物理課的第一天似乎沒有什麼問題，授課的華勒斯先生一路從計算距離、速度和加速時的公式以及方程式講下來。在下課鐘聲響起，同學都站起來收拾書本準備離開時，他嚷道：「第一章的頭七題是回家功課，明天交！」班上的同學都發出咕噥的抱怨，「整整齊齊地寫，列出計算的過程，在明天上課前交！」

晚上時梅蘭妮拿出物理習題來做，頭五題並不難，最後兩題不太容易，它們好像套不上書上的公式。

那個學期梅蘭妮同時也修了晉級西班牙文、晉級英文、晉級歐洲史及晉級微積分，每一科都有作業。她把頭五題的答案寫出來，決定不浪費時間想最後兩題該怎麼做，而把時間花在準備其他科的作業上。她打算明天一早去找華勒斯老師請教。

第二天早上她並沒有任何困難就找到華勒斯老師，因為他就在物理實驗室中檢查儀器，準備第一個實驗。她自我介紹後，問說：「我對昨天的回家功課……有點問題。前面五題都很容易，後面兩題我不會做，它們好像跟前面所解的問題無關。就像這題說一個男孩想去追趕巴士，巴士已從車站離開，正在加速，表示速度一直在增加，我們要去算這個男生能不能趕上巴士，假如能，要花多少時間才趕得上。」她停下來，等華勒斯老師回答。

華勒斯老師並沒有回答，他只是對著她看，然後把眼光移到窗外。好像他根本沒有聽見她在說什麼。

「你要我給你看這個問題嗎？」她問道，同時把書翻到那一頁。

他搖搖頭。

「就在這裡，第二十二頁上。」她說。

華勒斯老師打斷她：「我想你可能進錯了班級。」

「什麼？」梅蘭妮問。

「並不是每個人都能上得了物理學，」華勒斯說：「葛立芬小姐告訴我你很用功。對生物學那種科目來說，假如你用功，你會考得好；但是物理就不一樣了，你有這個天份的話，可以上得下去；沒有天份，努力也沒用。」

「但是你根本還不認識我！」梅蘭妮抗議：「怎麼知道我有什麼樣的心智？」

「我只是不想把你的總平均拉下來而已，」華勒斯說：「葛立芬小姐說你是全A學生，可能會被選做畢業生代表致詞，我不願見到你因為選修了這門課，而失去畢業生代表致詞的機會。」

「你是說我應該退掉這門課嗎？」梅蘭妮難以置信地說：「才上一天課就退掉？我們甚至都還沒有討論回家功課呢！」

華勒斯點點頭：「我很抱歉。」

梅蘭妮用力把書闔上，一句話都沒說就走出教室。她想去找葛立芬小姐問：「**這傢伙**哪裡有問題？」或許她應該到學生輔導中心投訴。

但是她兩樣都沒有做。她把課退掉了。「假如他不要我待在他的課堂裡，我才不稀罕去上他的課呢！」梅蘭妮後來這樣告訴我：「萬一他不喜歡我、給我很低的分數怎麼辦？我必須為申請大學的成績單打算。我可不想在最後一學期的成績單上突然莫名其妙冒出個B來，這成績單可是攸關我的大學入學申請。」

有些人會說，這個事件正是男性沙文主義的老師，逼迫程度好的女生退選物理課的例子。批評者會指出全班二十三個學生裡，只有六名是女生，這顯然就是學校不要女生上物理課的證據。批評者也會說這本教科書的作業題目都是以男生為例子：男孩追巴士、男生打棒球、男生開跑車，等等。

這種批評固然有它的道理，但我不認為它是主要的原因，因為我太了解梅蘭妮了。梅蘭妮的確是個受害者，可是她並非性別沙文主義的受害者，而是華勒斯老師不了解男生和女生在學習上有所不同的受害者。

下面是我的看法：

第一是「為什麼」：女生和男生有著不同的學習形態，對師生關係也有不同的期待。老師通常不會感覺到這些不同，男老師尤其會誤解、誤讀女生的行為。大多數的女生會去找老師聊，她們希望老師站在她們那一邊、做她們的盟友。大部分女生有需要時都會尋求老師幫忙，她們並不會猶疑。教育研究者發現，女生很在乎老師喜不喜歡她，也比較會以老師為模仿榜樣。① 很有趣的是，最近在我們的近親黑猩猩身上也看到了這個現象。在非洲坦尚尼亞觀察黑猩猩三年的人類學家發現：動物的學習也有類似人類兒童學習的性別差異。年幼的雌猩猩會模仿其他同伴的舉動，去把白螞蟻挑出來吃；但是年幼的公猩猩卻不理別人是怎麼做的，牠有牠自己的一套：或是跑開去旁邊的樹上盪秋千，或是和別的黑猩猩摔角。因此雄猩猩比雌猩猩晚學會掏白蟻，牠們在學習上比雌性慢——一般會晚兩年。②

師生關係的性別差異是男女生學習動機，以及在不在乎老師意見的主要原因。教育心理學家潘末倫茲（**Eva Pomerantz**）認為老師對學生的負面評估，對女生來說傷害比較大：

> 女生過度解釋她們的失敗，把它看成是讓大人失望、覺得自己很糟、沒有存在價值的定論；男生正好相反，他們只把這個失敗看成是單一科目、單一個領域的失敗，不會過度擴散解釋，或許這跟他們不在乎取悅大人有關。③

女生即使不喜歡某個科目，還是會把回家功課做完，因為女生希望保持老師心目中的良好印象；女孩每一科的成績都比男孩好，並不是因為女孩智商較高——智力沒有性別差異④——而是因為女孩比男孩努力。她們不想讓老師失望。⑤男生是除非他覺得有興趣，不然他不想做功課。同樣地，男生會獨自硬撐到他確定真的做不出來了，否則絕不會找老師幫忙。

我在本章一開始談到的這位叫華勒斯的老師，以前當然也是學生，他大概很少找老師幫忙，除非他實在做不出來。因此，當梅蘭妮在上課隔天就找他幫忙時，他想當然耳以為梅蘭妮是做了一整晚都做不出來才去找他。從葛立芬老師口中，他知道梅蘭妮是個聰明、用功的好學生，他考慮到：「如果這個聰明又用功的好學生花了一個晚上，連這種問題都解不出來，那她就不適合上物理課。」所以當他建議她把課退掉時，他真的是為她好、擔心她修不下去。

假如華勒斯老師曾花幾分鐘問一下梅蘭妮，她用多少時間做這些習題，他就會了解自己的錯誤：她連五分鐘都沒有花到。但是假如梅蘭妮對華勒斯老師說她並未盡全力自己先做，就去請教他，他會很驚訝，或許還會不高興，認為她並沒有葛立芬講的那麼用功。梅蘭妮可能會感受到他的不悅，「為什麼我不應該找老師幫忙？這不是老師的責任嗎？假如老師可以告訴我對的路該怎麼走，為什麼我要浪費時間試一個錯的方向？」這是其他女生告訴我的話。女生與男生在學習形態上的預期不同。

梅蘭妮最後一學期的成績也全拿A，進入了她的第一志願馬利蘭大學。我聽她媽說她主修行銷。這領域沒什麼不好，只是她在高中時從來沒有表示這方面的興趣，她其實是對生物學很有興趣。我一直在想，假如不是她在華勒斯課堂裡不好的經驗，說不定她會像葛立芬老師預測的成為一個科學家；假如她的高中物理老師知道女生與男生的學習形態不同——假如他是鼓勵而不是潑她冷水的話，她今天可能會是另一番局面。

面對面與肩並肩

女生的友誼也與男生的友誼不同。女生的友誼是「在一起」，花時間一起聊天、逛街、一起去做某件事；男生的友誼是基於同樣的興趣或同樣的活動。我們可以說女生的友誼是「面對面」（face-to-face）：兩、三個女生坐在一起聊天；男生的友誼是「肩並肩」（shoulder-to-shoulder）：一群男生在一起共同做一件大家感興趣的事。⑥

不管在哪個年齡層，聊天都是女生友誼的中心。女生很喜歡聊天，當她們無法交談時，她們的友誼也就有問題了。女性友誼的最高點就是告訴彼此她們不會對其他人透露所聊到的祕密。女性友誼最珍貴的標誌就是互換祕密，當她告訴你一個從來不曾告訴過任何人的祕密時，你知道你就是她的閨中密友、最知心的朋友了。

男生就不同，他們並不想知道別人內心深處的祕密。⑦男生的重點在活動，不是談話。四個男孩可以花一整天在一塊兒打電玩而不說一句話，你會聽到因為得分興奮的喊叫或為了失分憤怒的咒罵聲，但是你不會聽到交談聲。

	女孩	男孩
友誼焦點	彼此	對遊戲或活動的共同興趣
比賽和運動	相聚的藉口	經常是友誼的中心
談天	友誼的中心	常覺不需要
階層性	破壞友誼	組織同志感情
自我揭露	友誼的指標	能免則免

女生的友誼比較親密、私人，這有好處也有壞處，好處是女生從親密的友誼中得到支持的力量。當女生受到壓力時，她會尋求其他女生的支持和安慰；當女生不快樂時，她會**更想**和她的朋友在一起。男生則完全不同，當男生受到壓力時，他想獨處[8]（許多母親不了解這個情形，當她看到兒子煩惱時，常想去安慰他，結果落得被兒子推出房間、拒絕她的安慰，這下輪到母親也心情不好了）。專門從事壓力情境下性別

差異研究的心理學家泰勒（Shelley Taylor）用下面的話總結她的看法：「女生比男生更需要同性的緊密關係。在壓力情境下，她們需要比較多的社會支持。她們比較常去找女性朋友幫忙，也覺得從跟朋友和親戚的接觸得到很大的益處。」⑨

這些差異與教育是有關的，最主要是女生與男生和老師的關係不同。對很多男生來說，跟老師走得近會被同學取笑，是老師的寵物、拍老師馬屁的人。

康乃爾大學的畢夏普教授這樣寫道：

> 在大多數學生的眼裡，書呆子代表的是「我相信老師會幫助我學習」的態度，這在很多小學教室中都看得見。但中學的氣氛就不一樣了，中學生認為相信老師是個幼稚的行為，老師與學生是對立的：我們（學生）一國而他們（老師）一國。如果你和老師交朋友，你就變成同學取笑、捉弄的對象。男生是不應該對老師拍馬屁的，你絕對要避免給同學這種印象，所以你要避免與老師目光接觸，在課堂裡老師問問題時不要舉手，在上課時傳紙條或說話（這表示與同學的友誼比你在老師眼中的名譽來得重要）。⑩

女生就比較不會認為對老師的友誼表示是拍馬屁或奉承；相反地，假如她和老師的關係良好，反而能提升她在同學眼中的地位——尤其當這個老師是年輕、很酷的女老師。我知道有一個在女校教書的年輕女老師，她偶爾會邀請學生去看電影，被老師邀請去看電影變成一個提升地位的主要工具了（假如老師是男的，和這個老師做朋友比較不會提升這個女孩子的地位，因為別人會認為她是用性交去換取好成績）。但是我認為老師大錯特錯了。你不該有「最受寵愛」的學生，如果有的話，不受寵的學生會不再好好參與學習。如果桑妮雅是你最寵愛的學生，凡尼莎可能覺得，甚至真的說出口：「你不在乎**我**，所以我也不在乎你的愚蠢代數。」相反地，如果女孩覺得你真的關心她，她就比較可能努力學習，不是因為她忽然喜歡代數了，而是她不想失敗。她不想讓你失望。

男生則完全不同，男生跟老師稱兄道弟並不會提升他在同儕眼中的地位，相反地，還會**降低**原本的地位。如果那個男孩被視為老師的寶貝。一般的男孩比起一般的女孩，比較不會在乎是否讓老師失望。

女生比較會去假設老師是她的朋友和盟友，男生不會做這種假設。所以當遇到困難時，女生會馬上想到找老師商量，男生則非到最後關頭，「山不窮、水未盡」絕不會去找老師。女生也會找老師談與學校功課無關的私人事情。

女生的友誼在雙方地位平等的情況下維持得最久：假如你認為你的朋友比你好，

那麼妳們的友誼不會長久。男生在不相稱的關係中自然得很，即使他是比較低的那一方，也沒問題。一個第三線的線衛球員可能跟最紅的四分衛很要好，他不會嫉妒或為了對方地位高而感到不舒服，他甚至會想辦法替這個明星球員吹噓，增加他在其他朋友心目中的地位。這個特性根源深遠，假如你知道希臘神話中基加美修和安基杜、阿奇里斯（Achilles）和佩特洛克勞斯（Patroclus）、大衛和約拿單（Jonathan；大衛是耶西〔Jesse〕的兒子，約拿單是掃羅〔Saul〕的兒子），或是唐吉訶德（Don Quixote）和潘札（Sancho Panza）的故事，那你就了解了。他們的友誼並未因他們地位的差異而有任何差別，相反地，地位的階層性反而更牢固了友誼。我們在《聖經·撒母耳記上》（*1 Samuel*）上讀到：「約拿單和大衛訂了合約，因為約拿單愛大衛，」而不是因為大衛也愛約拿單，「約拿單把自己穿著的袍子脫下來，給了大衛。他還把自己的連身衣、寶劍、弓和皮帶都給了大衛。」大衛沒有給約拿單什麼，約拿單也沒有期待大衛給他任何東西。約拿單對大衛說：「你將是以色列的國王，**我將是你的副手**。」（強調是我加上的）[11]在約拿單的夢中，他的英雄，大衛，將會是國王，而他自己反倒成了國王的副手。約拿單很願意接受。

這個差異解釋了一個很多老師都告訴過我的祕訣：假如你跟女生一起、教她功課時，你要常常**微笑而且望著她的眼睛**[12]，這給她一個非語言的保證：你喜歡她，你是她的朋友。很多老師（尤其是男老師）不與女學生有目光的接觸。「我問他一個問題，他答是答了，但是好像在跟空氣說話，看都不看**我**一眼，」一個女孩說：「他根本不在乎我，就好像我根本不存在似的。」

我在加州尤巴市（Yuba City）為教師帶領一個工作坊，講到和學生四目對視、眼神接觸的重要性時，一位年輕男老師舉手說：「對不起，我不要這樣做。我覺得這麼做不恰當。」

「不恰當？」

「對。」這位老師解釋說，他是單身異性戀者，他教高三，學生都是十七或十八歲的女孩。他解釋自己會擔心，別人若是看到他對學生微笑、和十八歲女孩四目交接，會以為他在調戲學生。

我回答：「我了解你在說什麼。但是我不是建議你**碰觸**學生，你可以保持三公尺的距離，並且確定有別人也在房間裡。但是你必須和學生四目交接並且微笑。」有了其他老師的支持，我們逐漸說服這位年輕人，跟女學生講話時不要一直低頭看自己的鞋子。

假如你是在教男生功課，你要坐在他**旁邊**，把所有東西攤在你們面前，使你們兩人都能看到要教的教材，肩並肩。不要和你不熟的男孩四目交接太久。當然，互相對視也可以代表不同的訊息。但是在並非好友的男性之間，長時間的四目交接很容易被視為打架的前奏。男孩會感到不自在，甚至引起敵意反應。

知道這個差異的另一個用途，就是教女生要小組才會學得好，教男生不必。我去參訪南卡羅萊納州哥倫比亞的一堂八年級科學課。老師說：「現在我要你們分成小組，討論植物的細胞壁和動物的細胞膜之間的差別。」

我站在教室後面的桌子旁，那裡坐了四個男孩。他們看看彼此。一個男孩對另一個新來班上的男孩說：「你在哥倫比亞住多久了？」

想像一下，如果這個男孩回答：「喔，我們不應該談論這個！我們應該討論植物的細胞壁和動物的細胞膜！」要是他這麼說，其他人會很訝異他怎麼這麼呆。他會被視為老師的乖寶寶。當然，他沒有這麼說。他說：「我爸媽和我剛剛從達拉斯搬到這裡。我跟你說，我超想念達拉斯。你們這裡都沒有美式足球！」

其他男孩驚訝地看著他。一個說：「你在說什麼啊？沒有美式足球？那克林姆森（Clemson）球隊呢？南卡羅萊納州立大學球隊呢？」

達拉斯來的男孩揮揮手，帶著優越感說：「那些只是大學的美式足球隊。不是**真正的**美式足球。」

四個男孩開始熱烈討論起了美國大學運動聯盟和全國美式足球聯盟的價值。植物的細胞壁和動物的細胞膜完全被拋到腦後了。

在小學和國中階段，男孩做小組討論，比女孩做小組討論的策略較為無效。為什麼呢？

第一個理由：女生對找老師幫忙比較自在。假如你給四個女生一個團體作業，你可以確定，只要有困難，至少有一個會來找你。

男生就不同了。假如四個男生都做不出來，你不確定會不會有一個來找你，除非四個裡面有一個是書呆子。即使是書呆子也知道問老師問題會降低他在同學眼中的地位，假如男生做不出來，他們會去丟擲用口水弄溼紙頭揉成一團的紙球、吵鬧，但就是不會去請老師教他。

這把我們帶到第二個理由，為什麼小團體對女生學習有利，對男生卻不見得。男生如果在課堂中搗蛋的話，其實是會提升他在同學眼裡的地位。當老師把班上分成好幾組，四個人一組中若有兩個男生開始搗蛋，在其他人眼裡這兩個傢伙的地位便升高了，不管他的行為是多麼地幼稚無聊。（順便提一聲，「幼稚」puerile 這個字源自拉丁文的 *puer*，意思是小男孩；但是對拉丁文的小女孩 *puella* 就沒有相對應的字。）

正如許多性別差異在教育上有其重要性，但是這些差異隨著年紀漸大會逐漸降低。一旦到了高中，你往往可以讓男生進行小組討論。但是在小學和國中，同樣的策略則不一定有效。

聽覺上的差別

在第二章中，我們提到女生聽得比男生好。任何時候你讓某一性別的老師去教另一性別的學生，會有不相配的可能性出現：假如男老師以他自認為舒服的音量說話，就已經讓前排的女生覺得他在對著她吼。反過來，如果男孩坐在教室後面，老師說話又很小聲，他可能真的會聽不清楚。

還記得我在第一章所說的注意力缺失症的誤診，有些被診斷為ADD的孩子可能只是需要老師提高一點音量而已——正如第二章提到過的，大約八個分貝。這個基本的差別學校老師都不知道，當我對他們講時，他們都非常驚訝，因為他們的確曾看到這個差異，只是從來沒想過罷了。有經驗的老師在教了五年、十年後，終於自己想通了，有個老師就說她把男生放在前排，女生放在後排，這與男生女生平常自動選位置時的順序正好相反。如果你讓學生自己挑選座位，最常看到的情形是這樣的：在大多數的班級裡，功課好的男生會坐在頭二、三排，其他的男生全擠到後面去，女孩子則坐在中間，這是很「自然」的坐法，因為女孩想和老師親近，而男生不想（在第九章我們會談到願意與老師親近的男孩）。

老師的罪惡感祕密

男生和女生都是中性教育制度下的犧牲者，一個原因是這個差異是天生的，另一個原因是男女生對威脅和衝突的反應不一樣。

一位中學女老師凱特對我說：「有天我吼了一個學生。我從一桌走到另一桌收作業。我走到他身邊，他說：『我沒寫。』他的聲音非常傲慢。山姆是個聰明的孩子，但他就是不肯做回家功課，他從來沒繳來任何回家功課。那一天，他似乎在炫耀。我氣炸了，狠狠把他罵了一頓，就在全班同學面前海飆了他一頓，我其實不是有意這樣做的。」

「罵完後，我很擔心他可能從此不跟我說話了，」凱特說：「我惦著他的父母會打電話來興師問罪。老實說，我很擔心自己會失業。我是說，我在整個班級面前吼他。但是，第二天，山姆繳上來他的作業，第一次準時繳作業，甚至還問我要不要看他收藏的棒球卡片。他很為這個收藏感到驕傲，從來不肯給別人看的。」

「三個禮拜後，他媽媽終於打電話來了。」凱特告訴我：「我緊張得要死，真的以為她會很氣我在班上大聲罵他的孩子。但是她沒有生氣，她是打電話來道謝的。她似乎不知道班上發生的事，只想知道我到底是施了什麼魔法使山姆對做功課產生興趣。我不知道該怎麼說。我想還是不要讓他們知道真正發生了什麼事。」

我不是建議你在班上吼學生。你不應該在學生面前情緒失控。但是我覺得這個事件讓我們看到男女差異。老師們需要了解。但是這種面對面的衝突要是用在女孩子身上就完了。「假如我對女生這樣，她肯定從此不再跟我說話。」凱特說。「而且，她可能會讓她的一半朋友都不再跟我說話了。」

女性腦子，男性腦子？

最近新聞中有一大堆關於以色列對男女腦部的研究報導。根據研究，根本沒有所謂的「男性腦子」或「女性腦子」。我們都是合體，腦部混合了男性與女性特質。⑬但是這篇文章在新聞中受到廣泛的正向報導。《科學》（*Science*）雜誌的記者惠林（Kate Wheeling）熱情地寫道：「可以改變科學家如何研究腦部，甚至改變社會如何定義性別。」⑭

其他科學家對以色列的研究較為嚴苛。耶魯和麻省總醫院的研究者指出，如果將以色列研究的標準運用在動物身上，將會很難分辨貓咪與狗。畢竟，貓和狗之間，只有很少的可靠特質可以區分彼此。以很多標準指標而言，聖伯納狗和奇娃娃之間的差異比奇娃娃和暹羅貓之間的差異還大。耶魯和麻省總醫院的研究者使用和以色列研究者類似的數據，即使在調整了腦子大小的控制數值之後，還是能夠區分出百分之九十二的腦子是男性還是女性的。⑮另一位以色列人，葛雷曼（Marek Glezerman）以更基本的理由批評該研究結果。原本的研究是以腦部**解剖**結構為據，而不是腦部**功能**。葛雷曼認為，腦部**結構**的研究無法導致腦部功能的結論。例如，只是因為你和我都擁有豐田轎車，並不表示我們會有一樣的駕駛風格。你可能常常危險駕駛、超過時速限制，而我總是很謹慎，保持在時速限制之下。檢查我們車子的**結構**無法揭露我們**使用**車子方式的重要差異。⑯

最重要的問題是，以色列的研究幾乎完全是基於**成人**數據。女孩和男孩的極大差異不在於腦部結構，或腦部功能，而是發育的速度與順序。我們現在有很好的證據顯示，年紀的小小差異可以造成結果的極大差異。例如，一個針對一萬一千名美國學生的全國性研究發現，到了八年級，班上年紀最小的孩子比班上年紀最大的學生，有兩倍的機率會被診斷為過動症。在這項研究中，年紀最大和最小的孩子的年紀相差少於十二個月。⑰一般而言，女孩和男孩腦部發育的差異一直都大於十二個月。例如，在

女孩腦部發育比男孩腦部發育快

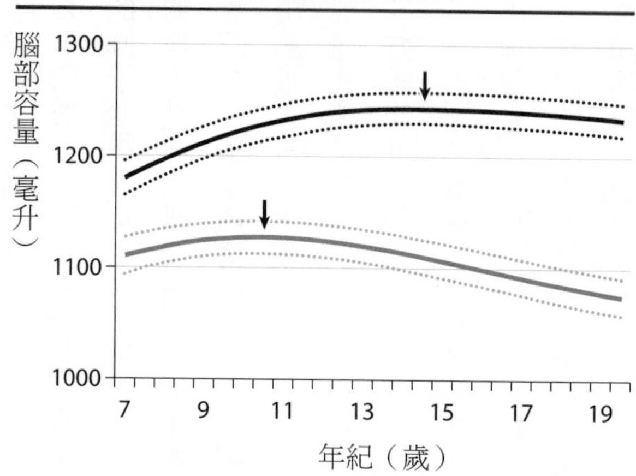

黑色的線是一般男孩的腦容量，95% 信賴區間在其上和其下。灰色的線是一般女孩的腦容量，95% 信賴區間在其上和其下。箭頭指出反曲點，大約是腦部發育的中點。女孩比男孩早四年到達反曲點。
資料來源：
Rhoshel Lenroot and colleagues, "Sexual Dimorphism of Brain Developmental Trajectories During Childhood and Adolescence," Neuroimage, volume 36, pp. 1065–1073, 2007, Figure 2(a).

一項大型腦部發育研究中，一般女孩在十一歲就到達反曲——大約是腦部發育的中點，上面的圖表中用箭頭指出——比一般男孩早了四**年**。請參考同一張圖表。[18]不同的研究有不同的結果，但是每一個兒童腦部發育的研究都顯示，男孩腦部發育比女孩慢了很多。

在第一章中，我談到二十年前，我開始看到一波一波的男孩湧進我的辦公室，每個男孩的父母手上都拿著學校某一位老師、輔導員或閱讀專家所寫的條子，認為賈斯汀或布雷特或卡洛斯或西蒙可能有過動症。我評估每一個孩子，看他是否符合過動症的條件。有些孩子是，有些則否。我前面提過有些被認為有過動症的孩子，其實是正常的，只是他坐在教室後面聽不清楚年輕的女老師在說些什麼。

但是還有一個重要的差別學校忽略了：女孩和男孩成熟的速度不同。例如，衛斯理學院（Wellesley College）的研究者發現，三歲半的女孩可以和五歲男孩一樣詮釋臉部表情，甚至更會詮釋。⑲在許多方面，比較五歲男孩和五歲女孩，可能和比較三歲半女孩和五歲女孩類似。和女孩比起來，男孩較不成熟、自我控制較差、比較無法專注或長期間保持專注。成年男性與女性的專注力卻無差異。兒童不是成人。如果你比較一般的五歲男孩和一般的五歲女孩，或是一般的十一歲男孩和一般的十一歲女孩，在許多方面，男孩都會比女孩差。

這讓我們想到另外一點。**童年時的性別差異比成年時的性別差異更大，而且更重要**。到了三十歲，女性和男性的腦子各方面都完全成熟了。過了三十歲的人想到自己的成年經驗，可能看不到女人和男人學習新知或掌握新技巧上的差異。所以，有些成人會覺得，如果他們在成年男女身上看不到學習新事物的大差異，那麼，六歲女孩和男孩的學習也不會有大的差異了。這個看法是錯誤的。

加速

三十年前，幼兒園教學是手指畫畫、一起唱遊、玩鴨子—鴨子—鵝的遊戲，大腦成熟上的性別差異並沒有什麼影響，三十年前的幼兒園並不要求學生坐在椅子上整天做紙筆測驗。一年級要，沒錯，但是幼兒園主要是學習人際關係，如何與別的小朋友相處、一起玩。

現在不一樣了。今天的北美洲教育者對二十一世紀幼兒園的學術性質絲毫不感到歉疚，今天幼兒園的課程是三十年前一年級的課程。[20]今天大部分美國幼兒園的主要教育目標是：教會認字與數數兒。這聽起來好像還不錯，實際上卻有大問題。許多五歲的男孩還坐不住，無法撐過一堂六十分鐘的雙元音課，或是還沒有發展出跟女孩差不多的，寫字母所必須的精細動作技術。用教育心理學的術語來說，今天幼兒園學術取向的目標，是對許多幼兒園的小男生在「發展上不恰當」（developmentally inappropriate）。

這種在幼兒園階段就硬要教閱讀和寫字背後的假設是：越早教越能增強表現。但是這個越早教學、表現得越好的假設，只有在發展上恰當（developmentally appropriate）的作業時才如此。假如你教一個七歲的孩子開車，你並不能教出一個比較好的司機；在孩子還沒預備好前就教他開始閱讀，其實反而是害了他們，使他們以後痛恨閱讀。

當我和幼兒園老師談這個看法時，他們多半的反應是說：「噢，我們了解，我們知道不是每一個五歲的孩子都準備好了可以學閱讀，也不是每一個孩子都發展好了可以做紙筆測驗，我們是量身打造，為每一個孩子打造他所需要的課程。」

這段話聽起來也沒什麼問題，但是在實際上究竟是怎麼執行的？它真正的意思是目前很多幼兒園都一分為二：一個就是老師所說的，可以接受美國這種速成教育的幼兒園，這些幼兒園的孩子要把每個字念出聲音來、寫短的句子、要記得每一個句子句首第一個單字的起始字母要大寫、每一個句子的結尾是一個句號。這種團體多半是女生，只有少數男生在裡面。

但有更多男生還沒準備好面對加速的學業課程，這些孩子還在玩積木或拼圖，那些我們自己童年時玩過的傳統幼兒園玩具。一個五歲的男孩可能還沒有很好的運動肌肉控制能力，所以字母寫得不好看，他也可能還未發展好去學習子音和母音。但是有一件事是大多數五歲男孩做得很好的——他知道你把他分到「笨小孩」那一組去，他很不喜歡這樣。

這就是第一章裡我們提到的麥修的遭遇。在他進入幼兒園以前，他是明星，他生活中的主角，他母親告訴我：「他總是很想學新的東西。去年夏天我跟我先生說想從懷特渡口划獨木舟橫越波多馬克河，我先生不肯，但是麥修想，所以我們租了一艘獨木舟，就我和五歲的麥修兩個人，我們玩得很開心。租船公司給他一個小小的塑膠槳，他高興極了，直到回來之後過了好幾天他都還在談這件事。但是現在不一樣了，他好像變成一個完全不同的小孩似的。他以前從來不亂發脾氣的，但是現在每天早上沒有任何理由就會大發脾氣、不肯穿衣服、不肯去上學。我要把他硬拖上車，他又踢又哭地不肯上車，到了學校又不肯下來。照這樣看，你一定會以為學校不知是怎樣虐待他或做了什麼可怕的事，才會使學生這麼怕上學。所以我坐在他班上，看他老師怎麼教學，結果又沒有，他的老師其實很好，非常溫和、非常有耐性。我跟她談了很多次，她向我保證學校一切都很正常，沒有什麼特殊的事件發生。她一直叫我不要擔心，但是我還是擔心，麥修開始痛恨上學了。」

當然麥修的行為是極端了一點，但是現在有很多研究顯示，當幼兒園的主要目標放在強調閱讀，取代過去那些比較沒有建構性的唱遊、專注在發展恰當的活動上時，許多男孩子就被刷下來，討厭上學了。這些孩子對學校發展出負面的感覺，而這個感覺持續伴隨著他整個求學的過程。[21]史丹佛大學教育學院的史提派克（Deborah Stipek）院長就發現：「那些在幼兒園就失敗的孩子，對自己的能力發展出一種負面的看法（negative perception of competence），那很難扭轉，令一路求學都很辛苦。」㉒

當麥修的媽媽辛蒂告訴我她兒子早上會亂發脾氣時，我叫她先不要讓他進幼兒園上學，把他放回托兒所。這相當於醫學上的急診室，假如再在幼兒園待上一個月，以後他對學校的態度可能就改不過來了。

辛蒂拒絕，她一直說：「但他很聰明，有誰聽說過一個聰明的孩子會被幼兒園當掉的？」

他不是被當掉，是幼兒園對他來說還不適合，他的發展還不到那個階段。

辛蒂堅持繼續送麥修去幼兒園。一個月以後，她告訴我問題解決了：麥修不再亂發脾氣，老師說他在班上的表現進步了。

一年過後，媽媽又帶著麥修來到我的診所，現在麥修是小學一年級生了，他媽媽手上拿著一張條子，上面寫著：「麥修上課不專心，常常東張西望，一點小事就會使他分神……請評估麥修是否有注意力缺失過動症（Attention Deficit Hyperactivity Disorder, ADHD）。」當然老師是對的，麥修的確上課很容易分心、不注意聽講。他現在已經深深相信學校是天下第一無聊的地方，一個每天必須忍受幾個小時直到放學這個美好的時刻到來，使他可以回家做他喜歡的事的地方。對麥修來說，一天真正的開始是放學以後。

「你在學校最喜歡做什麼？」我問。

「下課休息。」他說。

「第二喜歡的事呢？」我問。

「午餐。」他說。

對家長來說到此已經別無選擇。現在要讓他在同一個學校留級重讀一年級，對他不會再有幫助了，你已錯過黃金時期！**延緩**一年進幼兒園與**留級**有很大的差別，假如你讓像麥修這樣的孩子晚一年、六歲開始才進幼兒園，他會做得比你讓他五歲就上幼兒園大班更好；但是假如你在他還沒有準備好就上了小一，然後讓他留級一年，他會比你沒有讓他留級**更糟**。[23]留級生的標籤將與他形影不離，不容易擺脫掉，更糟的是孩子認為自己是笨的，他深信自己是笨的，不管你費多少唇舌都改變不了他。

以麥修的案例而言，最好的做法是讓他去其他社區的另一所學校，重唸一年級。他的同學都是新面孔，沒有人知道他是重讀。他表現很好。他沒有過動症或其他精神疾病。他就只是不適應現代小學教育加快的步伐。

麥修的故事在現在太普遍了。我在我的《教養，你可以做得更好》書裡提過，美國兒童定時服用藥物的人數是英國兒童的好幾倍。[24]我不曉得有多少小孩子——尤其是男孩子——在教室裡無法專注，因為老師的教學速度不符合他們的腦部發育，而落入學校這個爬不出來的陷阱中。

不良行為的藥物治療

為什麼美國孩子，尤其是男孩，和其他地方的孩子相比較，更多人接受過動症藥物治療呢？部分答案在於我稱之為「不良行為的藥物治療」的現象。㉕現代的美國家長不修正孩子的不良行為，而是更傾向於讓孩子服藥，希望用藥丸改正行為問題。

我不是說別處的男孩行為比較良好。我在澳洲、紐西蘭和英國都看過許多男孩，原本應該好好安靜坐著的，卻到處跳來跳去，不斷發出嗡嗡的聲音。但是別處的老師不會將這種男孩轉介給精神科評估。老師會用堅定的聲音跟男孩說，她受夠了胡鬧，謝謝你，該停止了。

想像八歲或十歲的男孩行為不良。他跟老師頂嘴。他懷有惡意、報復心重。他不聽話，對老師吐口水。他似乎沒有自我控制能力，或是自我控制薄弱。三十年前，甚至二十年前，學校輔導老師或是校長可能對家長說，你的兒子不尊重師長。他很粗魯。他無法展現自我控制。如果他想留在這間學校的話，你需要教他一些文明行為的基本規則。今天，美國學校的輔導老師或行政人員很少會如此直接地跟家長說話了。他們會建議家長帶孩子去看醫生或心理醫生。醫生會看學校的報告，談到對立性違抗症或過動症或兒童雙極症。

「你的兒子不尊敬師長」和「你的兒子可能有精神疾病」的差異是什麼呢？很大的差異。當我說「你的兒子不尊敬師長」，責任在家長和孩子的身上。一旦有了責任，就有權力與義務處理問題。當我說「你的兒子可能有精神疾病」，責任從家長和孩子轉移到了醫生身上，甚至是整個醫療／精神科／輔導的複雜體系上。家長的下一個合理問題不是：「我們要做什麼才能改變他的行為？」而是「何時開始服藥？」

藥物是很有用，確實會改變孩子的行為。我覺得這一點正是可怕之處。在北美，這些藥物被當成糾正行為的方法。情況嚴重到了一個地步，其他世界的人無法想像。[26]

這些是強烈的藥物。過動症最常用的處方藥物都是興奮劑，包括阿德拉（Adderall）、甲磺酸賴氨酸安非他命（Vyvanse）、專司達（Concerta）、長效型派醋甲酯（Metadate）、右哌甲酯（Focalin）、派醋甲酯（Daytrana）、利他能（Ritalin）和哌甲酯（Quillivant）。這些藥物的功能相同：提升腦內多巴胺在神經突觸上的作用。[27]多巴胺是腦部動機中心伏隔核的重要神經傳導物質。更精確地說，伏隔核是腦的一部分，負責將動機轉化為行動。如果男孩的伏隔核受損，他可能覺得肚子餓，但是不會去為自己準備食物。如果你讓伏隔核受損，結果就是動機較差、比較不參與、在現實世界成就較差。

我提到的許多研究都是基於實驗室動物的研究，不是人類。但是研究者最近發現，興奮劑，例如過動症使用的阿德拉和甲磺酸賴氨酸安非他命，可能讓伏隔核以及**人**腦其他結構縮小。[28]接受過動症藥物治療的人，伏隔核比較小。這不能歸罪於過動症本身，因為過動症者的伏隔核其實比一般人稍微**大一點**。[29]但是經過藥物治療之後，伏隔核反而會比一般人**小**。這一點特別讓人感到不安，因為有研究顯示，伏隔核大小和動機強弱幾乎呈直線對比。這些研究相信，伏隔核越小，人越沒有情感、缺乏動力。[30]

現在的美國家長渴望用以腦部為基礎的成因解釋，結果往往忽視了一般常識。讓我們看看越來越普遍的兒童睡眠不足問題。許多美國家長不是關掉電玩，讓兒子可以有一夜好眠，而是用過動症藥物，例如阿德拉、專司達、甲磺酸賴氨酸安非他命或長效型派醋甲酯來補償睡眠不足的徵狀（例如注意力不集中）。家長往往不知道，睡眠不足才是問題所在。孩子注意力不集中被當成過動症。同樣地，許多美國家長不承認兒子行為不良，寧可讓醫生診斷為腦部化學物質失衡，開了處方藥物利培酮

（Risperdal）、長效型思樂康（Seroquel）、阿德拉或專司達。

過動症是真的，但是被過度診斷了。過動症主要是心智異常：真正有過動症的孩子即使願意，也**無法**好好專注。但是往往，孩子在學校不專注不是因為他們**不能夠**，而是**不願意**專注。我問麥修：「你在學校最喜歡**哪一科**？」這個問題可以用來分辨孩子確實有過動症，或只是痛恨學校。問孩子：「你在學校最喜歡哪一科？」要特別強調「哪一科」。如果孩子回答「下課時間」或「午餐」，退一步，重新評估。他知道下課時間不是任何「一科」。如果他回答最喜歡下課時間，他的意思就是他哪一科都不喜歡。他不參與。或許他痛恨學校。痛恨學校確實是一個重大問題，但並不是過動症或其他精神疾病。

恰當的處理不是讓孩子服用強烈藥物，而是設法了解他**為什麼**討厭學校。有時候，你會發現問題不是出自孩子身上，而是學校有問題。其他時候，問題可能是沒有人教孩子適當的行為規矩。

不要對「不良行為的藥物治療」投降。教你的兒子，紳士不會對老師頂嘴、講髒話、吐口水、踢人或打擾課堂秩序。不要將藥物當成第一線治療方法，而是最後一線。當所有方法都試過了，全都無效之後，才考慮藥物。

女孩也是受害者

本章到此，我分享了我的經驗，指出性別盲目的教育會傷害男孩。但是女孩也同樣受到傷害。對性別盲目的教育通常會有性別刻板印象，結果就是對物理、電腦、高階數學有興趣的女孩比男孩少。長期下來，結果很不好。一九九五年，電腦行業裡只有百分之三十七是專業女性。現在則降到百分之二十四。專家預測到了二〇二五年，還會下降到百分之二十二。[31]二〇一五年——有數據的最近一年——參加美國預修大學課程電腦考試的高中學生中，百分之七十八是男生，只有百分之二十二是女生。[32]當老師使用適合女生的教學策略教電腦時，結果非常戲劇化：一項研究中，使用適合女孩的教學策略之後，六年級女生想要在自由時間操作電腦的人數增加了三倍多，從百分之十六上升到了百分之五十一。[33]性別盲目的教學對女孩和男孩都不利。我知道，除了性別盲目的教學之外，還有其他原因讓女性不喜歡電腦科學，但是事實上，學習電腦的女孩屬於少數絕對是重要因素。

當我用「適合女孩的教學策略」時，有些人會皺眉頭，認為我是在建議你帶著小兔子教女孩生物，或試著用討論關係來教女孩物理。我對那些想法也會皺眉頭的。我說的「適合女孩的教學策略」是基於真正有效的課堂策略，而不是基於性別刻板印象。我帶教師的領導力工作坊時，會分享過去十六年來，我從參訪四百多間學校所學習到的知識。我發現，同樣內容的教學不只有一種教法。有些方法適合女孩，有些方法適合男孩。男女同班的情況下，你可以二者都做。但是你必須知道你在做什麼，並知道如何做。

在我的工作坊，我會一一介紹課程內容——數學、科學、英文、創意寫作、說明寫作、社會、歷史、音樂、美術——我會讓學員看到我如何用適合女孩和適合男孩的策略教某一堂課。目標是理解兩種策略，讓班上每個學生都參與學習：每個女孩和每個男孩。讓我給你一個具體例子：國中的數論（譯註：整數的性質）。

我發現男孩總是對數論很有興趣，很早（比女生早）就對數學感到輕鬆自如。下面是一個很好的方式去教十二歲的男生Φ（Fie，不是π）；這是我以前在辛辛那提州西部的菲爾菲歐德男校（Fairfield Country Day School）教書時所用的方法：

我在想1到2之間的數字。

這個數字倒過來，等於這個數字減掉1。

你可以告訴我，我在想什麼數字嗎？

老師叫一個男孩起來回答。男孩說：「呃，1.5嗎？」老師解釋：差不多了，但不是。1.5倒過來是三分之二，三分之二不等於0.5（1.5-1）。老師再叫另一個男孩。他說：「我們不是應該先寫出公式嗎？」

老師說：「很好。那請你上來，在黑板上寫下公式，好嗎？」有了老師的一點協助，他寫出：

$$1/x = x-1$$

老師協助另一個男生想到，可以把上面那個公式減化，兩邊各乘以 x：

$$1 = x^2 - x$$

因此就變成

$$x^2 - x - 1 = 0$$

利用一元二次方程式公式求解：

$$x = (1 \pm \sqrt{5})/2$$

因為是介於 1 和 2 之間，所以只取正數，不要負數的：

$$= (1 + \sqrt{5})/2$$

$$= 0.5 + 1.11803398874989\ldots$$

$$= 1.61803398874989\ldots$$

你告訴孩子這個數字就叫做Φ，因為：

1/1.61803398874989... = 0.61803398874989...

現在你就可以教他們費氏數列（Fibonacci series）。所謂費氏數列是把前兩項加起來得出第三項，然後一直加下去。最簡單的費氏數列是：

1 + 1 = 2

1 + 2 = 3

2 + 3 = 5

3 + 5 =8

5 + 8 = 13

8 + 13 = 21

13 + 21 = 34

所以這個數列就是 1, 1, 2, 3, 5, 8, 13, 21, 34, 55, 89, 144……

現在請男生用費氏數列除以前面的那個數字，從3開始，寫下來。

3/2 = 1.5

5/3 = 1.666...

8/5 = 1.6

13/8 = 1.625

21/13 = 1.61538...

34/21 = 1.61905...

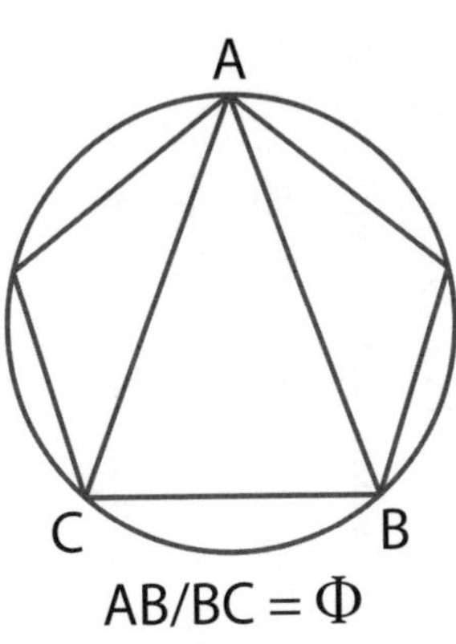

55/34 = 1.61764…

89/55 = 1.61818…

144/89 = 1.617977…

233/144 = 1.61805…

現在你可以指出（假如他們自己還未見到的話），這個程序又回歸到Φ。為什麼會這樣呢？

當他們在想時，給他們看一個五角形，裡面的三角形用線連起來，讓他們注意三角形，讓他們知道三角形的邊正好就是Φ乘上底的長度。為什麼呢？為什麼Φ在你最沒想到的地方一直跑出來呢？

大學女生可能像大學男生一樣，對數論與超越數感興趣。正如我之前說的，性別差異隨著年紀漸長而降低。你如果要讓十二歲女孩對費氏數列感到興奮，剛剛舉出的策略就不會奏效。為了讓每一個十二歲女孩都對數論感興趣，你需要將數論和現實世界連結起來。這就是我在課堂上的觀察。在大部分女孩都喜歡數論的學校裡，老師會教數學中的希臘字母Φ（譯註：黃金分割的數值）和費氏數列，但是教法不同。你先解釋費氏數列是怎麼形成的：

$$1 + 1 = 2$$
$$1 + 2 = 3$$
$$2 + 3 = 5$$
$$3 + 5 = 8$$
$$5 + 8 = 13$$
$$8 + 13 = 21$$
$$13 + 21 = 34$$

然後你把頭十二個數字寫在黑板上：1, 1, 2, 3, 5, 8, 13, 21, 34, 55, 89, 144。

在上這堂課之前，你要請女生帶下面物品中的任何一件：朝鮮薊（artichokes，只吃花頭，蒸熟後沾牛油吃花瓣）、向日葵、鳳梨、松果、飛燕草（delphinium）、黃雛菊（black-eyed susan，花心為黑色）、小雛菊（field daisy）、非洲菊（African daisy）、紫苑（Michaelmas daisy），從花開始（老師跟我解釋，他們從花開始的原因並不是花比較女性化，而是數花瓣比數松果上一排排的鱗片容易多了）。當你數完花瓣後，你會發現花瓣數幾乎都是費氏數列序列上的數目。飛燕草是8，重瓣的飛燕草是13，黃雛菊是21，小雛菊是34。[34]

然後你去數朝鮮薊、向日葵、松果和鳳梨。這些就比較複雜了，你不只是數花瓣，你要一層層地數，當直著數時，它的層數是費氏數列的數字。你可以從《奇妙的費氏數列》（*Fascinating Fibonacci*）這本書中找到更多的例子（作者為 Trudi Hammel Garland）。年紀大一點的女孩可能會喜歡《黃金比例》（*The Golden Ratio: The Story of Phi, the world Most Astonishing Number*，作者為 Mario Livio，中譯本遠流出版），你甚至可以讓她們念《達文西密碼》（*The Da Vinci Code*，中譯本時報文化出版），裡面有講到Φ和費氏數列，挑戰她們去驗證書中所說的現象，給她們看自然現象中有關Φ的例子，如螺旋狀的星雲、聖誕紅凋謝時草片的脫落，這時你可以指出：

$$\Phi - 1 = 1/\Phi$$

但可千萬不要期待女生會像男生那樣發出「啊！」「嗚！」恍然大悟的驚嘆，十二歲的女生對數學理論在真實世界的應用，比遙遠的抽象現象有興趣。女生也對古代的畢達哥拉斯（Pythagoras，畢氏定理的發明人）如何能參透神祕的Φ比較感興趣。

現在女生開始問問題了，為什麼數雛菊花瓣時，費氏數列會出現？松果的排列為什麼是這些數字？為什麼聖誕紅凋謝時和螺旋狀的星雲有相似的結構特性？假如她們開始問問題，你就達到了我在第一章所說的「不可能的任務」——你使十二歲的女生對數字理論感興趣了。

我喜歡這些例子，因為它點出我想解釋的男女生基本的不同：**男女生都可以學習，絲毫沒有差別，差別在於你教他們的方式**。你可以成功地教會他們Φ和費氏數列，用它們來帶出數字理論；但是假如你用傳統的教法（即前面例子中對男生的教法），許多女生會覺得無聊、不感興趣。

當A不再是A

記得梅蘭妮，那個想在高三選修物理課的資優生嗎？她有一點讓我印象深刻，就是她永遠敢去嘗試新的事物。她超級有自信，就這一點來說，梅蘭妮不是你心中典型的女孩子。

貝絲是我認得的另一個女生，她和梅蘭妮一樣聰明，但是缺少她的自信。她像梅蘭妮一樣是生物課拿A的學生，也是葛立芬老師的最愛，但是當葛立芬老師建議她去選物理課時，貝絲猶疑了。「我覺得我沒有聰明到可以去上物理課，」她說：「我從來沒試過，我不要冒險使我成績單上出現B。」結果她高三時選修了心理學而不敢去修物理學。

一般而言，女生在學校的表現優於男生（這是以成績單來看），不管哪個年級或哪個科目，女生都考得較好。[35]因為女生成績好，我們會以為女生比較有自信，但事實正好相反：女生對自己的學業表現挑剔得很，都不滿意；相反地，男生則對自己的能力高估得離譜。[36]

老師們有時得面對一個兩難：像貝絲這樣的女孩科科都拿A，但是對自己的能力沒有信心；而那些拿B和C的男孩又覺得自己聰明得很。這引導我們到一個教男生和女生基本方法的不同：你需要鼓勵女生，建立她自己的自信心；你需要把有些男生拉回真實世界，提醒他們，他們沒有自以為的那麼厲害。

哈佛的錯誤

大約在此書第一版出版的同時，性別差異的議題登上了報紙頭條，因為當時的哈佛大學校長薩摩斯（Larry Summers）說了一些很沒有智慧的話。二〇〇五年一月十四日，薩摩斯用幾個理由解釋了為什麼電腦和物理領域很少有女性教授。薩摩斯校長一開始就承認了性別歧視可能是原因之一——但他不認為性別歧視是主要原因。第二，他認為女性會做出和男性不同的生命選擇。特別是（根據薩摩斯的說法）家裡有幼兒的女性，比較不會願意像男性一樣，每天長時間工作。

如果他就停在這裡，惹的麻煩可能還不會太大。但是薩摩斯繼續舉出在電腦及物理領域特別明顯的第三個原因。這位受尊敬的教授說，那就是天生的「內在才能」差異。[37]也就是說——根據哈佛大學校長的說法——女性就是沒有擅長物理的腦子。

當哈佛大學校長說女性天生不擅長科學，自然會引起火山爆發。在比較保守的天秤一端，新聞評論員查維茲（Linda Chavez）和楊（Cathy Young）立刻為薩摩斯辯護。她們認為小男孩喜歡玩卡車，不愛玩娃娃，因此長大後會比較擅長物理。她們也認為，男孩的變數比女孩大：因為智力障礙在男孩中，比女孩較為普遍，所以天才在男孩中也應該比女孩更為普遍（根據這兩位新聞評論員的說法）[38]。在天秤的另一端，大部分哈佛的藝術與科學教授們氣憤地聲討他們的校長。一位哈佛物理教授說，建議女孩和男孩有著天生的、根深柢固的重大差異，簡直是「瘋了」。[39]二〇〇五年三月十五日，教授們對薩摩斯的領導能力投下了不信任票。[40]

事實上，辯論的雙方都錯了。生氣的自由派人士主張女孩和男孩之間沒有天生差異。他們錯了。如果你不同意，請參考本書第二章。但是薩摩斯認為性別差異有優劣之分，他也錯了。刀子和湯匙不同。這並不意味著刀子比湯匙更優秀或更糟糕。女孩和男孩確實不同，這並不意味著男孩一定會成為比較優秀的物理學家——除非物理的教學方式讓男孩比女孩更有優勢。

在我的《棉花糖女孩》一書裡，我分享了一些我兩度去澳洲墨爾本的蔻蘿瓦（Korowa）女校所學到的經驗。在蔻蘿瓦，一半以上的女生參加了澳洲的大學先修課程物理科考試。這是不尋常的教育成就。他們如何做到的？他們教物理的方法不同。

在大部分高中裡，物理課一開始就教「運動學」：速度、加速、牛頓運動定律。老師會談到跑車加速或足球球員撞到一起。

我兩次參訪蔻蘿瓦時，都見到學校的物理主任教師阿拉巴斯特（Jenn Alabaster）。她跟我說：「誰說物理一定要從運動學開始教？」學年開始時，她不教運動學。她教光線的波與粒子的雙重性：光線有時像波浪一樣，有時則像粒子一樣，要看你如何測試光線。她發現幾乎每一個女生都對光線的波與粒子雙重性有興趣，包括非常女性化、手機螢幕是社交寵兒凱莉．詹娜（Kylie Jenner）照片的女孩。當然，阿拉巴斯特也會教運動學，但放在學年將結束之際。我參觀過的其他學校裡，大部分的物理課都是從運動學**開始**教，光線的波與粒子雙重性則放在學年尾，正在大學預修課考試之前。[41]

所以，適合女孩的物理課可能只需要重新安排各個單元的教學順序而已。這是一個方法。學年一開始，先教光線的波與粒子的雙重性，比先教運動學或是動量傳遞更適合女孩。不是更好或更壞，只是不同。大部分學校用適合男孩的主題順序教物理，一開始就討論足球球員碰撞和炸彈爆炸。然後他們覺得奇怪，為什麼沒有更多女孩要修物理課。女孩不選修物理，可能是因為她們不知道，一旦結束討論碰撞和爆炸之後，物理可以多麼有趣。彼得森（Karen Peterson）是國家科學基金會（National Science Foundation）的主要研究者，負責發放經費，鼓勵研究女孩和女性為何在某些專業領域中（例如物理）仍然是少數。她說：「如果你不知道這門課以後會很有趣，你怎麼會選修呢？」㊷

我不認為你一定要有全是女生的班級，才能讓女生喜歡物理，雖然這可能有幫助。但是你絕對需要老師了解並尊重適合女孩和適合男孩的教學策略。如果你記得我們在第二章討論的視覺上的性別差異——男孩的系統更注意會動的東西，女孩的系統更注意色彩和細節——那麼，在更大的脈絡底下，教學策略裡的性別差異就很有其道理了。

我們發現的適合女孩的教學策略，其實可能不是新發現，而是重新發現。歷史學家多利（Kim Tolley）發現，在一八〇〇年代，女孩比男孩在物理和天文學上面的表現總是更好。同個時代裡，男孩比女孩在外文上的表現比較好，尤其是希臘文和拉丁文。表現差異非常巨大。同樣的物理考試，女孩的成績總是遠遠領先男孩——百分之七十的女孩及格，但只有百分之三十的男孩及格。全美都是如此，包括各種不同的社會階級，從上流私立學校到孤兒和原住民念的學校都一樣。表現差異如此普遍——女孩擅長科學、男孩擅長古典文學——那時的教育家有個說法：「淑女唸科學，紳士唸

古典文學。」㊸

發生了什麼事？

那個時代的男孩比女孩更擅長念希臘文和拉丁文的原因有好幾個。首先，當時最常見的古希臘和拉丁文教材，例如荷馬（**Homer**）的《伊利亞特》（*Iliad*）和維吉爾（**Virgil**）的《埃涅阿斯記》（*Aeneid*），主角都是進行刻板印象活動的男性，例如打仗和冒險。第二，那個時代用的教學策略是死記硬背，更適合男孩。第三，當時普遍被人接受的刻板印象是「女孩學不會希臘文」。熟悉希臘文和拉丁文是上頂尖大學的要件，例如長春藤聯盟，而且他們只接受男生。當時的女性大學入學條件中並不要求希臘文或拉丁文。

為什麼那時的女孩物理和天文都比男孩優秀呢？

部分原因可能是在一八〇〇年代，物理和天文學的教學風格和現在不同，雖然內容和現在相同，例如力圖和牛頓定律，但在一八〇〇年代，教學重點放在了解大的脈絡：宇宙如何組成？什麼定律主宰著物體在太空和地球上的移動？學習物理被視為了解上帝意旨的方法之一，因此被認為是虔誠的活動，適合年輕女性。在一八〇〇年代早期，物理經常被稱為「自然神學」。那時有本教科書裡，有一位女性正在教一個女孩如何使用太空望遠鏡。這張照片暗示了那個時代女性的歸屬：物理適合女性學習。

與此照片相反的是二十世紀物理教科書裡的典型照片。我在許多現代物理教科書中看過下一頁的照片。如果你讓男孩看，反應通常是正面的：「好酷啊！看起來很好玩！我們也可以做嗎？用槍射擊蘋果？」我在多倫多一間女校給學生看這張照片，一個女孩舉手問：「誰要負責事後清理？」女孩對於用槍射擊毫無抵抗力的水果，不像男孩那麼興奮。

呈現教學內容的方法不只一種。本章前面討論過費氏數列的不同教學。教育研究者佐哈爾（Anat Zohar）和席拉（David Sela）發現，物理也是如此。教物理時，討論炸彈、子彈和碰撞適合大部分男孩。一般都是這樣教：

四分衛靜止不動。他在四下尋找接球的隊友。體重八十公斤的翼衛以每秒八公尺的速度，從他看不見的一側，跑來突擊他。假設四分衛體重九十公斤，撞擊毫無彈性，以三十度的入射角撞過來。請計算翼衛和四分衛碰撞之後的立即動向。

許多男孩喜歡這種問題。對女孩就不會那麼有效了。不只因為是美式足球。你可以用火車撞擊取代，一般而言，女孩還是不會像男孩那麼興奮。佐哈爾和席拉發現，對於大部分物理預修班的女孩而言，只把數目放進公式是不夠的。她們想要知道「為什麼」。㊹

女孩會問：「為什麼兩個東西之間的引力和二者之間距離的**平方**成反比？為什麼不

男孩一想到可以對毫無抵抗力的水果射擊一事，比女孩更興奮。這張照片經過哈洛與艾斯特家族基金會（Harold and Esther Edgerton Family Foundation）許可使用。

是立方或四方？」其實，我們真的有一套物理教科書，重點放在「為什麼」上面。作者是已經過世的諾貝爾獎得主費曼（Richard Feynman）。這本教科書並沒有灌水，很嚴格且有很多計算。但是這本教科書很適合女孩，因為總是會回到「為什麼」的討論。阿拉巴斯特告訴我，她手邊總是有一本《費曼的物理演講》（*The Faynman Lectures on Physics*），與想要深入了解「為什麼」的女孩分享。

教育的偉大任務是讓每個孩子都發揮潛力。但是女孩需要完成的，往往和男孩需要完成的不同。三十年來，性別盲目的教育沒有改善重要教育成果的性別差異。

在某些案例中，性別盲目的教育充滿有偏見的教學方法，讓某一科特別吸引某一個性別，反而加劇了性別刻板印象。忽略性別差異對女孩和男孩都不利。

第6章 性

蒂娜和吉米

蒂娜上九年級後開始覺得有點招架不住。在新轉進的學校裡要展開九年級的生活，對任何人來說都不是一件容易的事，每個人都想知道你的底細、誰是誰、誰很酷、如何融入這個團體。但是除了新學校的挑戰之外，她還有額外的負擔，因為她剛搬進這個社區，不認得任何人，蒂娜的家人剛從佛羅里達的邁阿密搬到華盛頓特區來，她父母是一九七〇年代從多明尼加移民到美國來的，她是少數民族，偏偏在這所學校她這個種族的人很少。

身為深色皮膚的拉丁美洲民族後裔，在一個幾乎全是白人的辛內加谷中學（Seneca Valley High）裡，對許多女孩子來說都是很大的挑戰。但是蒂娜很容易交朋友，才開學三個禮拜她就已經交到好些朋友了。足球隊的伙伴對她在球場上毫不畏懼地衝鋒陷陣感到很敬佩，她的球技很好又不驕傲，所以她的隊友到哪裡都找她一起去，把她當做她們的一分子。

九月的最後一個禮拜天，她和隊友們受邀到德國城高級住宅區的一棟大房子中開派對。蒂娜緊跟著她的隊友珍妮佛，一位十年級的女生。在派對開始半個小時左右，蒂娜注意到有個男生一直盯著她看。「他是誰？」她問珍妮佛。

「誰是誰？」珍妮佛大聲喊叫要蓋過音樂的聲音。

「那邊那個金髮的男孩，穿著紅人隊的運動衫。」蒂娜說。

「噢，那是吉米，吉米・孟德維爾。高三生。美式足球隊的，但不是很好的球員。不過在其他方面，聽說他是個**怪獸**。」珍妮佛擠眉弄眼地說。

蒂娜把眼球往上翻了個大白眼，「我對這種人**完全**沒興趣。」她搖搖頭說。

吉米朝著她們走過來，兩眼仍然盯著蒂娜。「嗨，」他說。他的吐氣有明顯的啤酒味，這沒什麼好意外的，因為他的右手正握著一罐啤酒。

「嗨，」兩個女孩說。

吉米上下地打量著蒂娜瞧，他的眼光停留在她的胸部。他的頭隨著音樂在晃點，「要爽一下嗎？」他單刀直入地問蒂娜。

蒂娜的眼睛睜大了。

「嘿，珍妮佛，」另一個男生不知從哪裡冒出來，抓著珍妮佛的手臂，「你一定要來看看這個，來吧！」珍妮佛投給蒂娜一個悲哀的眼神，好像在說：「對不起，把你一個人拋下。」珍妮佛走開了。

蒂娜在心中喊著：「珍妮佛，請不要丟下我。」她的心沉了下去，吉米像座高塔似的靠過來，他那隨著音樂擺動的腦袋令她很厭煩。她很怕他手上的啤酒會潑到她身上。

「要爽一下嗎？」他再問一次，是命令句而不是問句。

「你是什麼意思？」她問道，拖延時間。她知道他的意思，但是她不知道怎麼去拒絕才不會惹惱他或聽起來像推託之詞。一個新生跟校園裡很紅的高年級生講話使她膽怯，沒有勇氣轉過身來走掉。

他很驚訝地哼一聲，打了一個酒嗝，「一年級的新生，來吧，我教你。」他抓住她的手臂，把喝了一半的啤酒丟到地毯上，將她推進一間小書房，只有書桌上有一盞燈。蒂娜看到另一對已經在房間的一個角落愛撫，在她說任何話之前，吉米已把她放倒在桌子旁邊的地上。

吉米一隻手抓著她的胸部，另一隻手在解她的褲子。蒂娜的心思快速旋轉，「這簡直是瘋狂，這怎麼可能發生？」她想把他推開，想尖叫……但是叫了會怎樣？其他的同學會嘲笑她，「菜鳥學妹，妳是老古板還是傻丫頭！」

「來吧，」吉米說，「你是怎麼回事？」

「我——我不知道怎麼……」蒂娜說。

「真的不知道？我教你，」吉米說，「來吧。」他下命令說，他把蒂娜拉起來跪在地上，面對著他，然後把他的褲襠拉鏈拉下。

蒂娜從來沒有口交過。她曾經聽別的女生談過，但是她覺得很噁心，為什麼一個女生要把別人的生殖器放進自己的嘴裡？真是噁心死了。現在一個完全陌生的人，一個她甚至不喜歡的人要她這樣做。

三分鐘之後事畢。

「很好，雖然你有些笨拙，但是很不錯。」吉米說，「假以時日，你會很棒的，小妹妹，再見了。」他把褲襠拉鍊拉上，頭也不回地走出房間。

「我沒看見你是吐掉了，還是吞了下去？」這個聲音來自一個瘦小、臉上長滿青春痘，蒂娜從來沒有見過的男生，他顯然是從房間的另一端看著他們做這件事。他吃吃地笑。

蒂娜覺得想吐。

爽一下

在性方面，男生和女生面對不同的挑戰。大部分的女生是在親密的關係下才會享受肉體的親近，很少女生了解性對男生是怎麼一回事。現在青少年最流行的性親密行為是爽一下，這是最糟的一種男性性慾發洩。爽一下——假如你不知道的話——是指肉體上的親密，但是彼此了解沒有羅曼蒂克的關係在內。是一個沒有愛的性行為，一個連親密關係都省掉了的「便利」性行為。

「我無法告訴你有多少女孩來我這裡，後悔太早有性關係。」紐約的心理學家勒維華倫（Marsha Levy-Warren）對我說。她看到越來越多的青春少女在經過性交之後，情緒大亂。「她們去參加一個派對，跟別人性交……做了以為每一個人都在做的，然後，她們覺得很不好過，感覺糟透了。」老師和輔導員聽到越來越多這種「疏離、不帶情緒」的性行為，「我把它叫做『身體部件的性行為』，」勒維華倫說，「這些孩子在做這件事時，甚至不看對方的臉，只是機械性地做，而非人性的動作。這問題的嚴重性是他們將來無法有正常的親密關係。他們已經厭倦了。」①

「口交顯然是個趨勢，」北卡羅萊納大學教堂山分校（University of North Carolina at Chapel Hill）的里昂（Peter Lione）教授說，「如今在公眾場所都可能發生，因為青少年認為這沒什麼了不起的。」在有些地方，「口交根本不當一回事，有點像真心話大冒險之類的遊戲——輸的人就去做。」②「一個女生在校車上替她男朋友服務後，第二天發現有一排的人列隊等著她服務，」性資訊和教育委員會（Sexuality Information and Education Council）的主席克里寧（Tamara Kreinin）說，「另一個女孩在一個派對上替很多人服務後，隔週在性教育的課上，有一個孩子說：『艾咪在派對上有很多經驗，應該由她來教這門課。』這女孩不能忍受這種嘲弄。有很多女孩子來跟我說她們第二天覺得噁心得想吐。」③

底下是一個十六歲的女生跟我說的話：「我跟這個叫柴克利的傢伙在爽一下，我想吻他，但他不肯，這真的很奇怪，我的意思是我們在做的早已超越了親吻，但是他不願被吻。我問他為什麼不願意接吻，他說：『我不願意跟女孩子接吻，因為既然只想跟她爽一下後，從此再沒有干係，又何必吻她呢！』」

許多男生告訴我的話跟柴克利很相似，他們是故意避開親吻。這些男生還真以為他們這樣做是種美德，一個很奇怪的二十一世紀方式，不去親吻正在為他們口交的女孩，因為他們認為親吻女孩就傳達了一個「我對你有興趣，要和你有羅曼蒂克的關係」的訊息。他們不願送出這種訊息，避免面對面，把親密行為限制在含吸男性性器官上。這些男生認為他們至少對自己的意圖誠實——他們從頭到尾都只牽涉到肉體、完全無關內在心靈。

另外一個女孩說：「我知道這只是一時爽一下，但當時我們的感覺很好，我真的以為他會再來找我。我無法相信他從此不再打電話給我。兩個禮拜之後，我在一個派對上看到他，他又想找我爽一下，這使我覺得自己很髒，好像他只是要**用**我，用我的身體。好像我並不存在，他把我當做像是色情刊物催情的替代品。」

在第十章，我們會討論女同性戀、男同性戀和雙性戀。本章的重點在異性戀的女孩和男孩。但是當我針對「性與性動機的性別差異」演講時，總是會有人舉手問：「異性戀女孩和男孩可能確實是這樣的，但是同性戀的女孩和男孩呢？」簡單來說，異性戀男孩還是男孩，異性戀女孩也還是女孩。年輕的同性戀男人就像年輕的異性戀男人一樣，往往為性而性，不見得想要進入戀愛關係。年輕的同性戀女人也像年輕的異性戀女人，比較會認為在戀愛關係中的性更令人滿足。女孩和男孩的差異比性取向更為深刻、更為基本。我在第十章會進一步深入討論。

選擇處女？

美國疾病防制中心（CDC）報告說，高中三年級的學生性交人數，在一九八八年到二〇一〇年之間明顯降低，④尤其是男孩。一九八八年，十五歲到十九歲、從未結婚過的男性有百分之六十說自己有過性交經驗；到了二〇一〇年，這個數字降到了只有百分之四十二。發生什麼事了？更多男孩為了未來的婚姻守貞嗎？他們有了宗教信仰嗎？（本章中所說的「性交」指的是陰莖和陰道的性交，如果我要說口交，我就會說「口交」。）

有性交經驗的青少年變少了

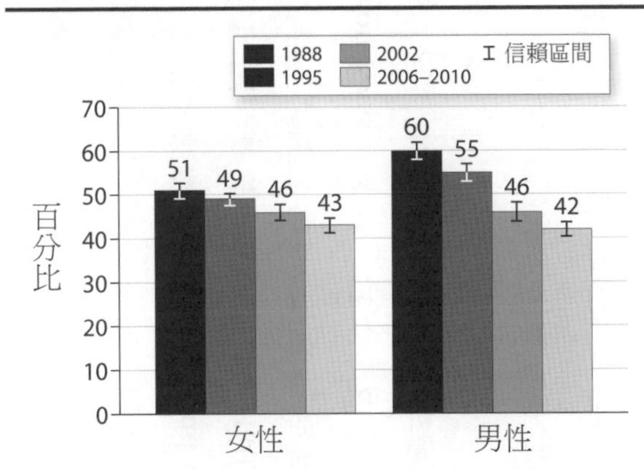

在 1988 年到 2010 年之間，15 歲到 19 歲曾經有過性交經驗的人數降低了。
資料來源：疾病管制和預防中心（Centers for Disease Control and Prevention）

讓我們看看疾病管制局的研究。研究員訪談了來自全美各種社會階層的四千六百六十二名青少年，問他們——有結構地一對一訪談——是否有過性交經驗。然後研究員比較這些結果和以前的研究結果。一九八八年，百分之五十一從未結過婚的十五到十九歲女孩，至少有過一次性交經驗，二〇一〇年則掉到百分之四十三。男孩的數據則降低更多（從百分之六十到百分之四十二）。

發生什麼事了？為何男孩的降低率——從百分之六十到百分之四十二，降低了百分之十八——是女孩降低率（從百分之五十一到百分之四十三，降低了百分之八）的兩倍？

我之前提過，過去十六年，我參訪過四百多間學校。我和城市、郊區、鄉下的孩子都談過話。我可以想到兩個原因，以解釋為什麼和三十年前相比，現在有更少的青少年性交。第一個原因是：口交取代了傳統的陰莖陰道性交。疾病管制局的報告只牽涉到陰莖陰道性交。他們的訪談沒有提到口交，只確定訪談對象了解，性交指的是陰道陰莖性交，而不是口交。一九八〇年代和一九九〇年代，有性經驗的青少年之間，陰道性交比口交更為普遍。現在，口交比二十、三十年前更為普遍了。

「口交是新的二壘（second base），」一位花了幾個星期訪問波士頓附近高中生的新聞記者霍爾（Alexandra Hall）說：「現在的高中跟以前非常不一樣，高中生在約會和性行為的文化上已經跟從前的世代完全不同了。」⑤醫生兼生物倫理學家卡斯（Leon Kass）說：「現在的孩子已經不約會，⑥他們直接上壘進行爽一下的性行為。」「傳統的約會已經死亡了。」新聞記者兼作家懷海德（Barbara Dafoe Whitehead）也這麼說。⑦

在一九八〇年代，青少年的性親密不是這個情況。那個時候叫「約會」。新聞記者霍爾說：「現在流行別的東西了，一群男生和女生去到一個朋友家，他的父母親可能在家，也可能不在；他們喝酒、抽大麻，然後一對一對地去做沒有承諾、沒有條件、不牽連任何關係（no-string）的爽一下。一個禮拜之後，可能在另一個人家裡，同樣情境，又跟不同的人在爽一下。」麻州大學（University of Massachusetts）的墨爾本（Michael Milburn）教授同意地說：「那種男生到女生家接女孩子去約會，出門前得先要得到女孩子父母親同意的日子已經一去不返，約會被轟趴及爽一下文化所取代了。」⑧我同意墨爾本教授的話。男孩帶女孩出去約會之前，先見過女方家長的做法和轉盤撥鍵電話一樣，早就不見了。是否**應該**不見是另外一個問題。沒有人會否認，現在的無線電話比轉盤撥鍵電話好用多了。但是從老式約會的文化轉變為爽一下的文化，顯示了從戀愛轉換為無關個人的性。這個改變並不值得慶祝，雖然它和陰莖陰道性交以及少女懷孕的發生率下降有關。

因此，陰道性交發生率下降的一大原因是：口交更為普遍。第二個重大原因是色情資訊的普及，以及越來越多的男孩更喜歡自慰，而不是和真正的女孩性交（請參考我在第一五〇頁談到的約翰．梅爾發言）。聽青春期女孩和男孩說話時，你會發現他們有越來越多的經驗都是在網路上或經由螢幕完成的。如果你生活的最大目標是在社交媒體得到一萬個訂閱者，或是成為朋友中第一個完成《俠盜賽車手》或任何其他電玩中所有任務的人，那麼，陰道性交可能就不那麼重要了。

對許多青春期男生來說，性行為本身就是目的。這個挑戰在於如何把心靈的慾望與肉體的需求合一，把對性的需求與對友誼和伴侶的渴望結合在一起。對許多男生來說，這可不是一件容易的事，有些男生始終沒有達到成熟的地步；但在某些地方父母還是可以使得上一些力。不過，在談到這個之前，先讓我們來仔細檢查一下女孩與女人的性，和男孩與男人的性的不同。

催產素不是睪固酮

愛情與性交之間有什麼關係？對女性來說，愛與性都和催產素（oxytocin，又名激乳素）這個荷爾蒙有關，它在母親哺乳時會大量分泌。「催產素對羅曼蒂克的愛情和性行為的作用與雌激素和性別都有關，」神經心理學家戴蒙（Lisa Diamond）說，「女性大腦中，催產素的神經迴路比較多。」⑨對男生來說，性吸引力的驅動荷爾蒙不是催產素而是睪固酮，它也是跟攻擊性有關的男性荷爾蒙。

許多研究者使用功能性核磁共振造影（MRI）檢查性興奮時的男女腦部，經常看到的是：性興奮時，男性在比較古老、比較原始的腦部區域更為活躍，例如杏仁核、丘腦、下丘腦，而女性則在大腦皮層比較活躍。即使女性比男性更感到性興奮時，也是如此。⑩這些性別差異顯然不受到性傾向的影響：研究者發現，異性戀男性和同性戀男性的腦部活躍模式沒有大的差異，但是在男性與女性之間則有大的差異，無論他們的性傾向是什麼。⑪

性別差異顯示，女性的性經驗比較「發生」在大腦皮層，因此和腦子裡發生的其他事情更有連結；男性的性經驗和皮層較無連結，和外在世界也較無連結。一項最新研究顯示，年輕男性的性興奮會使得腦部皮層同時進行的活動遞減；也就是說，當男性感到性興奮時，他的腦子會失去連結，不同的區域之間會彼此暫時失去聯絡。⑫

大量證據強烈指出，男性和女性體驗性慾望的方式不同。加州大學洛杉磯分校心理學家百浦勞（**Anne Peplau**）就觀察到：「女生的性與親密關係有緊密連接，對女生來說，性行為的一個重要目的是達到親密關係；達到性愉悅最重要的條件是有相互承諾的親密關係。對男生來說，這就不一定。」⑬

這話真是沒錯，對許多男生來說，性衝動其實是與攻擊行為連在一起的。假如你記起男生的性衝動與攻擊衝動都是透過睪固酮的媒介，就不會驚訝了。一個很詳盡的研究發現，有百分之三十五這麼高比例的「正常」大學生說，他們不僅會幻想強暴一個女人，還會真的去強暴女生——假如他們確定不會被逮到的話。⑭另一個研究也指出，有超過一半的「正常」大學男生說他們會去強暴女生——假如不會被懲罰的話。⑮研究者發現，超過百分之八十的流行色情影片中，都具有某些汙衊女性的暴力：大部分是女性被掌摑、掐脖子、拍打、扯頭髮。⑯但是看影片的男性並非原始人。事實上，研究發現男性的性別角色觀念，和認為強暴是否有性吸引力無關。有些男性強烈支持女權平等、認可女性的領導角色，卻說如果有機會的話，會想要強暴女性。一項最新研究指出，事實上，看色情影片的男性比不看色情影片的男性更支持女權。[17]男性的聰明程度與是否會被強暴的畫面引起性興奮，也沒有任何正向或負向的關聯；[18]非常聰明的男性和比平均智力低的男性，在幻想強暴女性上面並無差異。[19]

男性和女性對性的體驗不同。很多男性即使很聰明，也支持女權，卻可能覺得想要進行性攻擊。女性比較不會想要做性攻擊。女人和男人的差異可以部分歸因於生物元素，包括睪丸酮素和催產素的差異。避免性攻擊的合理方式，是在一開始就了解這些天生差異。在第十二章，我會分享預防性攻擊的方法。

年輕男性比年輕女性更可能覺得色情影片令人滿足。很少年輕女性會用「滿足」一詞來描述看著色情影片自慰的經驗。但是色情影片確實已經進入主流了。歌手約翰・梅爾（John Mayer）很驕傲地告訴滾石雜誌（*Rolling Stone*）[20]說他是「新一代的自慰者」：他寧可看著色情影片自慰，也不想跟真正的女人性交。我還沒有聽說哪位女性名人吹噓自己寧可看著色情影片自慰，也不要和真正的男人性交。

不過有一件事是確定的，年輕的男孩和年輕的女孩在性的動機上基本就不同。男孩子要性來滿足他的性慾，這是內臟層次——大腦底部的衝動，跟你感到便意要去上大號差不多，是個生理層次的反應。許多男孩子會告訴你這種衝動不可控制。

女生就不一樣了。心理學家鮑梅斯特（Roy Baumeister）觀察到：「男生的慾望設定在性行為本身，女生的慾望超越性行為本身，她們要的是別的結果以及後續關係的進展。」㉑

布隆柏格教授也同意。布隆柏格寫過兩本有關青春期少女性心理發展的書，當青春期的少女有性行為時，性的愉悅通常不是她做這件事的動機，尤其是口交。現代的女生替她們男友提供口交的服務遠超出前面幾個世代，但是布隆柏格說：「她們這樣做通常是為了取悅男朋友或是避免懷孕，並不是說口交能帶給她們什麼快樂。」㉒如果你是現代的美國女孩，你就是這樣做。這是你的職責所在，尤其如果你想要受大家歡迎的話。衛斯理學院女性研究中心的主任托曼（Deborah Tolman）也認為，二十一世紀的性仍然是為了滿足男性的需求和慾望。對於口交，托曼說：「男生獲得了滿足，女生沒有。這是異性交的腳本，在裡面，男生占便宜，女生吃虧。」㉓在二〇一六年出版的《女孩與性》（*Girls and Sex*）裡，作者歐文斯坦（Peggy Orenstein）提到她和女孩們談話。女孩們解釋說，幫男孩口交並不特別親密，甚至並不個人。歐文斯坦觀察到：「我可能來自不同的世代，但老實說，我很難認為嘴裡的陰莖『並不個人』。」㉔

當你問青少年男女，他們為什麼要有性行為時，你會聽到非常不同的回答。男生通常很高傲、不屑地說：「為什麼我不應該有性行為？只要女生願意，我的意思是說，只要她不踢我、抓我或大喊：『失火了！』我為什麼不去和她做愛？不做白不做！」男生想要有性行為是因為他們感到性興奮，這是最簡單的大腦底部生理動機。

女生就不一樣了。有個研究發現，女生甚至沒有把性興奮列入她們為什麼要有性行為的原因。㉕青春期的少女有性行為是基於其他原因，女生可能希望性行為能為她的人緣加分、別人會比較喜歡她，或是她們只是想取悅男生，或是受到同儕的壓力——那些已經有性行為的人，會對沒有發生性行為的人造成壓力。

過去三十年間一個最基本的改變是：遊戲規則從女性的版本變成了男性的版本。三十年前，一個男生如果想和女生發生性關係，至少他得在嘴巴上老掛著「我愛你」，女生才會跟他上床。現在不是了，爽一下取代了羅曼蒂克的關係，變成青少年文化中性行為的主要模式。

如此將會帶來怎樣的後果？懷海德說今日「這種青少年性文化，對他們如何選擇未來的終身伴侶一點幫助也沒有。」充其量，他們只是在「經營性生活」而已。㉖但是，沒有任何情緒連結的性生活，並非獲得長期戀愛關係的最佳前提。

爽一下的文化可能犧牲了性滿足，至少對於女孩和年輕女性而言。一項針對二十一間大學裡、兩萬四千名學生的研究發現，只有百分之四十的女性在爽一下的陰道性交中達到高潮。相對來說，有百分之八十男性達到高潮；這還只是牽涉到陰道性交的爽一下。比起來，同樣的研究者發現，如果在穩定關係中發生性關係的話，大約有四分之三的女性在最近一次的陰道性交中達到高潮。[27]

平斯基（Drew Pinsky）博士的重要觀察，是酒精影響與男生和女生在爽一下方面的差異。大部分的人在做這件事時都已經是半醉或大醉的狀態（記得蒂娜被吉米強暴的故事嗎？吉米做那事時已喝醉了。這不是藉口，而是事實）。平斯基博士發現男生和女生所持的理由完全不同：男生在爽一下前要喝醉，是因為酒精會減慢他們的性反應，使他們放鬆、減少早洩的機會；女生要喝醉的理由是酒精使她們麻痺，減少她們情緒上的痛苦及窘態。[28]大學生裡面，超過一半的人在爽一下之前，有喝酒或是使用毒品。[29]

好或壞？

在二〇〇五年出版的本書第一版中，我指出爽一下取代了羅曼蒂克戀愛的事實，也指出口交取代了陰道性交。在我於二〇一〇年出版的書《棉花糖女孩》中，我也指出同樣的事實，甚至更強調它，強調了社交媒體如何造成女孩的自我物化。最近，有一些書的作者也持有同樣的觀點，例如賽爾斯（Nancy Jo Sales）的《美國女孩》（*American Girls*），和之前提到過、歐文斯坦的《女孩與性》。但社會上也有不同的聲音出現，有些作者不但沒有為這些改變感到哀傷、試圖縮小傷害，而是讚許改變，認為傷害很小。

羅森（Hanna Rosin）為大西洋雜誌（*The Atlantic*）寫了一篇很長的文章，訴說年輕美國人告訴她的、關於性行為的最新現實。她承認大家普遍認為，新的爽一下文化讓社會腐敗，最終對女性有所毒害。但是她對此提出了挑戰。羅森認為爽一下是「女性進展的引擎」。她的重點簡單說就是：現代的女孩和年輕女性非常忙碌，她們有那麼多想要完成的事情，沒時間建構關係；爽一下更為方便，比較不費力。一位耶魯女生告訴她：「很多女人享受隨意的性。」㉚

人類學家伍德（Peter Wood）讀了羅森的文章，但沒有被說服。關於那位耶魯女生說很多女性享受隨意的性，伍德的觀察是：

如果這個觀點的代價不是那麼立即明顯的話，仍是很真實的代價。如果女性把性當成可以不用和同一個人維持互相強烈依附的關係，那麼，她遲早都會發現，男人認為她無關緊要。羅森和看法相似的人會無所謂地聳聳肩：男人的看法有什麼重要？但是，認為「性只是性」的看法，其實只是一種幻想，從來都不是真的……所謂「沒有後果的性」根本不存在。二〇〇一年的電影《香草天空》（*Vanilla Sky*）裡，一位女性說的話或許可以代表她們的經驗：「你難道不知道，當你和某人睡過，你的身體會做出承諾，無論你是否作出承諾？」打破的承諾會慢慢累積。

伍德的結論是：

性是互補的。女人的性若是扭曲了，也會扭曲男人的性，雖然比較延緩。男人沒有學到如何更負責任、當個投入的伴侶，最後成為丈夫與父親，而是學到了可以輕鬆維持自己的性愉悅。結果就是男人逃避社交成熟。爽一下經驗豐富的女人會發現，一旦進入這種文化，就越來越難脫離……這些經驗都會扭曲和降低所有追求隨意性行為的人。他們最終將發現自己越來越難擁有真誠的依附情感關係……性的（真正）意義是它將帶你到某處——超越高潮以及陌生人帶來的興奮。老一輩認為這個「某處」就是婚姻。[31]

在戀愛脈絡之外的多重性偶遇，最終結果就是較無法形成和維持健康持久的戀愛關係。女孩和男孩、女人和男人可能都是如此。我們尚無法確定地這麼說，因為我們沒有幾十年的研究，比較爽一下文化和約會文化的女孩和男孩。我並不會屏住呼吸等待這個研究結果。我不會推薦我的女兒參加這項研究。你會推薦你的孩子參加嗎？

我猜不會。

角色扮演

大部分的孩子已經不約會了，他們直接爽一下。所以學者發現，青少年的性不再來自戀愛關係，而是往往來自團體的依附（group affiliation）。這是什麼意思？用心理學的術語來說，「現在青少年雙雙對對組合的因素不再是個人人格特質，而是受歡迎的程度。」當十四歲青少年想爽一下，不那麼基於性吸引力，而是基於對方在團體裡受歡迎的程度。派對上最受歡迎的男孩會找上最受歡迎的女孩，第二受歡迎的男孩會找上第二受歡迎的女孩，以此類推。[32]受不受歡迎的最主要條件就是外表的吸引力。

幾年前，我帶領一群高中生進行對話，討論性和羅曼蒂克。我問他們，對約會有什麼想法。一個男生很有權威地說：「只有醜的人才約會。」我嚇一跳，請同意的人舉手表示。大部分孩子都舉手了。我說：「如果你不同意，請舉手。」沒有人舉手。這就是高中生的觀點：如果你受歡迎、長得好看，你可以在派對上找人爽一下，不會有困難的。如果你不好看，但是又想要有性行為，就可能需要找個和你一樣醜的人，然後約會。

超過一百五十年了——從一八五八年，英國流行病學家法爾（William Farr）開始——研究者一再發現，婚姻對男人和女人都有益。特別是已婚男女和未婚男女比起來，一般而言都比較健康、不容易憂鬱。[33]我們很容易猜想，追隨舊式社會規範、以固定關係為前提而約會的孩子可能會從中獲益。

但是對於青春期的戀愛關係，無論有沒有性關係，同樣的結論都可能不是真的。過去一年開始戀愛關係的青春期孩子，和沒有戀愛關係的孩子相比，更容易憂鬱，而且對女孩的影響比男孩更大。[34]同樣地，有性行為的青春期孩子也可能變得憂鬱，而且對女孩的影響比男孩大得多了。[35]爽一下——沒有愛的性——比愛情關係中的性更容易導致憂鬱。[36]一項研究中指出，和男孩有性行為的年輕少女，比沒有性行為的少女更容易憂鬱，但是和女孩有性行為的少年卻不會比較容易憂鬱。[37]在某些研究中，有性行為的年輕女性憂鬱的危險程度提高，而有性行為的年輕男性憂鬱的危機反而降

低了。㊳

青春期的性為什麼更容易導致女孩的憂鬱呢？女孩比男孩脆弱嗎？

我不認為如此。

研究者發現，青春期少女和少年往往對性有不同的看法。女孩比較會尋找穩定的關係，認為性行為是固定關係的重要階段。男孩知道這個腳本。男孩可能扮演這種角色，欺騙女孩、答應和她維持穩定的關係，但是無法做到。當男孩在幾次性行為之後，拋棄了女孩，女孩會變得憂鬱，男孩倒是不太會。㊴這也解釋了為什麼青春期的戀愛關係和更高的憂鬱比例有相關性，成年的婚姻則通常和更低比例的憂鬱有相關性。許多男孩會假裝：他們假裝是關係中持久的伴侶，其實不是。男人和女人結婚，則不是假裝了（至少我們希望如此）：他（至少大部分的人在一開始的時候）真的想要當關係中的長期伴侶。

所以，男孩誤導女孩，以獲得性。然而故事並非總是如此。我認識一個男孩，非常投入，對一個比他更受歡迎、更好看的女孩極為忠誠。這種關係通常並不穩定：青春期的愛情關係如果在受歡迎的程度相當、顏值也接近的雙方身上發生，會延續得比較久。總之，八個星期後，女孩拋棄了男孩，他陷入絕望，覺得自己的人生完蛋了，開始用刀片割傷自己。

我們都很希望自己的孩子長大後有個能互相扶持且**長久的**愛情關係。許多父母都以為青少年時的羅曼蒂克關係，對成年後嚴肅的婚姻關係是很好的練習：你不可能還不會走就開跑，練習才會達到純熟圓滿。

但是有些研究青少年羅曼蒂克關係的心理學家卻不這樣認為。練習會達到純熟的假設，只有在練習對的作業時才會——大部分的青少年則並非如此。心理學家佛曼（**Wyndol Furman**）和魏納（**Elizabeth Wehner**）研究青少年的羅曼蒂克關係許多年，他們對中學生，甚至高中生的報告是：「青少年不很在意依附感情和照顧的需求……相反地，他們著重在他們是誰、有多吸引人，以及他們在同儕團體眼中看起來會怎樣。」青少年通常在約會關係中發展出不好的壞習慣：男生養成壞習慣，把女生當作滿足他性慾的工具、而不把她真正當人看待；女生養成壞習慣，把男生當成炫耀的獎盃，而不是真想把他納入她的生活。他們兩人都養成騎驢找馬的壞習慣：在看到有更好看、更出鋒頭的人出現時，便把對方甩掉。多年來，佛曼和魏納觀察到，「這些孩子發展出更技巧的甩人方式以及尋求他所希望的對象」；[40]然而當他們成年、應該建立一個長久的婚姻關係時，他們過去養成的壞習慣會出來干擾他。要破除這些壞習慣不容易，與其受這些壞毛病的牽絆，還不如從來沒有這些青少年的羅曼蒂克關係。

青少年太早有羅曼蒂克關係，還有其他負面的代價。根據一項大型調查報告：十五歲以前有性行為的孩子，比其他人抽菸成癮的機率高出三倍，抽大麻的機率高出四倍，一個禮拜飲酒超過一次的機率則高出六倍。[41]

或許我們應該把性行為看成是酒精：只有成年人才可以享用。一個沒準備好的青少年享用成年人的東西時，往往會致命：酒醉開車會，愛滋病也會，太早有性行為又完全忽略女方感覺的男生，以後會有感情上的挫折，寂寞潦倒一生。同樣地，如果女孩經年累月地和許多不同男孩發生性關係，而沒有維持比較認真的戀愛關係的話，可能更難以將性關係和長期愛情關係連在一起。如果她選擇結婚，則可能將無法滿足於只有一個伴侶。

第7章

毒品與酒精

凱特琳

凱特琳從來就不引人注目，她是三個孩子中最小的一個，對於老是躲在哥哥們的陰影底下她似乎很滿足。她的大哥亞歷克斯非常聰明，每一門課不要怎麼讀就能拿A，申請大學時，第一輪就進入了他的第一志願賓州大學。

艾倫是老二，秋天踢足球、冬天打籃球、春天又玩長曲棍球，他是第一個高二就被選入高中足球隊的學生。第二年，他帶領隊友們射門得分，十二月時，他受邀參觀NCAA第一分區的足球隊，包括在克雷森及維吉尼亞技術學院的集訓。

三兄妹的母親吉兒是個全職母親，艾倫的每一場比賽她都到場加油，凱特琳看起來很快樂地跟隨著她的母親四處去替哥哥加油。

因為凱特琳一直都很退縮、很害羞，吉兒和哈利（爸爸）有點擔心她上中學時會有問題。吉兒讀了《拯救奧菲莉亞》（*Reviving Ophelia*，中譯本平安文化出版）和《怪女孩出列》（*Odd Girl Out*，中譯本商周出版）以及其他有女兒的父母都會讀的書。每天晚上，當吉兒和她的先生準備上床就寢時，吉兒便會讀一段專門寫給父母親的教養手冊中的話給哈利聽。假如哈利不願意聽的話，她會說：「你也該知道這些，她也是你的女兒。」

對女生來說，中學階段是最困難的階段，但是凱特琳平安地度過了，到八年級時，她開竅了，在十個月之間，她甩掉了嬰兒肥，變成窕窈、令人眼睛為之一亮的美少女。

當她上高二後，家裡的電話就沒有停過：每個週末她都有一大堆邀約——去逛街、去派對，或者只是去朋友家閒晃消磨時光。縱然如此，她的成績不但沒退步，反而進步了。她開始對功課執著，高二時她每天晚上得花三小時在功課上，她的母親驚嘆女兒的體力和毅力，「她開竅開得晚，後來居上，不過卻是大器晚成。」她這樣告訴她先生。

凱特琳的週末是白天做功課，晚上參加派對或看電影。凱特琳向她父母要錢買最新流行的服飾，哈利認為凱特琳的治裝費高得離譜，「我們在她身上花的錢是亞歷克斯和艾倫的**總和**，」他說：「她所買的也沒有那麼了不起，卻貴得嚇人，我們付的是百貨公司專櫃的價錢，拿到的卻是大賣場成衣部的東西，一條褪了色的牛仔褲要一百美元？」

「但是她是女孩，女孩的衣服比較貴，女孩比較在意衣服，」吉兒說：「男生可以老穿同樣的衣服沒有人會注意，但是假如女生在一個月內同一套衣服穿過兩次的話，立刻會被其他的女孩發現。」但是私底下，吉兒也覺得凱特琳錢花得太兇了點，但是她實在太開心凱特琳終於出落得亭亭玉立、變成眾人目光的焦點，她無法在金錢上澆她的冷水，她想：她只是個少女，讓她享受她的美好時光吧！

學校的大學申請顧問認為凱特琳一定可以進馬利蘭大學，但是凱特琳想要去外州念大學。當凱特琳升上高三時，吉兒和哈利最大的煩惱是能不能付得起長春藤盟校昂貴的學費。

現在回想起來，其實所有的跡象早都擺在那裡了，但是當十一月某個週六凌晨三點鐘電話響起時，吉兒完全不知道凱特琳對她隱藏了一個祕密。

吉兒一開始以為是打錯或是惡作劇電話。她迷迷糊糊地說了聲：「哈囉。」

「哈囉，我叫凱西，是薛迪克羅夫醫院急診室的護士。你是凱特琳・摩理森的媽媽嗎？」

「是的。」吉兒回答。

「凱特琳的朋友兩小時前把她送來醫院，」護士說：「凱特琳還在昏迷狀態，她自殺未遂。」

「這不可能，」吉兒說，立刻清醒了，「為什麼，你為什麼會這樣說？」

「我們發現有兩瓶空的載安諾和可待因酮在她的皮包裡，」護士冷靜地說：「她的血液檢查發現有載安諾和可待因酮的成分，我們還在她皮包裡找到遺書。」

「遺書？怎麼可能！上面說些什麼？」吉兒問，在護士回答前，她急忙說：「等一下，她現在怎麼樣了？」吉兒在心中禱告上帝，請保佑她平安無事。突然間，她發現自己喘不過來氣來，淚水湧上她的眼睛，「她不會有事吧？」

「索瑞生醫生告訴我，凱特琳的情況已經穩定得可以送到樓上的加護病房，」護士說：「通常我們會把青少年放在小兒科加護病房特別的角落，但是今天兒科的加護病房全滿了，所以她目前在一般加護病房內。」

「噢，我的天！」吉兒努力想了解究竟發生了什麼事。哈利還在打呼。

「上個禮拜有兩個女孩也是同樣的情形，同樣的藥物，」護士說：「載安諾和可待因酮，那兩個女生進來時的情況跟凱特琳一模一樣。我可以告訴你，她們現在都沒事了，所以希望凱特琳也會沒事。」

「我馬上過來。」吉兒說。

當吉兒到達醫院時，凱特琳已經被送上加護病房了，「我很抱歉，訪客時間要到早上八點才開始。」管理加護病房的工作人員說。

「但我是她**媽媽**！」吉兒不耐煩地說。

「我了解，」服務人員說：「你先找個位子坐下來，我去看看護士可不可以出來跟你講一會兒話。」

值班護士是個和藹的中年人，叫露絲瑪莉。她解釋加護病房的規矩是半夜不允許訪視的，即使是父母也不例外。「但不要擔心，凱特琳一醒來，我就來叫你，無論是不是探訪時間。」露絲瑪莉說。

「她還在睡嗎？」吉兒問。

「她仍然沒有意識，」露絲瑪莉說：「但是范高德醫生認為，到天亮她就會回復意識。」

「這個范高德醫生是誰？」

「范高德醫生是值班醫生，他是加護專科醫生。」

「什麼是加護專科醫生？他不能做些什麼，讓她清醒嗎？」吉兒問道。

「我想你先別擔心，」露絲瑪莉說：「讓我們處理，凱特琳會沒事的，在身體上沒事，但是你需要處理身體以外的其他事情。」

「例如什麼？」吉兒直截了當地問。

「例如你看到凱特琳時要跟她說什麼。」

「我會告訴她我愛她……」吉兒說。她的聲音變小了。她突然發現她完全想不通為什麼凱特琳要自殺。

「這是在她身上發現的自殺字條，」露絲瑪莉說：「就在她皮包的最上層，她知道我們一定會看到。」她遞過一張摺起來的紙條給吉兒。

吉兒點點頭，沒有立刻打開來看，「謝謝你。」吉兒說。

「如果你有任何問題，就請櫃台小姐按鈴通知我，」露絲瑪莉說：「我今天的班是十二小時的，所以到訪客時間開始，我都會在這裡。」

吉兒等到露絲瑪莉走開後才打開字條來看。才看兩行，她就開始哭，於是她急忙走到女廁所去，幸好裡面沒有人，所以她可以完全不受干擾地讀女兒的自白。

親愛的爸爸媽媽：

我很抱歉這樣做，我知道你們會很難過，但對我來說已經是走投無路了。我想你們完全不知道我濫用藥物很久了，從八年級時開始。最初我只是用阿德拉（Adderall，右旋苯異丙胺）來減肥；我發現它很有效。我真的以為沒有人會知道，你們真是很好騙，其他人也一樣。每個人都只看表面，別人只看到我很瘦，每個人都覺得我很棒，他們很羨慕我，他們從來沒懷疑：那個胖女孩怎麼可能一下子變得這麼瘦？

阿德拉真是棒極了，除了心悸、想吐和頭痛，但對我來說這只是一點小小的代價。不久，我就出現驚恐症，因此我開始吃鎮靜劑載安諾。即使吃了載安諾，我內心還是不能平靜，直到我發現了可待因酮。

有一陣子，我還是覺得我隨時可以戒掉，尤其是我知道別的女孩也在用這些藥物。我覺得我好像同時在空中拋接幾十個球，以為我可以不斷地「拋這個球、接那個球」，一直不出錯地玩下去。我早上起來先吃阿德拉，中午再吃阿德拉和載安諾，放學後吃載安諾，晚上上床時吃載安諾和可待因酮。一點問題都沒有。

然而，有一天，藥物對我沒效了，並不是馬上沒效，是漸漸地。我想一次多吃幾顆，我增加可待因酮到兩顆，然後四顆，然後六顆，然後十顆。這個藥的副作用很糟，開始變得無法承受。我曾想過戒毒，一次全部停掉，但這表示我又得變回過去那個又胖又笨的女孩，假如不吃藥，我的功課絕對不可能那麼好。我無法忍受自己又胖又笨。一旦你嘗到鋒頭人物的滋味，你怎麼可能放掉？

真相是：真實的我是又胖又醜又笨，我實在騙不下去了。我極不願意欺騙你們，你們都不知道我花了那麼多錢、我如何整晚不睡覺開夜車，以及我如何甩掉那些肥肉。

我不想做那個真正的我，我恨那個女孩，那個又醜、又肥、又笨的女孩。請原諒我。

永遠愛你的
凱特琳

不同的藥物，不同的高潮

男生與女生用藥的理由不同。女生用阿德拉、甲磺酸賴氨酸安非他命、專司達和長效型派醋甲酯比男生多，她們把它當做減肥藥。①女生用載安諾和可待因酮來紓解壓力好安靜下來，同時也因為她的朋友都在用。

大部分男生用藥的理由完全不同，大部分毒品濫用的男生都是在尋求刺激。他們也喜歡做危險事所帶來的刺激感。記得第三章談到男生喜歡從事冒險行為，因為它會帶來興奮刺激嗎？男生比較會向陌生人買毒品，而女生多半跟她熟悉的人買。②

青少年自己對藥物濫用怎麼說？有一個全國性的調查，訪談了六千七百四十八名青少年，族群和地域代表性都考慮進去了；結果研究者發現，在青少年用藥、喝酒、抽菸的理由中有很大的性別差異：女生用抽菸來減肥的理由比男生高出十六倍，男生是因為看起來酷的理由而抽菸者比女生高出三倍。③酒精也一樣：青春期男孩喝酒是希望覺得醉醺醺的，或是為了讓朋友印象深刻；青春期女孩喝酒比較是為了應付壓力。④

現在讓我們來看看，為什麼女生和男生要喝酒，並且也看看你該如何防止你的孩子好奇去嘗試毒品和酒精；如果已經開始了，又要如何使他戒除。

危險因素

凱特琳的故事點出了女生用藥的其中一個危險因素，就是負面的自我形象加上焦慮或憂鬱。相反地，男孩使用毒品或是喝醉，是因為他們想要找尋興奮與刺激。（我見過少數男孩使用毒品或酒精來應付壓力，但是這在女孩中比較常見，在男孩中並不常見。相對地，我見過許多成年男人使用毒品或酒精來應付壓力，但本書要討論的是兒童及青春期孩子，不是成人。）

凱特琳認為她很胖、很笨，她把自己與她傑出的兩個哥哥相比，找不到任何值得自己驕傲的地方。阿德拉幫助她變瘦，並且給她活力，可以熬到很晚才睡覺並把學校的功課做好。

壓力太大、感到憂鬱的女孩比較會開始使用毒品和酒精，男孩則不太會。⑤本章後面，我們會探索造成這個差異的某些原因。

凱特琳的故事同時也點出了學業的壓力如何驅使女生用藥。不要低估你十二歲女兒告訴你的壓力，從大人的角度來看，她西班牙文得A或B似乎無關緊要，但是對她來說，得到個B就像天塌下來一樣。

保護女生最好的方法，是找出她的長處以提升她的自尊及強化她的自信，用這個方法減低她的環境壓力。記得凱特琳自殺字條上那幾句令人心碎的字句嗎？「真實的我又胖又醜又笨……我不想做那個真正的我，我恨那個女孩，那個又醜、又肥、又笨的女孩。」你的工作是改變凱特琳對自己的看法，使她注意到她是個什麼樣的人，而不光只在意她的外表。

要做好父母親需要知識、洞察力和理解力。做為一個父母親，你有責任了解你的孩子，不僅僅是知道她現在在哪裡，還要知道她想做什麼、她的長處為何；你必須比她自己更了解她才行。而且你要能抵抗潮流，不要迫使孩子去達成你個人的願望。

在這裡，凱特琳的父母受到前面兩個孩子成功的影響，以為他們的孩子不是運動好就是頭腦好，所以當凱特琳兩者都不是時，他們就假設凱特琳沒有任何的才能。

真的是這樣嗎？

露絲瑪莉那位加護病房護士是對的。凱特琳在早上醒過來了，吉兒守在她病床邊，當她眼睛睜開時，她的第一句話是：「我沒有死嗎？」吉兒沒法說凱特琳是很失望還是鬆了一口氣。

兩天以後，范高德醫生將她轉到附近一所精神病院，經過兩週的團體治療以及服用兩種抗憂鬱症的藥（威博雋〔Wellbutrin〕和草酸依地普侖〔Lexapro〕）後，凱特琳可以回家了。「她現在放鬆多了，」吉兒告訴我：「我不知道那個平靜是藥物的關係，還是凱特琳很高興她終於不必再吃阿德拉。我真希望她可以不必服任何藥。」

精神科醫生海默法堅持，凱特琳至少要吃六個月的藥——這正好是她決定上哪所大學的時間。她因為有兩科要重修，很擔心會影響學校的申請，所以我寫了一封證明函說明她因病住院三週，耽誤了功課。結果她所申請的學校幾乎都核可同意。

值此同時，凱特琳發現一件她喜歡做的事，一件她做得很好的事。在得到海默法醫生的同意後，她開始在這家精神病院擔任義工，因為她住過這裡，又因為她還是個青少年，其他的青少年病人很容易接受她。

有一天，一位值班的護士談起十四歲的瑪莉亞，她因為攻擊護士被安置在隔離室。瑪莉亞已經進來五天了，這是她第三次被隔離。「這個女孩很陰險，很兇狠，」一位護士蘇菲說：「她是眼光中帶有殺意的那種人。」丹妮莎及露安點點頭，她倆都和她打過交道。

「我去跟她談一下好嗎？」凱特琳問。

蘇菲、丹妮莎及露安只是瞪著她看，「你瘋了嗎？你想找死啊！」蘇菲最後說：「那女孩可是會把你生吞活剝的厲害角色。」

凱特琳聳聳肩，「你在意我去試試看嗎？」她再說了一次。

蘇菲和露安從上鎖房間的小窗戶中目送凱特琳坐到隔離室的床沿上，和瑪莉亞說話。一開始好像沒什麼效應，瑪莉亞只是蜷縮在房間一角，雙手抱頭深埋在兩膝間；但是在凱特琳自顧自說了一分鐘以後，瑪莉亞抬起了頭，蘇菲和露安都很驚訝地發現，瑪莉亞臉上露出迷人的笑容。「你知道這女孩笑起來時還真不難看呢！」蘇菲說。

凱特琳在瑪莉亞的房間坐了兩個小時，當她敲門請求出來時，瑪莉亞站在她旁邊。「瑪莉亞要跟我一起出來，」凱特琳說。這句話不是請求的問句而是陳述事實的肯定句，「她不需要再住在上鎖的房間了。」

蘇菲懷疑地看著瑪莉亞。瑪莉亞點點頭，「我不會再打人了，」瑪莉亞說：「只要讓我在凱特琳來醫院的晚上跟她說話。」

凱特琳在接下來的兩個禮拜中，每天晚上都到醫院、花一個多小時陪伴瑪莉亞，有時瑪莉亞只聽她說，有時瑪莉亞也說。沒人知道她們說了些什麼，但是瑪莉亞改變了，她不再有暴力傾向，不再大喊、大叫，也開始在晚上睡得著了。

瑪莉亞出院時，精神科主治醫生歐斯尼克問凱特琳：「你們兩個女生究竟說了些什麼？」

「沒什麼，」凱特琳回答：「我告訴她我以前的感覺有多糟，我如何恨每一個人，恨我的生活。」

「你知道，」歐斯尼克醫生說：「假如你要做專業的治療師，第一守則就是不能把你自己的事情講給病人聽；治療的重點在病人身上，不在治療師身上。」

「那我想我就當不成專業治療師了。」凱特琳溫和地說。

凱特琳的入學申請被康乃爾大學接受了，她在四月下旬參觀了那所學校，雖然她還沒有決定要上哪一所大學，但康乃爾是她所有申請中唯一的長春藤盟校。她在宿舍裡住了一晚。

「你喜歡嗎？」她母親問。

「很害怕，」凱特琳回答：「這裡的人好像都很成熟。這裡的女生都很瘦。學校非常偏僻；我覺得綺色佳離所有地方都有幾百萬哩遠。」

當凱特琳提到每一個女孩都很瘦時，吉兒的心頭感到一陣寒意。凱特琳出院後胖了三十磅，她胖到一百四十磅，而她只有五呎四吋高；吉兒認為凱特琳很美，但是私底下她很憂慮；從另一方面來說，有哪個父母不希望她的孩子進長春藤盟校呢？

五月時，凱特琳決定不去康乃爾，而去上附近的湯森大學。「我需要離家近一些，」她說：「我想繼續在精神病院做義工。我希望以後成為治療師。」

現在回過頭來想，凱特琳的長才很清楚，是照顧別人的能力。事後諸葛誰都能當，我們可以說如果她父母多關心點，或許她就不會濫用藥物；或許她父母不應該只是帶著她四處去替二哥加油，也要花點心思找出她的長處。凱特琳小時候很喜歡小動物，假如她的父母讓她去動物園做義工，或去動物收容所打打雜，像凱特琳這種富有同情心的孩子會做得很好。假如媽媽曾開車送凱特琳去動物園做義工，即使這樣會錯失幾場艾倫的比賽，凱特琳也會覺得她的興趣和艾倫在球場上的成功一樣重要。

一般而言，如果凱特琳的父母更重視她，並花更多時間單獨與凱特琳相處，她可能不會覺得自己比哥哥們失敗。更特定地說，如果凱特琳的父母更了解她的生活，包括讓她為自己的零用錢負責——甚至只是要求看她買衣服的收據——就會發現她根本沒有買昂貴的衣服了。她拿零用錢買毒品，甚至在慈善二手店撿一些便宜的衣服，假裝自己花錢買新衣。事後回想起來，她的父母很驚訝自己怎麼會這麼容易上當，讓自己被女兒騙得團團轉。

我前面提到課業壓力會驅使女生用藥，對這點你該怎麼辦？你可以讓孩子看到人世間有許多減壓放鬆的方法，不見得一定要抽菸、喝酒、吸大麻。帶她在公園裡散步一下，教她打坐或祈禱。與她分享你的減壓方式，這會形成你和她之間的聯結，當她需要放鬆時，可以來找你談，就用不著去找藥物了。我認得的一個媽媽，每當她心情不好時就會去烤個蛋糕，她把這個方法也教給她的兩個女兒。或許這不是低卡路里的減壓方式，卻比用藥安全多了，她把它叫做「撫慰的烘焙」。

不過這些對男生都沒用，男生是不同的。

伊森

麥克和鄔妲在伊森兩歲時收養了他。就像許多非裔美籍的孩子一樣，在麥克和鄔妲收養他之前，他經歷了許多寄養家庭。

麥克是美國國家標準和技術學院（National Institute of Standards and Technology）的物理研究員，從小就是個書呆子，他在德國的蒲朗克學院（Max Planck Institute；譯注：蒲朗克〔1858-1947〕為一九一八年諾貝爾物理獎得主，量子理論之父，德國在各地設立蒲朗克學院從事高級理論研究）做博士後訓練時認識了鄔妲。他們兩人都熱愛湯瑪斯．曼（Thomas Mann）的小說、馬勒（Gustav Mahler）的音樂和莫塞爾（Mosel）產的酒，以前自稱是３Ｍ俱樂部（曼、馬勒和莫塞爾）。麥克特別相信教養的重要，他很有自信能將孩子調教成跟他有同樣的興趣和嗜好。

完全錯誤。麥克和鄔妲很快就發現了。伊森喜歡摔東西、丟食物、用頭快速衝撞家具，伊森才來不到幾個禮拜，鄔妲就已把家中所有會碎的東西打包裝箱、束諸高閣，伊森還是找到機會把箱子撕開，把盤碗打碎。從這以後，伊森被稱為小罪犯，他們也以對待罪犯的方式對待他：他們把一部分的房間鎖起來，不許伊森進去；帶他去大賣場時，真的像在遛狗一樣，用條繩子拴著他，以免走失。麥克和鄔妲本來計畫收養兩個或三個小孩，但是在伊森之後，他們決定一個就已經夠受的了。

我第一次看到伊森時，他十五歲，五呎十吋高，一百八十磅重，念九年級。他那時已是籃球隊和美式足球隊的明星球員，我們聽說本郡另一所高中想要挖角、網羅他去為他們的球隊效力。伊森的功課平平，都是C和D，只有一科A，就是體育；到他升上九年級時，連英文、西班牙文也只拿D，唯有體育還是A。他的父親麥克覺得，這是需要改變的時候了。

「他可以打完這個球季，」麥克告訴我：「美式足球季只剩兩場比賽了，但是打籃球、運動花掉他太多的時間，假如英文和西班牙文都不及格，他就不能每天花兩到三小時在運動上，你同意嗎？」

我猶疑了。「坦白說，我不贊成，」我說：「我不認為不讓伊森打球會改善他的學業成績，事實上，可能會更糟。」

「醫生，我很尊敬你，」麥克說：「但是你說的話在我聽起來沒有道理，他花在運動上的時間越多，花在讀書上的時間自然就越少。」

麥克和鄔姐拒絕再讓伊森打球，「我們是為你好，」鄔姐說：「我們希望將來你能上大學。」

「但是我不想上大學。」伊森說。

「有的時候你必須做你不喜歡的事，才可能得到將來你想得到的東西。」麥克說。

「但是我現在只想打籃球！」伊森抱怨：「怎麼可能現在不讓我打籃球，反而會幫助我以後打得更好？」

麥克和鄔姐對望了一眼，交換了同樣的絕望眼神，一如過往這麼多年來同樣的情況。「為什麼伊森就是不能了解呢？」這個眼神說出了他們所納悶的。

伊森剛上高中時，他還是與球員混在一起，但假如你不是球隊的一分子，你就不屬於那個團體，至少相當困難、別人不會接納你，尤其你又是高一新生。

籃球季開始一個月後，伊森開始晚歸。他本來應該一放學就回家做功課，但他沒有；他留在停車場，看有沒有人順道載他去附近的大城洛克維爾或是華盛頓特區，遛達到很晚才回家。

十二月的第一個禮拜，鄔妲在伊森的衣服上聞到大麻的味道，晚上時她告訴麥克，他們決定把伊森叫來對質。意外的是，伊森一點都沒有推諉，爽快地承認了。

「是，我有抽大麻，怎麼樣？」他說。

「但是你以前都沒有抽。」麥克說。

「那是因為運動員不可以抽大麻，大麻會延緩你的反應時間，」伊森大聲說：「反應時間是運動員最重要的一點，但是你們不准我打籃球；既然如此，天殺的我幹嘛不可以抽大麻！」

「不要說髒話，伊森。」麥克說。

「對，在這個屋子裡不可以說髒話，」伊森說：「在這屋子裡，什麼都不能做。」

「伊森，我們只是關心你，因為大麻會傷害你的大腦，你自己都這樣說了，大麻會延緩你的反應時間。」鄔妲說。

「我不要聽！」伊森說，走出了房間。

他們有三天沒有看到他。

伊森失蹤兩天後，他們報了警，「我的孩子失蹤了。」麥克告訴警察。

警察聽完麥克的故事後說：「他不是失蹤，他是逃家，離家出走了。」

「這有什麼差別？」麥克問。

「失蹤表示你不曉得這個人怎麼樣了，或許他被綁架了，你不知道。逃家表示十八歲以下的未成年人故意離開家，你的兒子是逃家。」

「逃家」似乎是形容此後六個月情形最貼切的用詞。伊森開始偷他父母的錢，有一次甚至就在鄔妲的注視下，明目張膽地從她皮包中拿錢。鄔妲和麥克買了一個保險箱，開始把重要東西都鎖在裡面，即使人在家也不例外。

伊森九年級留級了，麥克和鄔妲去請教專門處理青少年毒品成癮的精神科醫生，這位醫生建議麥克和鄔妲讓伊森回去打美式足球。「學校規定運動員必須學業成績及格才能待在校隊裡，現在伊森沒有動機去讀書，」精神科醫生告訴他們：「參加球隊至少給了他一個讀書的動機。假如他被驗出身體內有毒品，就會被球隊開除。」

現在的伊森有六呎高、兩百磅重，比其他隊員都高，但教練仍然把他當一般人看待，「因為他要學習紀律。」教練說。果然，他的成績有了起色，總平均升到C，但是再次回到球隊並不能戒除他以前所有的壞習慣。他不再偷錢了，可是毒品戒不掉，鄔妲還是從他衣服上聞到大麻的味道，而且在他衣服中找到大麻和隨身吸毒的小道具——大多數是捲菸紙。

「他從哪裡搞來的錢？」有一天晚上，當他們躺在床上時，鄔妲問麥克：「他又怎麼能通過球隊不定期的毒品尿液檢驗？」

「我不想知道，」麥克說，他翻過身去，「我要睡了。」

是你的大腦在吸毒

記得我們前面談到冒險嗎？危險並不會使男生卻步，相反地，它更可能使男生躍躍欲試。教育男生毒品的危險有時會適得其反，你可能無意中刺激了原本你想削弱的行為。

不知道你有沒有看過那則廣告：一個人拿了個雞蛋對著鏡頭說：「這是你的大腦嗎？」然後他把雞蛋敲破，打進平底鍋中煎，接著說：「這是用了毒品的腦。」這種廣告對女生比較有用，女生看了這個廣告就在想：「噁，我不要我的大腦變成平底鍋上的蛋。」

男生卻不這麼想，特別是愛尋求刺激的男生，這些人一聽到旁白說：「你的腦用了毒品會變成這樣。」就想：「酷！我到哪裡可以拿到這玩意兒？」我知道有個男孩就把「這是你吸毒的大腦」的海報拿來糊滿臥室的牆壁，把它當壁紙了，這個男生吸毒，他也要人家知道他吸毒。

麥克和鄔妲在警告伊森毒品的危險時，出發點都很好，尤其麥克是那種極端討厭冒險的少數人口（美國有百分之十的人極端討厭冒險，我們在第九章中會討論到），鄔妲則像大多數婦女一樣，認為告訴孩子毒品的危險應該會減低他使用的可能性；畢竟，任何有理智的人在別人告訴你這個東西會傷害大腦後，都會避開它，對嗎？

對！但是大多數十五歲的男生不是有理智的人，他們是十五歲的男生。

麥克和鄔妲該怎麼補救？當然，我認為他們一開始就應該聽從我的勸告——讓伊森留在球隊中。這有可能防止他吸大麻嗎？有可能會，可能不會。有數據顯示：參加競技性運動的**女生**比較不會吸毒，但對男生好像沒有多大的差別。

研究者發現，如果女孩參加學校舉辦、全是女生的運動，比起其他女孩，會明顯地比較不使用毒品和酒精。但是參加校外運動的女孩卻反而更容易使用毒品和酒精，尤其如果是男女混合的運動，例如衝浪。相反地，參加學校運動的男孩，例如美式足球，比起其他男孩會稍微**更**容易使用毒品或酒精。⑥

為什麼會有這個差異？為什麼學校的運動會讓女孩較不使用毒品和酒精，男孩則否？我認為這與自我概念有關。參加課外活動，尤其是競賽性的運動，可以提升女生的自我概念和自我效能：她們覺得更能掌握自己的未來。自我概念低是女生濫用毒品和菸酒最主要的危險因素。

但男生就不同了。不抽菸、不喝酒的男生不會因為這些美德而提升他的自我概念。男生喝酒嗑藥，是因為這麼做能滿足他們追求刺激的心願，並且使他們看起來很酷，打球並不會減低他們對冒險的追求心。我們可以說最會追求危險刺激的男生，也是最會參加競爭性運動的人。參加競爭性運動只是個指標，他們其實是喝酒嗑藥的高危險群。

另一方面，當伊森告訴父母運動員不會吸大麻時，我覺得他的話確實有道理。正如伊森說的，他不是運動員了，覺得沒有那麼多不可以抽大麻的限制。當然，這絕不只是因為伊森冷靜計算了吸食大麻的好處和壞處。他對父母感到很憤怒。我自己和伊森談話之後，認為他有許多理由吸食大麻：為了放鬆、和朋友一起享受、知道父母會生氣。伊森吸食大麻的部分原因是表達自己對父母的憤怒。很多父母假設青春期孩子使用毒品，就是為了反抗父母，但這個原因並不像家長想像得那麼常見。即使是真的，也很少是主要動機。不過像伊森的情況，確實是故事的一部分。

注視鏡子

我們已經呈現過男生和女生在濫用毒品及酒精上的差異，也把危險因子和防範策略都攤開來。現在讓我們看一下，有什麼具體行動可以預防你的孩子嗑藥和酗酒。

請你看一下鏡子，如果你自己酗酒，就不必浪費時間對你的孩子說教，你的話一點可信度都沒有。正如我寫在我的書《教養，你可以做得更好》中的，你無法教孩子你自己都做不到的美德。

假如你自己抽菸，你的話也不會有用。「你一天抽二十支菸，我一週才抽兩次大麻，你憑什麼來說我？」這是一個青少年對他母親說的話。做母親的本來想警告孩子抽大麻的危險，她說大麻比香菸更有害；孩子立刻舉出數據說香菸比大麻更危險，母親認為她的孩子是在胡攪蠻纏。或許他是，但是你不要在不利的地位與孩子爭論抽菸和抽大麻的壞處。

假如你過去吸過毒，不要讓你的孩子知道，除非不得已。切忌說：「我抽過大麻，這是為什麼我知道大麻不好。」因為你的孩子接下來可能會說：

- 「或許對你不好，但是你不是我，搞不好對我無害。」
- 「你做過的事為什麼我不能做？」
- 「你還不也沒事？所以它一定不像人家講的那樣糟。」

假如你的孩子質問你過去有沒有吸毒，你要誠實回答，不要吹牛、打誑，承認你的錯誤，但是不要用你先前的經驗來說服你的孩子。

酒精

一九七〇和一九八〇年代，我還在學校裡，經常聽說男生喝醉了，女孩則很少。現在的所有英語國家中，女孩和男孩同樣會使用酒精，並且飲酒過量：青春期孩子使用酒精的性別差距已經降到零了。⑦但是酒精濫用的危險，女孩受到的影響又比男孩子大。⑧

即使已經校正身高與體重之後，酒精對女孩和年輕女人的毒性，仍比對男孩和年輕男人更為嚴重。⑨喝酒過量會以不同的方式和更嚴重的程度損害女孩的腦子，同樣的酒量對同齡男孩的影響則不然。⑩有研究檢視喝酒的青春期孩子的腦部，發現一些非常令人震驚的性別差異。例如前額葉皮質是腦部牽涉到做決定、平衡危險與好處的區域，喝酒少女的前額葉皮質明顯比不喝酒的少女來得小；但是喝酒少年的前額葉皮質，卻反而比不喝酒少年來得**大一點**。⑪更新的研究印證了這個現象，並加以延伸：酒精對女孩的腦部影響和男孩不同。⑫另一個研究追蹤了喝酒的青春期孩子，從十七歲到二十九歲。他們發現，十七歲時喝酒，到了二十多歲就完全不再喝酒的女孩，比起十七歲時喝酒並長期有毒品問題的男孩，更容易罹患精神方面的疾病和比較糟糕的生活適應。⑬

研究酗酒的專家現在都很清楚知道這些性別差異了，可是一般人還不知道。我發現有些人對這些資訊會感到不自在。對他們而言，酒精對女性比對男性更為有毒的事實，聽起來好像某種性別歧視。只是假裝女孩和男孩並無二致，反而會讓女孩陷入危險。當我們談到酗酒的時候，這個現象就更加明顯了。

天翻地覆的一天

當你和孩子談到毒品時，只要講事實，不過心裡要記住，什麼事實才重要——這要看你是在跟女兒或兒子說話。

記得，女孩會從朋友那邊拿到毒品，交易通常在私人住宅中進行。你要知道女兒在哪裡、知道她的朋友是誰、和她朋友的父母談話、要求她一天中經常與你聯絡；掌握她的行蹤、確定她知道你會查勤。公開證實她說的話、讓她合作。如果她說她在梅麗莎家裡，請她用梅麗莎家裡的電話打電話給你，而不要用手機。看你的來電顯示：

電話號碼是否符合梅麗莎家的電話？確定你的女兒了解你在做什麼、為什麼這麼做。這可以幫助你女兒拒絕不安全的邀約。如果她的朋友邀她去城裡別人家，她可以告訴她們：「我不能去。我媽媽逼我從每個人家裡打電話給她，她會檢查來電顯示的號碼，會發現我不在我跟她說我會在的地方。」對於十三、十四和十五歲的女孩，這個技巧真的有用。我認識的一個女孩這樣解釋了之後，另一個女孩說：「我好希望我媽媽也那麼關心我。」

那麼，男孩呢？我的經驗是：以上對策對於大部分男孩都不管用。首先，許多青春期男孩無法接受你要求他從朋友家打電話給你。打電話回家的男孩會被其他男孩恥笑，你的兒子很快會學到這一點。第二，要記得，男孩更容易在戶外的公園裡或街上，向陌生人購買毒品。所以，知道兒子去了誰家並不那麼重要。

關於毒品教育，過去三十年的證據顯示，教育男孩、教他毒品的危險，是在浪費時間；相反地：強調毒品有害、會對腦子造成驚人影響、會造成傷害的說詞可能有反效果。這個方式反而會讓追求刺激的男孩更感興趣。要記得，這些男孩會沒上過課就在陡峭的山坡上滑雪板。

那麼，什麼會對男孩有效呢？我的建議是清楚而一致的紀律。告訴你的十四歲兒子：「如果我逮到你喝酒、抽菸或使用任何毒品，我們就會把電玩機器鎖起來三個月，而且你晚上不可以出門。」很多青春期少年重視移動的自由和獨立性。告訴你十五歲的兒子：「如果我發現你吸毒，你到十八歲才可以開車，而不是十六歲。」告訴你十七歲的兒子：「如果發現你喝酒或吸毒，我會沒收你的汽車鑰匙半年。**至少**半年。」這些標準可能看起來很嚴厲，但是它們能夠拯救生命。這些策略對男孩管用。

我所認得的家長都不認為他們的孩子會吸毒，別人的孩子有可能，但是我的孩子不會。然後有一天，媽媽發現兒子的褲子口袋裡有吸食毒品的捲菸紙，或是爸爸在女兒的電腦中發現了不該出現的電子郵件。

你該怎麼辦？

第一：說清楚什麼不可以做，並徹底執行。

第二：提供替代方案。

發布禁令。無論你的孩子是女兒或兒子，都需要跟他說清楚，你絕對禁止使用非法藥物。

提供健康的替代物。什麼替代物有效呢？這要看我們說的是女孩還是男孩。如果你的女兒抽菸放鬆，你需要協助她找其他的放鬆方式；如果你女兒使用朋友的甲磺酸賴氨酸安非他命減肥，你需要提供更安全的減肥方法。更好的是協助她接受自己的樣子，將重心移到別處，而不是一直注意自己的外表。（請參考我的書《棉花糖女孩》，裡面有更多策略，可以有效協助過於在意自己外表的女孩。）

假如你的兒子喜歡冒險，他以吸毒達到感官的高潮，你需要幫助他找到比較安全的、健康的刺激高潮方式。你和他可以看一看滑雪板，玩滑雪、山路自行車、越野摩托車、爬山或攀岩。

「等一下，」你在想，你才發現你的兒子吸古柯鹼，現在我卻叫你買雪車給他玩或越野機車給他騎，你是叫我獎勵孩子的吸毒行為嗎？難道他不該被懲罰嗎？

我不是說你不能管教你的小孩，但是光憑懲罰是不夠的，你必須給他一個替代的方式、另一個出口。正向的替代方式會減輕女兒的傷害、滿足兒子尋求刺激的欲望。

我從父母那兒聽到另一個反對聲音就是：我所建議的都太危險了。你的兒子滑雪、騎越野機車時可能會摔斷腿或跌破頭。

這是真的，但這些危險是健康的危險。當你的兒子讓毒販把針頭刺進他的血管時，則是進入一個更危險、更黑暗的世界。

第8章

社交媒體與電玩遊戲

傑森十六歲。他的妹妹桑妮雅十四歲。他們生在穩定的家庭，有關愛他們的父母。爸媽注意到傑森在學校不夠認真，成績也在下滑。他把大部分的閒暇時間拿來玩《俠盜獵車手》或《決勝時刻》之類的電玩，或是上網搜尋女孩的照片。

另一方面，父母都為桑妮雅感到驕傲。她是優等生和運動員，而且有很多朋友。但當我見到桑妮雅時，她告訴我她睡得不好。她半夜醒來，因為晚飯吃了一整塊披薩而感到內疚。她經常心悸和呼吸不順。為了不讓父母看到，她開始偷偷地用刮鬍刀刀片割傷大腿內側的上半部分。她沒有把這些告訴父母。從表面上看，她很完美，但她內心覺得自己快要崩潰了。

她的哥哥傑森卻非常快樂。他可以毫不後悔地吃掉一整塊披薩。他睡眠沒有困難，事實上，他的父母不得不在某個星期六中午把他從床上踢下來。他喜歡在閒暇時間和兩個跟他一樣的朋友一起打電玩、在網上看女孩子的照片。

傑森和桑妮雅都把大部分的閒暇時間拿來盯著螢幕看——在二十年前這是不可能的事。傑生正在玩高速線上遊戲，並看著高解析度的女孩照片；桑妮雅則在 **Instagram** 上貼文並透過 **Snapchat** 發送照片；這兩款應用程式在二〇一〇年之前都不存在。兒童和青少年的生活歷程劇烈地改變，變化發生得非常快，對男孩和女孩的影響也不同。

想像一個生活在古早時代的女孩——我指的是一九九二年——她在她的臥室裡。

她在寫日記，也就是說，她是用筆在一本裝訂滿空白頁的簿子上寫字。她在寫她不喜歡誰，為什麼她不喜歡他們，以及她真正喜歡的那種女孩，她希望成為的那種女人。她一晚上可以寫五頁。她不會把那五頁紙給任何人看。如果她有個兄弟，她甚至可以把日記鎖起來。但她正在做一件重要的事：她想搞清楚自己是誰，與她真正想要的是什麼。

弄清楚你真正想要的不是小事。美國心理學家馬斯洛（Abraham Maslow）博士認為，許多成年人就從來沒有弄明白這一點。他們很痛苦，因為他們在做自己不喜歡的工作、去追求對自己沒有意義的目標。所以這個活在二十世紀九〇年代、寫著日記的女孩，在做一件有意義的事；她在與自己溝通。

現在快轉到現代。今天很少看到孩子們寫日記。當我遇到中學生或高中生時，我經常問他們，「誰在 Instagram 上？」幾乎所有的手都舉起來。「誰在 Snapchat 上？」所有的手都舉了起來。「誰有日記？」沒有人舉手。然後我說：「讓我們衍伸一下日記的定義；它不必是一本裝訂空白頁的簿子。讓我們把日記定義為任何你經常用來書寫的東西，即使它只是你平板電腦上的一個檔——它是**私人**的。它不是學校的作業、沒有人會看到它，像這樣非常寬泛地定義日記——任何你偶爾寫的東西，不管是電子的還是其他的，沒人會看到的——誰有日記？」還是沒有人舉手。然後，在一個有三百個孩子的禮堂裡，一個女孩舉起了手。①（順便說一句，我並不是說寫部落格的孩子有什麼不對。但這些部落格不是日記。它們有不同的功能；它們仍然是一種公開的表演，而非私人的自我探索。）

社交媒體已經取代了許多女孩生活中的日記。沒有足夠的時間同時做這兩種事；每個人都很忙，而社交媒體尤其重要，因為其他孩子都在看。

女孩和男孩使用社交媒體的方式不同：一個男孩和一個女孩都去看了足球賽。他們倆都在足球賽時拍照，但男孩更有可能拍下比賽的照片，或者是漂亮的啦啦隊隊長照片。女孩則把手機轉向自己，在比賽時拍了幾十張自拍照。那天晚上，她翻看了幾張自拍照，發現有兩三張她在笑，她周圍的孩子也在笑，她就把這些照片發到 **Instagram** 上。「我在看比賽。我們玩得很開心。」如果你不喜歡約伯那張漂亮的啦啦隊隊長照片，他可能不在乎。但如果你不喜歡蜜雪兒的自拍照，她會非常認真看待。所以蜜雪兒經常熬夜到半夜，為 Instagram 修她的照片。

這些差異在「性」相關方面尤為明顯。女孩比男孩更有可能發布自己穿比基尼的照片；男孩們更有可能曬出自己拿著新獎盃的自拍照，或是把重點放在他們**做過的事情**上，而不是他的**長相**。如果你不喜歡傑克炫耀他新買的五十五吋平板電腦的自拍照，他可能也不在乎。但如果你不喜歡艾希莉穿著新比基尼的照片，她更有可能認為這意見是針對她個人的。

越來越多的女孩會在 **Instagram** 這樣的社交媒體網站上發布挑逗性的照片。而女孩也比男孩更有可能發布自己性感或挑逗的照片。②在社交媒體網站上，性的雙重標準如今已是變本加厲：女孩們在性方面感到壓力；男孩則不會。③在最近一項關於 **Instagram** 自拍的研究中，十幾歲的女孩更傾向於發布性感的姿勢（仰臥等），而男孩更傾向於發布自己舉起重物、秀肌肉等的自拍。女孩們也比男孩們更有可能貼出自己脖子以下的身體照片，甚至完全沒拍到臉。在 **Instagram** 上，如果你是女孩，看起來真正重要的是你脖子以下的部位。④在某些方面，社交媒體給女孩們造成了一種雙輸的局面。如果一個女孩不願意屈服於壓力、發布挑逗性的照片，男孩可能會說她假正經。但如果一個女孩真的上傳了自己的性感照片，最近的研究表明，其他女孩會認為她沒那麼值得交朋友，社交能力也比較差。⑤

男孩比女孩更可能在社交媒體上發布各種各樣的生活經歷，女孩們貼出的生活層面則狹隘得多。同樣是生病、而且嘔吐了，小男孩可能會把嘔吐物的照片發到 **Instagram** 上，女孩們則幾乎不會這樣做。

在理解男／女孩使用社交媒體的不同後果時，還要考慮另一個因素：男孩往往高估自己有多帥；他們自認比同齡的男孩好看。⑥相較於同齡人對她們的評價，女孩更可能認為自己不吸引人。隨著孩子進入青春期，女孩對自己的身體越來越不滿意，而男孩則對自己的身體越來越滿意；⑦女孩比男孩更容易注意並記住自己的錯誤，⑧男孩則比女孩更容易高估自己的生活相較於別人來說是多有趣。⑨

現在把這些發現放在一起，想像一個獨坐在臥室裡的十一、十四，或者十七歲女孩，正看著其他女孩在 Instagram 或 Snapchat 的帖子。艾蜜莉在看足球賽。艾希莉在派對上。凡妮莎帶著她的小狗；不是很可愛嗎？她想：「我只是坐在我的臥室裡，無所事事。我的生活糟透了。」你在社交媒體上花越多時間拿自己和別人比較，就越有可能變得抑鬱。女孩和男孩都是這樣，但女孩受到的影響比男孩大得多。⑩

當你把所有的研究放在一起看，就會明白為什麼社交媒體對女孩比對男孩更有害。女孩比男孩更有可能發布自己的性感撩人照；⑪女性和女孩對社交媒體的投入更多：與男孩和男性相比，她們花在社交媒體上的時間更多，發短信的時間也更多。⑫男孩們更可能在閒暇時間玩線上遊戲，而不是在 Instagram 上把關或美化他們的自拍。⑬（線上遊戲自有其風險，我們稍後會講到。）當一個男孩看著約伯的嘔吐物照片時，不太可能想跟約伯一樣；但一個看著凡妮莎可愛的小狗和艾蜜莉在足球賽上自拍照的女孩，可能會認為凡妮莎和艾蜜莉的生活真的比她更快樂、更有趣。

那麼，如果你有一個女兒，你應該怎麼做呢？

首先向她解釋，每個人的生活都混和了快樂與悲傷、成功與失望。對於大多數經歷過生活的人來說，悲傷總是多於快樂，失望也多於成功。解釋一下，幾乎每個人都是這樣，即使是只在 Instagram 上發布有趣和快樂事物的艾蜜莉。這不是什麼新觀點。佛教的第一崇高真理是：生命是痛苦的；面對自己即將來臨的死亡，蘇格拉底教導他的學生，真正的哲學是由對自己死亡的**快樂**沉思構成的。⑭保羅寫信給哥林多的信徒，告訴他們他「雖然憂愁，卻常常滿心喜樂」（《哥林多後書》6:10）。

你怎麼能這麼做？當你有理由悲傷時，你怎麼能滿心快樂？你會在生活中經歷許多失望；你會看到你所愛的人死去，你也會死去。這就是你的真實。也是我的真實。那麼，我們怎麼能選擇快樂地生活呢？我認為這是任何嚴肅的哲學或成熟的宗教都要面對的第一個問題。但這個坐在自己臥室裡、看著其他女孩的 Instagram 和 Snapchat 的女孩，不會邁出通往成熟的第一步，因為她仍然認為凡妮莎和艾蜜莉玩得很開心，她是唯一一個感到無聊的人。多麼令人沮喪、孤獨。

因此，你的策略之一是跟她聊聊，解釋每個人的人生都是快樂和悲傷的混合體，不要被其他女孩在社交媒體上表現自己的方式所誤導。但光靠談話是不夠的。你還必須管理和指導你的女兒（當然也包括你的兒子）如何使用社交媒體。我鼓勵你安裝應用程式和監控軟體，如 Net Nanny 或「我的移動監控器」（My Mobile Watchdog）。這些程式能使你更容易幫助你的兒子或女兒養成良好的習慣，而不是每天花幾個小時在社交媒體上。你可以利用這些應用程式來限制孩子花在任何特定網站或應用程式上的時間，比如 **Instagram** 或 **Snapchat**。我建議每天不超過二十到三十分鐘。

一些家長完全禁止訪問這些網站。我理解他們的理由，但不認為這種方法適用於所有家庭，甚至大多數家庭。對於今天的許多女孩來說，**Instagram** 是與朋友交流的主要方式。我了解這情況。每天二十分鐘已足夠登錄、獲取資訊、回復和登出。

父母必須主動設定限制。要求你十四歲的女兒主動承擔是不合理的。當她的朋友說，「嘿，你為什麼沒幫我昨晚在 **Instagram** 上發的照片按讚？」她該怎麼回答？你可不能指望一個十四歲的女孩說出像是「研究人員發現，一個十四歲的女孩在社交媒體上花的時間越多，她就越有可能變得抑鬱」這種話。你必須允許她說，「嘿，我討厭的爸媽給我裝了某某應用程式，它會在二十分鐘後把我踢出去；我今晚再登錄時的第一件事就是按讚你的照片，我保證。」

如果你對管理和指導孩子使用社交媒體感到不舒服，那麼我建議你讀一讀我的《教養，你可以做得更好》。我在書中探討了支持和反對權威教育的論據；我不會在這裡重複這些觀點，只是要說，做孩子最好的朋友不是你的工作。有很多女孩可以成為你女兒最好的朋友，但她們不能控管你女兒花在社交媒體上的時間，不過你可以，而且你必須這麼做。

除了限制你的女兒或兒子花在社交媒體上的時間，我還建議你「禁止在臥室上網」。臥室裡沒有平板或螢幕、沒有電子設備。在今天典型的美國家庭中，當孩子們回家後，他們通常會直接進臥室，只在吃飯時間有機會見到他們；這太瘋狂了，如果孩子更常把時間花在臥室裡獨處而非和家人在一起，還稱得上什麼家庭呢？堅持讓你的女兒或兒子在諸如廚房或客廳等公共空間，做任何他們會上網做的事情，臥室裡只應該有床：沒有電視，沒有遊戲機，沒有螢幕，也沒有電子設備。這不僅僅是我的觀點，也是美國兒科學會的官方建議。⑮

臥室禁令通常會帶來意想不到的好處。我聽到很多家長告訴我，他們的女兒或兒子說，為了完成學校的所有作業，他們必須熬夜到半夜或更晚，而且大部分作業必須在電腦或網上完成。一旦把電腦移進廚房裡，爸爸在廚房桌子的一邊用電子設備回覆電子郵件，女兒在另一邊在用電子設備做她的家庭作業，而她在八點半就做完了。關於熬到半夜寫作業這件事，女兒並沒有撒謊：她只是沒意識到自己花了多少時間在社交媒體上，或在網上購物。但是當父親與她在同一個房間裡、相距不過幾呎之遙，她上網、寫完作業，接著就可以準備上床睡覺了。

電玩遊戲

我們已經看到，女孩比男孩更容易受到社交媒體的毒害；相反地，男孩可能比女孩更容易受到電玩遊戲的不良影響。首先，一般男孩打電玩的時間明顯多於一般女孩。⑯男孩比女孩更有可能為了電玩而犧牲現實世界的社交活動，或為了電玩而不做作業。⑰男孩玩**暴力**電玩的可能性是女孩的兩倍。⑱即使男孩和女孩花相同的時間玩相同的電玩，男孩大腦中「反應」的區域相較於女孩也不同，主要研究人員因此得出這樣的結論：相較於女孩，電玩遊戲可能對男孩來說回饋更大，而且更刺激。⑲

如果你在過去十年沒打過電玩，可能不會明白科技的進步讓有些電玩多容易成癮。現在，一個男孩可以在電玩中爬到坦克上、在他的坦克輾過殘破建築的瓦礫堆時感受三百瓦的隆隆重低音響、享受用鈾彈毀滅敵人前哨站時勝利的快感——或是幾乎同時被三輛敵軍坦克轟炸的失敗痛苦。但說失敗的痛苦也不是很嚴重，因為他知道只要點擊「重新開始」就可以從頭再來一遍。⑳

今天，任何一個有辦法高速上網的男孩，都能與另一個城市或地球另一端的玩家做即時對戰，先進的頭戴式耳機可以讓男孩們組隊參與模擬的線上戰鬥，利用高科技的虛擬武器協調安排對敵方戰士的伏擊。在你兒子花了兩個小時領導一個小隊的戰士襲擊恐怖分子總部、從耳機發出指令給線上的同志們，並奔過虛擬的槍林彈雨後摧毀敵人的發電機……相較起來，看教科書學習西班牙語語法真是很無聊的事。虛擬世界是快速移動的、互動協作的，而且有趣。

而且很**英勇**。多年來，索尼**PS4**遊戲機的主打廣告口號就是「偉大即在前方」（Greatness Awaits）。索尼的官方廣告提供了一些見解。當特技效果在他周圍爆炸時，年輕的演員直視鏡頭說：「你怎能甘於平凡？你怎能沒沒無聞？你——你的名字應該得到恭敬的尊稱，還是被驚恐地低喃呢！」[21]在現實世界中，你可能只是一個在學校表現不佳的普通無名小卒，但在電玩世界裡，你可以很偉大；你可以是英雄。

我有幸在新墨西哥州舉行的全國青少年司法專家會議上做了主題演講，主題是「浮萍男孩」——在現實世界中表現不佳的男孩、未盡全力的男孩，與不夠積極的男孩。（《浮萍男孩》〔*Boys Adrift*〕也是我第二本書的書名）。在我的演講之後，有個小組討論，小組成員中有位羅梅羅（John Romero）法官，他也是新墨西哥州第一大城阿布奎基（Albuquerque）少年法庭的首席法官。當時，羅梅羅法官也主持了一個針對緩刑男孩的治療計畫。羅梅羅法官談到他碰到多少十幾歲的男孩因為暴力犯罪而被定罪，它們通常與幫派有關。他分享了自己是如何在沒那麼正式的治療計畫環境中——沒穿長袍，也不在法院——與這些男孩的交談。羅梅羅法官問男孩們：「你們為什麼要這樣做？你們看起來都很聰明，難道不明白加入一個幫派並牽扯進幫派暴力，很有可能害你們被殺或是入獄、害你們更難從高中畢業或是找到一份好工作嗎？」羅梅羅法官承認他花了好些時間，在聽了這些男孩的話一年多之後，才明白他們在說什麼。他告訴我們，**這些男孩希望在他們的同齡人和他們自己眼中被視為英雄**。幫派明白這一點。幫派給了這男孩一把槍和一個任務；殺死敵對幫派的老大。如果這男孩成功了，他就是英雄。如果他在戰鬥中犧牲了，他還是英雄。如果他被警察逮捕並送進監獄，他仍然是英雄。如果他臨陣脫逃，他就是膽小鬼。這是男孩可以理解的挑戰。

我們都點點頭。但隨後，羅梅羅法官直視著觀眾，「這裡的大多數人都不住在貧民區。」他指的是大部分阿布奎基幫派的據點，即那些講西班牙語的低收入社區。「你們很多人可能會想，『我很高興這情況不適用在我身上，我兒子晚上都待在樓上的臥室裡。』但你成長在郊區的兒子和這些住在貧民區的孩子之間，差異並沒有你想像的那麼大。最大的不同可能是，在貧民區的男孩是拿真槍執行實際的暴力，而你那在樓上玩《俠盜獵車手》或《決勝時刻》的兒子，拿的是假裝的槍在執行假裝的暴力。不過，潛在的動機是一樣的。在這兩個例子裡，男孩都不太關心在現實世界、學校裡取得的成就，而更關心完成他的使命——無論是在電玩或是幫派世界裡——並給他的同伴留下深刻印象。在這兩個例子中，男孩都試圖向朋友和自己證明，他是一個真正的男人。」

男孩想要成為男人、把自己視為男人。如果我們不給他們更好的指引，告訴他們如何以建設性的方式做到這一點，他們就會向同儕看齊，結果可能是生於貧民區的男孩們沉迷於幫派暴力、生在較富裕環境中的男孩每週花很多時間打暴力電玩。在最後一章，我將談到更多我們個人和整個社會可以做些什麼，來幫助男孩成為好的男人。

法庭的裁決

我們已經看到，男孩玩暴力電玩的可能性至少是女孩的兩倍。現在有證據表明，像《俠盜獵車手》和《決勝時刻》這樣的暴力電玩，其影響與非暴力電玩如《祖瑪》（*Zuma*）和《俄羅斯方塊》（*Tetris*）有質的區別。[22]玩暴力電玩的年輕人會改變他們的大腦，對暴力變得麻木，這在玩非暴力電玩的年輕人身上是看不到的。[23]暴力越真實，影響就越大。[24]經月或經年地玩暴力電玩似乎會導致更有攻擊性的行為，以及更有攻擊性的想法和感覺，與同理心的減少；但對於玩非暴力電玩的人就不是這樣。[25]

那些每週花很多時間玩暴力電玩的男孩更容易脫離現實世界。這領域最受敬重的研究員之一，安德森（Craig Anderson）教授指出，暴力電玩與反社會行為關連的證據強度，與二手煙和肺癌或鉛中毒和影響嬰兒期智力等的關聯一樣強烈。安德森教授還指出，現在圍繞電玩遊戲的爭議，讓人想起了上世紀六〇年代對吸菸或七〇年代對鉛中毒的爭議。畢竟，許多吸菸者就是不會得肺癌，而有些肺癌患者則不吸菸或沒接觸過二手菸。同樣地，不是所有每週玩二十小時電玩遊戲的男孩都會與現實世界脫節，也不是所有與現實生活脫節的男孩都沉迷於電玩。但安德森教授很堅定：我們不能忽視電玩遊戲帶來的顯著風險。㉖

加州的立法者聽說了這項研究，而且特別在意玩極端暴力的電玩遊戲會改變兒童及青少年的性格、使孩童變得更不關心他人、更有敵意的研究。他們認為：「應該要有一條法規才對。」因此，他們制定了一條法案，將商店直接向十八歲以下兒童出售最暴力的電玩遊戲定為民事違法行為，最高可處以一千美元的罰鍰；如果父母願意，他們仍然可以購買暴力電玩並讓孩子們玩，但法律將禁止孩子在父母不知情的情況下進商店購買那些極度暴力的電玩遊戲。當時的州長阿諾·史瓦辛格簽署了這項法案。

但這從未奏效。有美國公民自由聯盟（ACLU）撐腰的電玩遊戲產業迅速提起訴訟，稱加州的法案侵犯了電玩遊戲公司的第一修正案（First Amendment）言論自由權。這個案子被提交到美國最高法院，在已故大法官斯卡利亞（Antonin Scalia）撰寫的一份裁決中，最高法院做出了有利於電玩遊戲產業的裁決，判加州的法案無效。

阿利托（Samuel Alito）法官也表達了他對暴力電玩的擔憂。他同意加州立法者的觀點，「電玩遊戲的體驗（以及打暴力電玩對未成年人的影響）可能與我們見過的任何事物都大不相同。」他對電玩遊戲中「大量受害者被各種可以想像得到的工具殺死，包括機關槍、獵槍、棍棒、錘子、斧頭、劍和鏈鋸；受害者被肢解、斬首、剖腹、焚燒、切成小塊，他們痛苦地叫喊，乞求憐憫。血液噴湧，飛濺，成河。被切下的身體部分和大量的人類遺骸被生動地展示出來。在一些遊戲中，點數不僅基於被殺的受害者數量，還基於所使用的殺戮技巧」[27]感到駭然。

阿利托法官理解立法者和為該法案奔走的家長們的擔憂。但他和斯卡利亞法官一起裁定，決定孩子們玩什麼遊戲不是加州議會的工作。這是父母的工作。

沒有法律禁止任何孩子購買任何電玩遊戲，無論遊戲可能會鼓勵玩家變得多麼暴力或邪惡。由於最高法院的裁決，美國不可能出現這樣的法律。

沒有人能代替你做這項工作。**你必須知道你的孩子在玩什麼遊戲**。當你的兒子玩電玩時，不要期望有隱私。你應該仔細觀察他，以確保遊戲符合安全標準（我們稍後將討論這些標準）。如果你的兒子要去朋友家，你必須問他們是否會打電玩，如果是，那麼你必須查明對方父母是否和你一樣擔心暴力電玩。如果他的父母不知道你在說什麼，或者他們甚至不在家，那麼你必須告訴你的兒子，「不，你不能去那個朋友家裡。」

那麼該為現實世界做什麼準備呢？現實生活需要的技能與精通電玩需要的技能截然不同。想像一個二十多歲的年輕父親，試著安慰他哭泣的女兒。沒有按鈕可按，沒有光子魚雷可發射，正確的做法可能只是搖一搖嬰兒，加上哼一曲搖籃曲。最需要的美德可能不是操作遊戲機那閃電般的技術，而僅僅是……耐心。如果你需要和一個好鬥的同事相處，你最需要的美德可能不是驚人的速度，而是……耐心。在大多數電玩遊戲中，對付難纏角色的最好辦法是用火箭推進式手榴彈把他們蒸發掉；在現實世界裡，你最需要的不是高科技的致命武器，而是耐心。

過去幾代人對男孩和男人的刻板印象是擅長教導耐心等技能。三十年前，甚至五十年前，男孩和男人一起打獵和釣魚是很普遍的。和有經驗的漁夫一起釣魚的孩子很快就會明白，一個好的漁夫必須耐心地等待。這種耐心對年輕的父親很有幫助。但電玩遊戲不能教會你這種耐心。

那麼你應該為你的兒子制定什麼樣的規則呢？安德森教授根據已發表的研究提供了一些實用的指導方針。㉘他首先建議你：要麼自己把遊戲玩一遍，要麼去看別人怎麼玩。然後問自己這些問題：

- 遊戲中是否有試圖傷害他人的角色？
- 這種情況是否經常發生，三十分鐘內就發生一、兩次以上？
- 傷害他人有任何回饋嗎？
- 傷害他人被設定成幽默或是有趣嗎？
- 非暴力解決方案是否比暴力解決方案更缺乏「樂趣」？
- 遊戲中是否沒有暴力的實際後果？

如果你對其中兩個或兩個以上的問題的回答是肯定的，那麼安德森教授建議，不應該允許你的兒子玩這個遊戲。首先要考慮的不應該是每天或每週允許你的兒子玩這些遊戲多少時間；第一個問題應該是他到底可以玩什麼樣的電玩遊戲。家裡不應該允許他玩獎勵反社會攻擊行為的暴力電玩——像是《俠盜獵車手》。「反社會攻擊」是指殺害員警或妓女等、與所有可接受的社會行為背道而馳的攻擊。

我之前提到的另一個問題是，打電玩會取代掉哪些活動。如果你的兒子為了花更多時間玩電玩，而忽略了他與非電玩同伴的友誼，那麼他就花太多時間在電玩上了。如果他為了電玩而拒絕與家人共進晚餐，那也不可以接受；他需要你幫助他分清楚輕重緩急。

那麼十幾歲的男孩和女孩之間的關係呢？令人驚訝的是，尤其是對我們這些年過三十的人來說，今天許多男孩似乎更喜歡打電玩而不是和女孩在一起。維吉尼亞州亞歷山德里亞市（Alexandria）威廉姆斯高中（T. C. Williams High School）的威爾許（Mr. Welsh）老師，就聽過許多類似的故事。學校裡的女孩告訴他，在派對上女孩們「經常完全被無視，因為男孩們會圍著電視螢幕，沉迷於這個或那個電玩。」三年級學生凱爾（Sarah Kell）說：「女孩們坐在那裡看男孩們打電動，直到玩膩了才開車出去找點其他事做。」對凱爾來說，這些遊戲有的「愚蠢無聊」，有的「令人作嘔」。「我們想告訴他們這是在浪費時間，但他們還是樂此不疲。有些人平日的晚上玩遊戲到凌晨三點，然後才開始做作業。」㉙

比起女孩，男孩更喜歡電玩遊戲？《紐約時報》的一名記者與許多大專院校的學生談過，發現很多年輕人似乎對打電動比和女朋友在一起更感興趣。記者採訪了一名女大學生，她和一個男孩分手「部分原因是受不了他每天要打四個小時的電玩」。「他說他想把每週的工作時間減少到十五個小時。我說：『我光是花在實習的時間就是每週十五個小時，每個月還能拿到一千三百美元。』所以我現在的座右銘是：我不會和任何打電動的傢伙約會，因為他們選擇浪費他們的時間和耗盡他們的生活。」㉚

今天，一個大學生擁有前所未見的異性交往機會；與他的父親或祖父不同，他很可能就讀於一所男性人數少於女性的學校，即使不是最帥或特別受歡迎的男孩，現在也有很好的機會找到願意接受他們求愛的年輕女性。然而，正如《紐約時報》在頭版報導的那樣，大學的行政人員報告說，越來越多的年輕男性對結識年輕女性（或結識其他男性）沒有興趣。他們不想見任何人。他們只想「呆在自己的房間裡，不和任何人說話，打電玩直到凌晨……（有些人）曠課，直到休學或退學。」[31]

以下是一些關於如何正確使用電玩的指引，特別是根據安德森教授的研究成果：

- **電玩內容**：你不應該讓你的兒子玩某類電玩，比方玩家在殺死警察或非戰鬥平民時會得到獎勵；電玩遊戲產業本身就提供了一個遊戲分級制，將這類反社會暴力的「成熟」級別定為M級。M級遊戲不應該賣給十八歲以下的人或給他們玩。但僅僅因為一款遊戲被評為「青少年」的T級，也不能保證它就適合你的兒子。你必須更熟悉這類T級電玩。即使是適合所有一般大眾玩的E級電玩也不保證安全無虞，事實上，安德森教授的團隊已經發現，一些E級電玩比某些T級遊戲更暴力，也導致更多的暴力行為。[32]
- **時間**：上學期間每晚不超過四十分鐘，其他日子每天不超過一小時——這是在做完家庭作業和家務之後。時間本身不可以任意累積。如果你的兒子連續三周都沒打電玩，也不表示他可以在週六玩上八個小時。這是玩到吐，跟酒喝到吐一樣是不健康的。

- **轉移活動**：確保你的兒子知道他的優先順序。家庭是第一位、其次是功課和家務，朋友是第三，電玩的排名要往更後面。如果在你家裡，大多數家庭成員仍然會坐下來一起吃晚餐，那麼和家人一起坐著吃飯應該比玩遊戲更重要、比打電話給朋友更重要，甚至比完成一份作業更重要。家庭作業要比和朋友聊天或打電動重要，而接聽朋友的電話又應該比打電動重要。

「我不退出」

管理和指引你兒子如何接觸電玩是個好主意，但這只是挑戰的一半。你想幫他找到更有建設性的替代方案。在某些情況下，競技體育可能提供這樣一個出口。什麼樣的課外活動和愛好是這種男孩的最佳選擇？這個特別的男孩怎樣才能最好地滿足他經受考驗和勝利的欲望呢？

讓我分享一位病人的經歷。十二歲的亞倫．格羅斯曼（Aaron Grossman）是個狂熱的電動玩家。他的行為近乎上癮；順便說一句，上癮的一個關鍵特徵是**失控**：男孩知道他不應該花這麼多時間打電玩，他甚至可能不想玩那麼久，但覺得自己就是忍不住。所以亞倫每天花三到四個小時打電玩，大部分是像《瘋狂橄欖球》（Madden NFL）這樣的體育遊戲。當他的父母問他是否願意嘗試踢真正的足球，他拒絕了，說他不感興趣。

他的父母珍妮佛和大衛，決定無論如何都要幫亞倫報名加入美式足球隊——波普華納美式足球（Pop Warner football）。他們沒有問亞倫，只說他得參加；我認為父母能稍微強制男孩參與這種活動的年紀，最晚就到十二、十三歲了。如果你開車帶一個十六歲的男孩去參加一個他不想參加的活動，他可能會直接下車走開。但亞倫的父母判斷正確：他們的兒子還小，願意服從他們的要求去練習。

當亞倫置身於這些拚命奔跑、踢球、投擲和接球的孩子中間，他也加入了。畢竟，波普華納美式足球第一天的進程和學校的體育課沒有太大差別；他很熟。

第一天回家的路上，珍妮佛明智地沒有問亞倫覺得好不好玩。問亞倫是否玩得開心，幾乎等同於讓他承認自己錯了，而他爸媽是對的。她只說：「明天上午十一點開始練習，對吧？」

他點點頭。

每天都有練習，從週一到週五，有時會持續幾個小時。天氣相當炎熱。第二周，孩子們穿上裝備：頭盔、墊肩，全副武裝。媽媽第一次看到另一個男孩把亞倫撞倒在地時，倒抽了一口冷氣；但亞倫立刻站起來，小跑著回到教練說下一次要衝刺的地點。

第二天是第一次混戰。亞倫被撞倒好幾次，有一次還非常慘。那是一個悶熱的八月天。回家的路上，亞倫顯然又累又熱。沉默了幾分鐘後，他媽媽終於開口：「亞倫，如果你想退出，沒關係。爸爸和我很欣賞你的努力。」

亞倫搖頭。「教練可以把我踢出球隊，」他說，「但我才不要自己退出。」

這句話太老掉牙了，讓人想起理察．吉爾（**Richard Gere**）在電影《軍官與紳士》（***An Officer and a Gentleman***）中對小路易士．戈塞特（**Louis Gossett Jr.**）說的話；媽媽幾乎笑出聲來。但她想兒子大概從沒看過這部電影；他是認真的。

亞倫在美式足球賽期間完全沒碰電玩。當球季在十一月告一段落，他的球隊沒能進入決賽，他說，「也許明年吧。」

賽季結束後，他又開始斷斷續續地玩他的《瘋狂橄欖球》，但每天很少超過三十分鐘。「這跟真的不一樣，」有一天他不由自主地告訴媽媽。那一刻是他最接近感謝父母為他報名參加真實世界美式足球賽的時候。

有無病識感

當心理學家說客戶有良好的「病識感」時，他們的意思是客戶了解情況，而且理解該做什麼。有些男孩對他們放不掉電玩有病識感，其他則不然。

約伯就沒有。父母帶他來辦公室見我的時候，他二十二歲，儘管智力高於平均水準，但他在高中時成績平平。他勉強畢業了，現在每週工作幾個小時，幫忙他父親獨立承包商的工作。約伯完全沒有野心，這讓他的父母很擔心。除了父親偶爾提供的工作外，他沒有其他工作；沒有高中以上學歷，對繼續升學、接受職業訓練或其他教育都不感興趣；沒有對未來的計畫。他的父母也擔心他缺乏社交生活：他沒有女朋友，甚至沒有朋友。

我們四個人在一起：約伯、他的父母和我。他的父母先開口。「我一直在網上搜索，而我很擔心，」他的母親說。「他沒有野心。沒有朋友。對這些都漠不關心。我上網查了一下，不止一個網站提到了思覺失調症的可能性。」

我點點頭，雖然覺得他不大像患了思覺失調症。聽了幾分鐘家長的話後，我轉向約伯。「你閒暇時間最喜歡做的事是什麼？」我問他。

他哼了一聲。「**你**覺得咧？」他說。

「我不知道，所以才問你，」我說。

「嗯，這要看情況，」他說。「如果我一、兩天都沒手淫的話，就是自慰。但你不能整天手淫。相信我，我試過，還不止一次。所以當我不手淫的時候，我就會去打電玩。」

「你每天花多少小時打電玩？」我問。

他再哼了一聲。「能玩多久就玩多久，」他說。

「那，過去七天呢？」我問。我們四個人接下來開始搞清楚過去的七天，約伯每天都做了些什麼，並盡他們可能地回想。我們的結論是，他在過去七天裡至少花了四十個小時打電動。這相當於一份全職工作的時間了。他最喜歡的遊戲是暴力電玩，如《最後一戰》（*Halo*）、《魔獸世界》（*World of Warcraft*）、《俠盜獵車手》和《刺客教條》（*Assassin's Creed*）。

「你覺得有問題嗎？」我問約伯。

「一點也沒有，」他帶著迷人的微笑說。

「誰是你最好的朋友？」我問。

「我有幾十個。你想讓我從誰開始說？」他回答。

「告訴我你三個最好朋友的名字。」

「他們的名字，還是他們的遊戲代號？」

「最好是真名，」我說。

「哦，喬納森，」他說。

「你最後一次見到喬納森是什麼時候？」我問。

「我從沒見過喬納森，」約伯說。「他住在新加坡。他是我《魔獸世界》的公會成員。」

「你上次邀請朋友來家裡是什麼時候？」我問。

「啊，我明白你的意思。虛擬世界不如真實世界好，對吧？你是這麼想的，對吧？」約伯說。

「是的，這很公平，」我說：「我確實認為，現實世界中的人際關係比網路或虛擬世界中的人際關係更重要。你最後一次有朋友來家裡是什麼時候？」

約伯沒有回應。「好久以前了，」他媽媽停了一會兒後回答。

「好幾年，」他的父親開口。

經過四十分鐘的評估，我已經準備好提出建議了。「我沒有看到任何表明約伯患有精神分裂症或其他任何主要精神疾病的證據，」我說。「他看起來既不焦慮也不沮喪。我認為電玩遊戲和其他網路活動，已經取代了他在現實世界中的活動。他花了太多時間坐在電腦螢幕前面。」

「我也是這麼想，」他的父親說。「但是我們能做些什麼呢？」

「如果約伯的年紀更輕些，比方是十歲而不是二十二歲，施加一些限制還算合理；如果他只有十歲，你可以讓他每天玩三十到四十分鐘的電玩。但以我的經驗，到現在這個年齡就行不通了。」

「為什麼？」母親問。

我轉向約伯。「如果你的父母把你每天打電動的時間限制在四十分鐘以內，你會在四十分鐘後關掉遊戲嗎？」

另一個不以為然的哼聲：「想都別想，」他說。「四十分鐘後我才正要開始呢。」

「我也是這麼想，」我說。「如果你打算在比賽進行到一半時關掉遊戲，一個二十二歲的人會感到不安。」

「這麼說還算保守的了，」約伯說，然後他們三個——約伯和他的父母——第一次笑了。

「好，」我說。「在這種情況下，對一個二十二歲、一個星期花超過四十個小時在電玩上的成年男子來說，唯一有效的干預措施是完全戒除。你們必須禁止他接觸任何電玩。」

約伯的臉僵住了。

「你是說我們得把 Xbox 拿走？」他母親問。

「把 Xbox 從家裡拿走。砸爛它或是送出去都行。禁止他接觸任何一種電玩遊戲，包括手機上的。」

約伯完全無法掩飾他的憤怒。「這完全不可接受，」他說。「我是一個成年人。我超過十八歲了，你不能告訴我該怎麼做；我父母不能告訴我該做什麼。」

「沒錯，」我說。「你是成年人了。你可以自由地踏出父母的房子，在外頭做你想做的任何事。但如果你離開——」現在我轉向他的父母，「——如果你離開，你的父母不會再養你。你得靠自己。現在你住在你父母的家裡，沒有任何付出；你不用繳房租，不用為你的食物買單，或是付你自己的上網費。如果你要住在他們家裡，就得遵守他們的規矩。」

在我的鼓勵下，父母聽從了我的建議。他們把家裡能找到的 Xbox 遊戲機和所有電玩都捐給了慈善機構；他們拿走了兒子的手機、把電腦從他的房間裡搬走；他們用密碼鎖住自己的電腦，不讓兒子在未受監督下使用電腦。

四個星期後，他們按照我的要求回來了。

「真是難以置信，差別太大了，」爸爸說。

「什麼差別？」我問。

「一切都不一樣了，」爸爸說。「拿工作來說吧，以前約伯從不主動幫我做任何事，我還不得不檢查他做過的每一件事；但現在他會主動了。老實說，他比我想的要聰明多了。」

「這是什麼意思？」我問。

「好吧，比方說上周，」爸爸說。「我們有個升級的裝修工程。屋主想讓我們安裝這個高科技的淋浴設備，有按摩噴頭、身體噴頭，所有東西都是電腦聲控的。我不想老實告訴老闆自己從沒做過這個。我還在搞懂該怎麼辦的時候，約伯就直接過來告訴我該怎麼做，還完成了大部分的布線工作。他只是看了說明書就搞懂了。設備運作良好。這真讓人印象深刻。」

約伯低頭盯著地板，但我想我看到了他臉上一絲微笑。

「這並不容易，」他媽媽說。「至少一開始很難。第一周約伯根本沒跟我們說過話。他自己做飯，然後把飯拿回房間裡。但大約一周後，他開始和我們一起吃晚飯。他看起來就像剛睡醒一樣。就像在他打電玩的那些年裡，他一直都處在一團迷霧中。也許他只是睡眠不足。現在他居然會在晚飯時間聊天了。」

「他現在看起來更聰明了；理解力更好，注意力更持久，更有耐心。」爸爸說。

「你怎麼看?」我問約伯。「你同意嗎?」

「不,我不知道。我不覺得有什麼不同。絕對沒有更聰明。」

「如果由你決定,你明天還會開始打電玩嗎?」我問。

「當然。」約伯說。

他的父母嘆了口氣。

約伯依然沒有「病識感」,沒有意識到電玩如何取代了他的現實生活。

約伯從五歲開始就經常在玩電玩。他的父母對他玩遊戲的技巧和靈巧印象深刻;但他們被誤導了。研究人員發現,男孩越小開始接觸電玩,就越容易上癮,為了玩遊戲而犧牲現實生活。㉝在考慮如何實施我在本章中分享的指引方針時,您還需要考慮孩子的年紀;孩子越小,他們花在螢幕前的時間就該越少、而花在現實世界中的時間就該越多。女孩和男孩都是如此。

不要期待你的兒子能對他的狀況有病識感。我看到許多父母期望他們十一、十五或二十四歲的兒子能根據某些證據採取合乎邏輯的行動,家長們會說:「看看電玩占用了你多少時間;看看自從你開始每週花二十個小時在螢幕前,你的友誼是如何枯萎的;看看你有多沒精打采,除了玩遊戲的時候。」

家長們認為這些觀點很有說服力。他們希望自己的兒子有病識感，並根據證據做出改變。

不要等了。你可能要等上幾個月、幾年。如果你的兒子就是那數百萬任由電玩遊戲取代現實生活的男孩或年輕人之一，你就必須介入。如有必要，請移走設備、管制他坐在電腦螢幕前的時間。

如果你不這麼做，誰會呢？

第9章

非典型性別

馬丁

莎莉發現懷孕了是當她坐在離婚律師的辦公室裡時。她已經結婚四年，但是她現在走投無路。儘管她工作的時間比她先生馬克長，賺的薪水也比他多，馬克還是期待她做家庭主婦的工作：收拾他到處亂丟的衣服、整理家務、燒飯，當開飯遲了的時候，他甚至還敢抱怨，雖然他整個下午都坐在家裡看電視。她曾經建議找婚姻諮商專家來協談，但馬克拒絕了，他根本不知道這個婚姻已經糟到什麼地步，也絲毫沒有興趣修補它。

辦公室的一個同事給了她這名離婚律師的電話號碼，在第一次談話時，律師問她單子上一長串的問題。

「你有孩子嗎？」律師問。

「沒有。」莎莉回答。

「你有可能現在正在懷孕嗎？」

莎莉正要答「不可能」時，突然停住。上一次的月經是什麼時候來的？上一次她跟馬克……然後她想起來一個月前的星期六晚上，當時她以為她的婚姻還可以挽救。在律師事務所的時候是她第一次覺察到月經遲了。

「我想大概沒有。」她最後這樣回答。

「你想大概沒有?」律師狐疑地重複她的句子。

八個月以後，馬丁誕生了。在這段期間，馬克搬去了洛杉磯，莎莉變成一個單親媽媽。

許多母親認為她們的孩子比一般孩子聰明，但是莎莉**確定**她的兒子馬丁是早熟的孩子。她是對的，在馬丁一歲時，他已經會說二十個字，包括「斑馬」；兩歲時，他已能說出完整的句子了。到四歲時，他在托兒所中能把不認得的字依發音規則念出來。當他進幼兒園時，老師立刻把他放到進階閱讀班，馬丁是進閱班裡六個孩子中唯一的男生。

從一開始，馬丁就很愛上學，他永遠坐在第一排，當老師問問題時，他都會舉手回答。他很有禮貌，老師都很喜歡他。「假如男生都能像馬丁，天下就太平了，」他一年級的老師梅斯納太太說：「我只希望他下課時多去操場玩一玩。」

「馬丁不去外面玩嗎?」莎莉問道。

「最近都沒有，」梅斯納太太回答：「他懇求我，他說：『梅斯納太太，我為什麼要浪費時間去外面站在那裡、什麼事都不能做?我為什麼不能留在教室中看我的書?』他不喜歡下課，所有的男生都像野孩子一樣在那裡亂跑亂叫，而馬丁就坐在我旁邊或別的老師旁邊。」

「我以前也是這樣，」莎莉說：「我從來就不喜歡下課時間。」

到三年級的時候，馬丁的閱讀程度已經達到六年級，他開始寫詩，開始注意文章中字句的安排。他最喜歡的電腦排版字體是宮廷版花體字，自己也寫得一手漂亮的連寫體硬筆字，他開始在字母 i 和 j 上畫圓圈以代替乏味的一點。

莎莉的朋友警告她馬丁要變成書呆子了，應該讓他去上一些體育運動課。這是個好主意。她問馬丁：「你想打什麼球？足球？籃球？美式足球？」

「都不喜歡，」他說：「不過，我倒是滿喜歡跟凱倫和莎曼珊去打保齡球。」

「保齡球不是運動。」莎莉說。

「它是，」馬丁說：「電視上有保齡球盃的比賽。」

最後馬丁同意去上網球課，但是他的心並不在那裡。有一天，九歲的馬丁對他媽媽說：「我的行程太滿了，我需要比較多的時間來練鋼琴，網球是浪費時間和金錢。」馬丁可以很倔強，尤其在與他媽媽協議的時候。

「好吧！」莎莉說。從此不再上網球課了。

莎莉想：「至少他還有朋友。」她對馬丁說在他十歲生日時，他可以請八個小朋友過來慶祝，結果來了七個女生和一個男生。馬丁希望派對的主題是《魔戒》，他說他的朋友都喜歡看《魔戒》。莎莉問他最喜歡書裡的哪個角色。

「當然是佛羅多（Frodo）。」馬丁說。

「真的？為什麼說『當然是』？」莎莉問道：「為什麼不是甘道夫？或是勒苟拉斯（Legolas）？或是亞拉岡（Aragorn）？」

「亞拉岡是個非常不切實際的角色，」馬丁一口否絕：「佛羅多比較真實。」

「但亞拉岡至少是個人，」莎莉答道，決心這次一定要贏這場辯論：「佛羅多不過是個四呎高、毛毛腿的東西，怎麼可能比亞拉岡更真實？」

「因為亞拉岡很強壯，什麼都會做，這是不可能的事。他永遠在打擊別人的魔鬼，半獸人（Orcs）的、強獸人（Uruk-hai）的或是戒靈（Nazgul）的，不管是誰的，而他最後總能贏，不管機率多小，情勢多險惡，」馬丁說：「這角色的說服力實在太差了。佛羅多很小、很弱，他不跟任何人打，除了在結尾時跟咕魯（Gollum）打過一場，咕魯又比佛羅多更小又弱，咕魯把他手上的戒指咬去，佛羅多輸了。」

莎莉想要稱讚她這個不到十歲的孩子居然會用「角色的說服力」這個字，而且用得恰到好處；但是她停下來想馬丁剛剛講的那些話的意思，馬丁認為很強壯、很能幹是件不實際、不真實的事，人家都不看好的最後贏了竟然叫不真實，柔弱才是真實。她需要好好跟兒子談談。

法院把監護權判給莎莉，莎莉仍盡可能邀請前夫來，好讓馬丁有機會和他父親一起生活，尤其是暑假的時候。這些年來馬克也成熟許多，他的第二任太太生了兩個小孩，他似乎是個好爸爸。（莎莉硬是把她的好奇心壓了下來，她很想問他的第二任太太，馬克是否開始幫忙做家事了？）馬克有一次從加州打電話來，問馬丁可否與他和他六歲的兒子傑利一起去釣魚：「我的公司租了一艘四十呎的船，有十幾個人會去，我們會開到凱特玲娜島，在那裡釣些魚。晚上在海洋中過夜，星星就像在你頭頂上一樣，真是棒極了。」

「聽起來很不錯！」莎莉真誠地說。

但是馬丁拒絕去。「天底下再沒有比釣魚更愚蠢的事了，」他非常有權威地說：「你坐在船上，等待一些可憐的魚來吞下你的魚鉤，然後你邪惡地拉那個鉤，完全不顧它就卡在魚的嘴上，然後你把魚拖到甲板上來開膛破肚，這叫有趣？我可不認為，謝啦，我不想去。」

「但是，馬丁——」莎莉說。

「此外，我那時應該去音樂營，」馬丁說：「你不會叫我放棄音樂營吧？」

莎莉和馬克在電話裡又談了一陣子。「馬丁不肯做任何一般男生會做的事，」馬克說：「他說釣魚很愚蠢，但他從來沒釣過魚。他也不肯跟我去看美式足球賽，我買到的可是紅人隊（**Redskins**）的票。他也不肯去踢足球；他甚至不玩電動。」

「這又怎樣？」莎莉護著兒子：「他功課全得A，他有朋友，他很快樂。」

「他平常玩什麼？」馬克問。

「他彈鋼琴、寫詩，他看小說。」

「你把這叫好玩的事嗎？」馬克不可置信地說。

「對馬丁來說，這些是有趣、好玩的事。馬丁非常聰明，他是個聰明的孩子。此外，誰規定男生一定要去打美式足球、打電動或是去釣魚？」

「他要去的這個音樂營有什麼名堂？」馬克問。

「這是一個很好的音樂營，馬丁很想在暑假裡把鋼琴練得更好。」

「他彈什麼樣的曲子？」馬克問。

「很多不同的曲子。」

「是嗎？他會彈爵士樂嗎？比如費茲・華勒（**Fats Waller**）？」

「不會，當然不會，」莎莉說：「他只彈古典音樂，貝多芬、克雷門第。你應該聽聽他彈德布西的《月光》（*Clair de Lune*）。」

「天哪，饒了我吧！」馬克說。

其他的男孩一直到中學才開始欺負馬丁。這時莎莉開始接到學校輔導老師的電話。有人把衛生棉塞進馬丁的置物櫃，上面貼了張條子說：「你需要它。」一個禮拜以後，有人在他的置物箱上噴了「男同性戀」（fag）這個字。再下個月，兩個男生故意在走廊上撞馬丁，把他撞倒。莎莉看到馬丁臉上的瘀青時嚇壞了，因為他倒下時，臉擦到地板。

「別人這樣欺負你，你會難過嗎？」莎莉問。

「並不會，」他聳聳肩：「他們不了解我，只知道電玩遊戲和球賽。他們對不了解的東西很害怕，所以用他們唯一會的方式來反應，那就是暴力。我下次小心點就好了，離他們遠一點就沒事了。」

「為什麼你那些朋友不站出來替你講話？」莎莉問。

「我沒有任何朋友。」馬丁據實回答。

「你怎麼能這麼說？凱倫不是你的朋友嗎？莎曼珊不是你的朋友嗎？」媽媽問道。

「她們不再是我的朋友了。自從那些男生開始找我麻煩後，她們就去跟那些男生做朋友，不理我了。尤其是凱倫，她常常和他們在一起。當她看到別人恨我時，也開始迴避我。」

「你一定很難過，很不好受。」媽媽說。

「倒也沒有，這不會干擾我的心情，其實我還是有朋友的。」

「真的？」母親熱切地說：「是誰？」

「我敢說我現在最好的朋友便是以撒・艾西莫夫（Isaac Asimov）和羅伯特・海萊因（**Robert Heinlein**）。」馬丁平靜地說。

母親必須停下來，搜索她的記憶看看這些人究竟是誰。「但是艾西莫夫和海萊茵都已經……死了，」她感到脊椎一股涼意，「他們是死去多時的科幻小說家。」

「正是，」馬丁說：「艾西莫夫寫了《基地》（*Foundation*，中譯本奇幻基地出版）這本書，它是說一個基因突變的人比任何正常的人都更有力，他看起來很瘦小，但是他其實很強壯，因為他有超能力。海萊因寫了《異鄉異客》（*Stranger in a Strange Land*）」。

媽媽說：「但是你不能出門跟他們吃午餐。你不能跟他們說話。你需要可以跟他們說話的朋友。」

「才不是，」馬丁說：「他們是我最好的朋友，我跟他們有很多的共同點。」

非典型男性

即便在同一性別中也有很大的變異性。流行歌手碧昂絲（Beyoncé）、影星安潔莉娜·裘莉（Angelina Jolie）、職業網球選手小威廉斯（Serena Williams）、生活美學大師瑪莎·史都華（Martha Stewart），及美國前國務卿、前第一夫人希拉蕊·柯林頓（Hillary Clinton）都沒什麼相似的地方。就這方面來說，美國兒童劇主持人皮威·赫門（Pee Wee Herman）、動作派影星席維斯·史特龍（Sylvester Stalone）、饒舌歌手小韋恩（Lil Wayne）、加拿大歌手小賈斯汀（Justin Bieber）及已故的麥可·傑克森（Michael Jackson）也沒什麼相似的地方。然而他們的不同之處究竟有多大的意義呢？這些不同又如何影響我們前面談到的東西？

讓我們先談談美國太空總署（NASA）科學家幾年前針對太空人在太空船上的行為所發表的研究。一個比較不為人知的事實是，女性太空人在回到地球後還會受暈眩所苦：她們的血壓會低上好幾天才回復正常。假如她們太快站起身，就會感到暈眩，因為血壓太低了。男性太空人也有同樣情況，但是沒有女性這麼多。沃特斯（Wendy Waters）和麥克（Janice Meck）是德州休士頓詹森太空飛行中心的研究員，她們想了解為什麼會這樣，所以測試了三十五名剛剛從太空船下來的男女太空人。

她們的發現證實了前人報告所懷疑的：每一個女性太空人在飛行後都會受嚴重的暈眩所苦，但是只有少數的男性太空人會如此——太空飛行的壓力對男性和對女性的效應不同。

這個研究最特殊的發現是有關這幾個也感到暈眩的男太空人——他們像女性一樣在壓力下出現血壓降低的生理反應。這些人比較不是飛行員，而是負有任務的專家，如生物學家、物理學家或電腦專家，他們並沒有飛行的背景，之所以登上太空船主要是為了做實驗。在真正「駕駛」太空船的太空人中，鮮有這種現象發生，但在任務科學家中，每四個就有一人出現此暈眩現象。①

沒有任何一個女性呈現男性對暈眩免疫的現象，幾乎沒有任何飛行壯漢會出現女性暈眩的現象，但在男性的專家中，卻有高達四分之一會出現暈眩反應——這是怎麼一回事？

最近有些證據顯示，有小部分的男孩（與男人）有某些典型女孩和女人的特質。這並不表示他們是「跨性別」——我們在第十一章會講到跨性別——或他們是同性戀者。不同的研究者使用不同的專門名詞、不同的標準，所以很難整合這些報告，但有理由相信這些男生有許多共同之處。

哈佛教授卡根（**Jerome Kagan**）花了很多年研究這些男孩，而我稱他們為「非典型男性」。[2]卡根分析幾個月大的男嬰；他輕輕觸摸這些嬰兒，觀察他們的反應。大部分的嬰兒並不在意有人碰他，但是有少數會哭並且揮動他的雙手和雙腳。卡根追蹤這些孩子從嬰兒期、兒童期到青少年期（這個研究他已經做了超過三十年），發現在這些嬰兒中有一半一直沒有隨著成長而排解對新奇事物的厭惡。這些孩子長到青少年時，會避開陌生人，不喜歡冒險，就像他們嬰兒時一樣。

更令人驚訝的是，卡根發現這些男孩有其他的共同特性，這些「非典型男性」：

- 比較容易罹患過敏、氣喘或濕疹。[3]
- 臉比較窄，臉寬長的比例小於0.55[4]（臉比較窄的男性較不強勢，也比較容易害怕，但是臉比較窄的女性則否。[5]即使校正了體型大小之後，和臉寬的男性相比，臉窄的年輕男性仍比較沒有攻擊性，在學習武術方面也不是很成功）。[6]
- 比較不願意從事粗魯的翻滾遊戲。[7]

社會學家薩克斯頓（Patricia Cayo Sexton）發現除了卡根所確認的特徵之外，這些男孩還表現得：

- 比較早熟，尤其在語言能力上。
- 比較少知心朋友，常獨來獨往。
- 可能會喜歡運動，但多半是沒有肢體接觸的運動，如網球、田徑、保齡球、高爾夫球（他們不喜歡被撞到，也不喜歡撞人，所以不會去玩美式足球或英式足球）。⑧

除了以上列出的特質之外，我還要根據過去二十年的觀察，再加上一個特質：如果你給這種男孩一張白紙和一盒蠟筆，他幾乎總是會畫人、寵物或樹。也就是說，他會畫女孩畫的那種圖畫。他不會像其他男孩，畫激烈改變中的行動。如果你看不出這一點的重要性，請重讀第二章。

關於名詞，在二〇〇五年出版的本書第一版中，寫到這些男孩有時被稱為「娘娘腔」。我那時候就不喜歡這個詞，現在還是不喜歡。這個詞帶有輕蔑性。本書中，我們試圖**了解**孩子，而不是取笑他們。我寧可使用「非典型」（anomalous）一詞取代「娘娘腔」，因為「非典型」只是在描述事實：這些男孩不是典型的男孩。

但是，近年來，一個新的詞彙更受到大家歡迎：不符合主流的性別（gender non-conforming）。我同意我們不要用「娘娘腔」一詞，但也看到了「不符合主流的性別」

一詞的問題。在現代美國文化中，符合主流似乎是件壞事；當一個「不符合主流者」則是好事。如果我們稱呼一群孩子為「不符合主流者」，而其他孩子是「符合主流者」，是對「符合主流者」的輕蔑。儘管符合主流的人是多數，並不會讓輕蔑的標籤變得更為公平。

這並非雞毛蒜皮的小事。接下來的兩章，我們會繼續討論。過去十年，一個微妙但無所不在的偏見充斥著性別研究，就是為了對少數人友善而允許對多數人說出不友善的話。但是我覺得，偏見就是偏見。某人為了對少數人友善而有偏見——在我們這個例子，指的是對非主流男性——並不表示偏見是對的。偏見就是不公平。本章中，我都會使用「非典型男性」一詞指涉畫人、寵物、花和草的男孩；臉比較窄的男孩；不喜歡玩粗魯打鬥遊戲的男孩等等。比起現在政治正確的「不符合主流的性別」，我比較喜歡這個詞，因為「非典型」只是描述現實，而「不符合主流的性別」則微妙地暗示不符合主流比較好、符合主流比較不好。我不覺得某種男孩天生就比別種男孩好；我只是試圖了解他們之間的差異。

這些非典型男性有獨特的生理型態，常令父母很頭痛，因為他們不知道問題在哪裡。相反地，許多父母，尤其是母親，會像莎莉一樣的反應：馬丁很乖、很安靜，從來不惹麻煩，這有什麼不好？

許多父母不了解，他們這個與別人不一樣的兒子到中學時，麻煩就來了。當青春期荷爾蒙大量出來時，小學那種很仔細安排、很穩定、很和平的日子不復存在。對這些男生來說，他們在小學時，最好的朋友是女生；當青春期到來，女生就離開了。在國中階段，和對的人在一起是非常重要的，這些非典型男生不是酷的男生，所以不要跟他們在一起，結果女生就都離開了。

薩克斯頓發現這些男生在這個年齡對性感到很焦慮：有些人開始看色情雜誌，有些人有自殺傾向的憂鬱。這些功課好的男生變得獨來獨往、退縮、憤世嫉俗，只有在書本中和想像裡才能找到安慰。「我是一塊岩石，我是一座孤島。」保羅・賽門（Paul Simon）的歌如此唱道，它很正確地描繪出這類男孩：

我有我的書、我的詩來保護我。
我在我的盔甲中很安全。
躲在我的房間中，在我的子宮中我是安全的。
我不跟任何人接觸，別人也接觸不到我。⑨

讓我們跟隨這些非典型男孩進入高中。他的成績很好，但是他的生命很空虛，在我開業的十五年間，我看到很多這種男孩。他們通常都發展出一套方式來隱藏內心受傷的感覺。畢竟，他們是成人世界讚許的一群，何必在乎別的孩子捉弄或在他們的置物櫃上噴漆呢？薩克斯頓觀察到，這些男孩都「不情願承認他們在學校學業成績優秀與他們的女性化有關係，或是去探討他們的成功是因為比較被大多數女性所接受，還是他們天生就很聰明……極少數的人認為他們是受害者，大多數則認為他們是英雄和勝利者。」⑩到這些孩子進入高中時，我想沒有人可以改變他或更拓展他的視野。最後，他可能長大成為太空船上的任務科學家。他大概不會成為駕駛，而他也可能寧願成為任務專家。

本章中，我會一直試圖分享我的觀點：性別很重要，性別很複雜，性別是有意義的。了解你的孩子、欣賞他或她成為的那種男孩或女孩。在非典型性別的男孩身上，要如何運用這個觀點呢？

我給家長的答案是，如果可以的話，不要讓孩子的性別議題成為壓力。非典型性別男孩很容易變得焦慮、寂寞、退縮。卡根和他在哈佛的同事舉出證據，顯示及早干預的家長可以讓非典型男孩不再退縮。卡根建議，**親職風格**是決定男孩是否能克服恐懼和退縮，或是卡在恐懼退縮狀態中的重要因素。保護型家長會對孩子的喜好很「敏感」，結果兒子的狀況最糟糕。如果家長保護孩子，連很小的壓力和傷害都不讓他面對，害怕退縮的男孩會變得更害怕退縮。卡根發現，這種家長「讓孩子更難控制一開始想要從陌生人和不熟悉的事情中退縮的感覺，而不是更容易。能夠接受不同孩子的母親會做出適合那個年紀的要求（讓兒子和人相處），協助反應非常強烈的嬰兒馴服自己的害羞個性……如果母親想要保護（害羞的）嬰兒，不讓孩子體驗挫折與焦慮，希望最後能有慈悲的結果，似乎反而加強了嬰兒的不確定性，導致相反的效果。」⑪在卡根的研究中，當孩子很害羞，家長又相信**每一次**都要對孩子的需要很「敏感」，害羞男嬰將長大成為害羞、害怕的孩子。⑫

鏡中男孩

二〇〇三年和二〇〇四年，我正在寫本書第一版，讀到卡根、薩克斯頓和其他人文章中對非典型男孩的描述時，感到非常驚訝。我發現，我正在讀……我自己。我就是一位非典型男性。小時候，我畫靜止的人物和靜止的狗，而不是行動；我教自己學會做編繩；我不喜歡打人；十一、十二和十三歲時的三個暑假，我都去參加了住宿型的音樂夏令營——在密西根的英特洛肯（Interlochen），靠近特拉弗斯城（Traverse City）。到了在英特洛肯的第三個暑假，我已經能熟背許多吉爾伯特（Gilbert）和蘇利文（Sullivan）的小型歌劇歌曲了。小學時，我有許多朋友——大部分是女孩。國中時，惡意的男孩開始叫我「小女生」。我在英文課和寫作課的表現非常好。高中時，我獨來獨往：我最喜歡的歌是保羅．賽門的〈我是磐石〉（*I am a Rock*）。我出生三個月，父母就離婚了，母親從未再婚，所以我的家裡從來沒有成年男性。

多年後，我的病人告訴我，她的兒子馬丁不想錯過音樂夏令營。我知道他的感覺。身為臨床醫師，我也了解馬丁的母親想要把馬丁推出他為自己建構的保護殼。

薩克斯頓認為，非典型男孩是形成的，不是天生的。她寫道，這些男孩的問題來自「過度保護的家長，最好的治療方法就是和一位正常的成年男性產生連結。」⑬本章之後會看到新的證據顯示，薩克斯頓可能錯了。非典型男孩和典型男孩的差異可能來自基因遺傳，至少是一部分。總之，我在自己的臨床經驗中看到，如果家長——或他們自己——推他們一下，這些男孩也可以享受典型的男性活動，⑭開啟新的視野。

艾咪

艾咪是兩個女兒中的老大。她的父母，芭芭拉和霍華，不了解艾咪是多麼的男孩子氣——直到他們的老二柔伊出生。「艾咪和柔伊好像是白天與黑夜。」芭芭拉這樣告訴我。芭芭拉要求來和我談，但是不肯告訴我的秘書她要談什麼。我告訴秘書排給她四十五分鐘的面訪時間，差不多可以猜到芭芭拉要和我談什麼。「當艾咪六個月大時，假如有陌生人進入房間。她會爬過去，玩陌生人的鞋帶，」芭芭拉說：「柔伊就完全不同了，當柔伊六個月大時，假如有陌生人進入房間，她會開始哭，一直哭，直到我把她抱起來為止。然後她會把她的頭埋在我的胸前。」

「她們長大了以後呢？」我問。

「艾咪是像標準的野丫頭，」芭芭拉說：「她只跟男生玩，建碉堡、丟雪球、爬樹，她很喜歡蓋碉堡。」

「那柔伊呢？」我問。

「柔伊只玩女孩子的東西，玩洋娃娃，打扮自己，喜歡烤蛋糕。我跟我先生都反對性別刻板印象，你知道的……」

「當然，」我說：「我知道你的意思。」

「所以當柔伊三歲時，我們買給她一套玩具挖土機，有推土機、挖土機及大卡車；艾咪對這些玩具愛不釋手，所以我們又買了三個全新的給柔伊玩。」

「她喜歡嗎？」我問。

「她很喜歡。」母親說：「但是她沒有用在應該的用途上。她把三輛車排成一個圓圈，面對面，然後替大卡車綁上蝴蝶結。我告訴她：『親愛的，大卡車不是這樣玩的。』『但今天是大卡車的生日，』柔伊很耐心地跟我解釋：『這裡是她的兩個好朋友。』她說，指著挖土機和推土機。後來那天下午，我進到她房間時，她大聲對我說：『噓，媽媽，他們在睡午覺。』她很小心地把三個玩具，推土機、挖土機和大卡車，放到她床上，蓋上棉被，你只看到它們的大燈露出來。」

「很可愛，」我說：「艾咪怎麼樣呢？」

「好，你知道的，」母親說：「艾咪的運動神經非常好，她喜歡所有競爭性質的運動。我們讓她參加本地的球隊，她真的很勇敢，雖然她只有六歲或七歲，卻一點都不怕球；大部分的女孩子會怕，但是艾咪不會，她也不怕摔跤或碰傷。她比柔伊剽悍多了。她很強壯，柔伊很纖弱。」

「或許這是她們喜好不同的結果，」我說：「或許如果艾咪玩洋娃娃，柔伊在足球場中跑跑，柔伊的身體也會強壯起來。」

「或許……」芭芭拉很懷疑地說。

柔伊經常很焦慮。艾咪則否。艾咪的行動很有條理，她知道自己要什麼——在學校、跟朋友、跟生命中的男孩們。她會做好一切必要安排，獲得她要的目標。她的成績非常好。她是女生足球隊的隊長，有許多不同嗜好——有趣的是，包括十字繡和編繩——在學校的運動圈子裡很受歡迎，男生女生都喜歡她。但她不是典型女孩。

差異

在過去的三十年裡，有少數的學者開始比較非典型男孩，如馬丁，與非典型女孩，如艾咪，其中最重要的貢獻便是薩克斯頓。她發現非典型男孩：

……沒有競爭性、不喜歡運動、很膽小；而非典型的女孩是對什麼都無懼、很獨立、很有競爭心，那些在十到十四歲，很大膽、敢於嘗試的女孩，長大後變成學術界的女性。在女孩中，很奇怪的是，高智慧同時與高男性化及高女性化有相關，聰明的女孩通常是發號施令者，但同時，她又最具女性特質。⑮

有女性特質的男生通常比較交不到朋友，有較高的社會適應不良風險，尤其在國中和高中階段；相反地，非典型女孩在校園裡很出鋒頭，也比她的同儕社會適應得更好。一個擔任學校足球隊隊長的女生通常比不參加球隊的女生功課要好。這種喜歡男性活動的女孩，應該鼓勵她追求這些非典型的活動。一般來說，這些敢於和別人對抗、有男性化性格的女生，在社交上比較成功；但是，反過來說，有女性化特質的男性通常不願去做翻滾粗野的遊戲，在社交上比較會有問題。

非典型女性在學校及生活上都較有利，她們的社交圈比一般女孩子大；非典型男性在學校中有利（功課好），但要付出慘痛的代價：他們的社交圈比一般男生窄。

是藍色還是藍紫色？

我們在第二章談到女孩和男孩視覺系統的差異，我提過，女孩的視覺系統可能有更多資源用在色彩和細節上，男孩的視覺系統則可能有更多資源用在測知行動的速度和方向上（我在本書最後面關於視覺的「額外資訊」文章中提供了更多資訊）；但這些差異可以運用在非典型的女孩和男孩身上嗎？能夠用在像艾咪這樣的女孩，或是像馬丁這樣的男孩身上嗎？

奧本大學（Auburn University）的研究者針對這個疑問進行了一項研究。他們先請大學女生完成五十九個問題的「女性特質問卷」：你喜歡化妝嗎？你多常閱讀女性雜誌，例如《魅力》（*Glamour*）和《大都會》（*Cosmopolitan*）？有些年輕女性分數很高：她們屬於「女孩子氣的女孩」。其他女性分數很低：她們屬於「男孩子氣的女孩」。然後，研究者一對一地給大學生看一系列的顏色，例如萊姆綠。他們要求受試者將色卡和正確的詞彙連在一起，例如萊姆綠、薄荷綠、翡翠綠、翠綠。許多年輕男性有困難。女孩子氣的女孩則幾乎全答對。

那，男孩子氣的女孩呢？她們也能像女孩子氣的女孩一樣答對嗎？還是像男孩一樣？或是介於二者之間？

當我演講時，我在這裡會停一下，請聽眾舉手。大部分的人會猜男孩子氣的女孩會介於男孩和其他女孩之間。但是不對。男孩子氣的女孩表現得和女孩子氣的女孩一樣好。

如果你讀了書後面關於視覺的性別差異「額外資訊」的話，這個結果就不會讓你驚訝了。對女孩子來說，萊姆綠和翠綠之間的差別很明顯——無論女孩是男孩子氣或女孩子氣。對一般的男孩和女孩而言，男孩也可以學會兩者之間的差別，但是差異不像在女孩眼中的那麼明顯。⑯在這一點上，男孩子氣的女孩和女孩子氣的女孩更像，而不那麼像男孩。

我們已經看到了，非典型男孩彼此間有許多共同點，卻不太像典型的男孩：他們都比較不喜歡玩接觸性的運動，例如美式足球；他們的臉比較窄；更容易有過敏或氣喘；更喜歡畫人、寵物或植物。非典型女孩則沒有這種區別。我試過很多次，如果你給男孩子氣的女孩一張紙和一盒蠟筆，她通常會畫人或寵物。她畫的人可能是足球員，但是（除非她有受過美術訓練）這個足球員通常會站著，抓著球，而不是在行動之中。男孩子氣的女孩用的蠟筆顏色數量和女孩子氣的女孩一樣，或是很接近。男孩子氣的女孩選擇畫運動員，女孩子氣的女孩選擇畫芭蕾舞者。她們畫的人物不同，但畫的方式相似。以這個參數，以及其他參數而言，男孩子氣的女孩以及女孩子氣的女孩之間的差異，僅僅是表面上的。相反地，典型男孩和非典型男孩的差異卻很深刻：他們不但畫完全不同的東西，畫的方法也不同。典型男孩會畫火箭撞星球，或是武士用激光殺死外星人；非典型男孩則會畫靜止的人或寵物，沒有在行動。

差異還更深。非典型男孩——討厭玩美式足球，畫有眼睛、嘴巴、頭髮和衣服的人，而不是棍子人——很少在一個月或一年裡轉變成足球員，畫著打仗的棍子人。⑰雖然也有例外，但是很稀少，低於百分之一。

女孩則不同。男孩子氣的女孩喜歡和男生踢足球，可能下一週就想穿上晚禮服、參加學校舞會了。下一週？可能今晚就變了。我的第一手經驗顯示，同樣的一個女孩可以很男孩子氣地喜歡玩接觸式運動，也可以很女孩子氣地喜歡化妝、換上禮服參加舞會。這種情形雖然不是常態，但並不少見。以我的經驗，這種女孩——又有男孩子氣，又有女孩子氣——越來越多了。

非典型女孩可能總是比非典型男孩多。想玩足球或爬樹的女孩比例通常高於想做縫紉或學芭蕾的男孩。非典型女孩的比例似乎在增加之中，以至於女孩踢足球或打籃球已經不再稀奇了，而四十或五十年前可不是這樣。可是現在仍然很少看到想做縫紉或學芭蕾的男孩。

為什麼？我認為，非典型女孩和男孩之所以會如此，是因為特質天生。確實，非典型性別的傾向可能來自基因，我之前也暗示過，非典型男孩和非典型女孩之間有其差異，而且男孩特質更為天生。（等一下會有更多證據。）

正如許多來自基因的特質一樣，這些特質的表達會受到文化影響。過去三十年，尤其是在本書第一版出版之後的十年裡，有越來越多的文化偏見鼓勵非典型的孩子——至少是女孩。今天的女孩受到鼓勵，玩接觸式運動、在泥地上玩、弄得髒兮兮、參與粗魯的運動到一個我們這一代人的父母看了會很吃驚的程度。但我們還是很少看到男孩受到鼓勵織毛線、編繩或學芭蕾。這可能部分解釋了，現在比四、五十年前有更多女孩既有女孩子氣的一面，也有男孩子氣的一面。然而既織毛線又玩足球的男孩，並沒有比以前更常見。

故事不僅僅如此。遺傳因素在男孩身上比在女孩身上扮演了更重要的角色。

雄激素接受器

雄激素是一種荷爾蒙，在男性體內比在女性體內濃度高，像是睪丸酮素。男性的性特徵，例如鬍子、喉結、較低沉的聲音、肌肉發達、較有攻擊性等等，都和雄激素（例如睪丸酮素）有關。

雄激素如何作用的呢？答案是雄激素接受器。睪丸酮素與雙氫睪酮這一類的雄激素會和雄激素接受器結合、使之活化，被活化的雄激素接受器會和某些基因結合，活化基因，結果就是出現了雄性特徵。

這個過程從子宮裡就開始了。男性胚胎會產生睪丸酮素，讓男性大腦雄性化。⑱在人腦中，基因表現的最大性別差異不是發生在成年時期，也不是青春期，而是出生之前的胎兒時期。⑲

到目前為止還好。女孩和男孩不同。近年來，某些最令人驚訝的發現，幫助科學家比以前更了解女孩之中和男孩之中的各種變異。研究者現在了解了，每個男孩的雄激素接受器基因都有點不同。每個基因由一串密碼子組成，每個密碼子代表這個基因要製造的一個氨基酸。雄激素接受器的一端是一連串的 CAG 密碼子，由重複的胞嘧啶（C）、腺嘌呤（A）和鳥嘌呤（G）組成。以前，這組密碼子被視為「無意義」的密碼子，因為它們並不直接代表任何氨基酸。現在沒有人認為它們「無意義」了，因為科學家發現，這些CAG密碼子幫助決定雄激素接受器有多活躍。

每個人的雄激素接受器基因尾端有不同數量的CAG密碼子，從八個重複到三十一個重複都有。許多研究團隊發現，雄激素接受器基因尾端CAG密碼子數量少的男孩，雄激素接受器會非常活躍，他的特質會比較雄性；雄激素接受器基因尾端CAG密碼子數量多的男孩，雄激素接受器比較不活躍，特質會比較不那麼雄性。⑳這個新研究幫助解釋了早期關於睪丸酮素濃度研究中的雜音。兩個男人可能有相同的睪丸酮素濃度，但是一位很雄性——踢足球、有攻擊性、肌肉發達——另一位討厭足球、害羞、不雄性。在第一位男性的身體裡，同樣的睪丸酮素分子可能經由活躍的雄激素接受器，造成許多活動，卻在第二位男性身體裡經由較不活躍的雄激素接受器，造成較少的活動。

近年有很多研究將CAG重複的變異和行為結果（例如攻擊性、衝動、憂鬱）連結起來，幫助拓展並深化更早前關於睪丸酮素濃度和各種行為結果的研究，例如：成年男性的睪丸酮素濃度和憂鬱的關聯？答案癥結在於雄激素接受器基因CAG重複的數量。重複數量少的男性——比較雄性——情緒會更依賴睪丸酮素。一項研究中，CAG重複數量少的男性裡，睪丸酮素少的男性憂鬱症的比例是睪丸酮素高的男性的五倍。但是在 CAG 重複數量多的男性當中——平均而言，較不雄性的男人——睪丸酮素濃度的高或低與憂鬱症的關聯則沒有差異。㉑

研究者現在記錄了許多雄激素接受器 CAG 重複和行為及個性後果之間的連結，例如，CAG 數量少的年輕男性比 CAG 數量多的男性更衝動。㉒幾項研究發現，CAG 數量少的男性，無論睪丸酮素濃度高或低，都較有攻擊性，更可能參與暴力犯罪。㉓附帶一提，CAG 數量多寡和攻擊性的連結可能並不限於人類。狗也是，CAG 數量少的狗比較有攻擊性。㉔

對我而言，所有關於 CAG 數量和雄性行為特質研究的主要訊息就是：在很大的程度上，男孩喜歡粗魯遊戲的傾向是天生的。這同時也意味著，別的男孩不喜歡粗魯遊戲的傾向也是天生的。試著讓害羞、不喜歡打人或被打的男孩報名美式足球，並不會產生有建設性的結果。

我要如何解釋這句話和之前引述的卡根研究呢？卡根建議家長干預、推害羞的兒子一把，讓他變得更勇敢。在這裡，男孩的年紀是最大的關鍵。卡根指的是年紀很小的孩子，幾乎只有兩、三歲。我發現推兩歲兒子一把，讓他離開角落和大狗玩的家長往往能夠成功，尤其是如果狗不太粗魯的話。但是家長如果想逼十四歲愛讀書的兒子報名美式足球隊，就比較不容易成功。

有一些例外。我確實知道一個家庭，家長成功地讓十四歲的兒子報名參加足球隊。他們事先聯絡了教練，詢問兒子是否可以只嘗試開球員的位置。教練同意了（他剛好缺一位開球員）。兒子進了球隊。沒有人誤以為他是在開玩笑。他在球隊裡交了兩、三個朋友。他的社交地位提升了，因為他現在是足球員。他告訴我，他和男生相處比較自在了。他說：「我以前走過一群男生的時候會很緊張，因為七年級的時候他們對待我的方式。但是我開始當開球員並且表現很好之後，一切都改變了。同樣的那些傢伙，以前會欺負我，現在我又踢進一分之後，會拍我的肩膀。」他的自信似乎也提升了。

如果你的兒子是非典型男孩，畫人、寵物和樹；不喜歡粗魯的運動；朋友多半是女生，男性朋友很少；那麼，或許可以溫柔地推他一下。或許不是美式足球，但是幫助他在全部或大部分都是男性的活動中感到自在。馬丁的父親提議的度假活動——過夜的釣魚之旅——是很好的點子。有你信任的成年男性帶隊、大部分都是男性參加的露營或滑雪活動也很好。

我寫了本書第一版之後，收到很多讀者的電子信件，挑戰這一點。他們責備我，因為我鼓勵家長推非典型兒子一把，去參加典型的、大部分是男孩的活動；但是我沒有鼓勵家長推男孩子氣的女兒一把，去參加典型的、大部分是女孩的活動，這似乎不太公平。

我同意。看起來不公平，但是有道理。我解釋過了，非典型男孩如果在青春期一直保持非典型男孩的生活模式，明顯地比較容易感到孤單、焦慮和憂鬱。非典型女孩卻不會有此危機。還有，只要她願意，女孩似乎不需要別人幫忙，就能變得比較女孩子氣。我看過男孩子氣的女孩在幾天內，甚至幾小時內，就適應了女孩子氣的表現，比方在學校舞會的季節。她們也可以脫掉晚禮服，輕易地回到男孩子氣的角色，穿著牛仔褲和T恤，在男孩的遊戲裡打敗男孩。

我已經說過了，國中的時候，男生叫我「小女生」和「娘炮」。馬丁的母親告訴我，男孩經常無情地取笑她的兒子，說他是同性戀。同樣地，非典型女孩和女人也告訴我，有些人相信或暗示她們是女同性戀，尤其是如果她們不想參加典型女孩的活動、不化妝、不像其他女孩愛說閒話的時候。現實到底是怎樣？非典型的男孩和女孩會比典型的男孩和女孩更可能是同性戀嗎？雙性戀呢？接下來我們要討論這個議題。

第10章

女同性戀、男同性戀、雙性戀

丹尼爾

你知道當某個人做了壞事時，媒體常會採訪他的鄰居，「我們從來沒有想過他會做出這種事來，」鄰居通常會這樣說：「他總是很和善，是個很**正常**的人。」

當我聽到溫蒂和保羅在描述他們的兒子丹尼爾時，感到我好像陷在這種訪談之中；丹尼爾那時正要開始讀十一年級。「丹尼爾是一個完全正常的男孩，」溫蒂說：「我是說他非常的男子氣，喜歡玩卡車、火車、打美式足球、踢足球，玩每一個小男孩喜歡玩的東西，你知道，他全身上下沒有一點陰柔的氣息。」

「現在他是學校美式足球代表隊的防守線衛球員兼進攻組的邊鋒，」保羅說：「上禮拜教練告訴我，假如他打得再好一點，就有希望加入大學球隊。」

「但是，我們發現了**這個**。」溫蒂把長達幾十頁、丹尼爾的電子郵件和簡訊列印稿拿出來給我看。我很仔細地讀：

……假如你對男生的相片衝動，你就是同性戀嗎？我試著對女生的相片性幻想，但是我都是想像她是男生，我看著女生的頸子時，假裝它是男生的頸子。我知道這很噁心，但是我一直希望相片裡的女生是男生，我沒有辦法控制。

我翻到下面一頁：

假如我真的是同性戀，我就會自殺，我會把車開到海灣大橋，然後衝下去，我想那樣做應該很酷。我可以去租一輛敞篷車，然後從橋上飛出去，我會在這麼做之前先吃藥得到高潮，只要一躍你就一了百了，什麼問題都沒有了。我只是擔心死不了，落得腦傷或麻痺半身不遂，我可能會像超人克里斯多夫・李維（Christopher Reeve）那樣，只是我不像他那麼有錢。假如要自殺，我必須確定一次就成功，因為可能沒有第二次機會，你了解我在說什麼嗎？

丹尼爾的朋友回傳：

當你的車飛在空中時，對你的大腦開槍，這樣你一定會死成的。

「這真是好朋友，」我在想。「丹尼爾的這個朋友是誰？」我問。

「我們不知道，從他的電子信箱用戶名 Skibum678 無法得知。」保羅說。

「丹尼爾知道你們在讀他的電子郵件、你們看到了這些訊息嗎？」

溫蒂和保羅兩人同時搖搖頭。

「你為什麼會想到去搜查他的電子郵件？」我問道。

「他在學校的時候，我檢查他手機裡的相簿，發現有色情影片，」溫蒂說：「全是男同性戀的影片。我把這些給保羅看，他……」①

「溫蒂問我男生是否都會經歷看男同性戀色情影片的階段，我說**絕對沒有**！我就從來不曾看過像這樣的東西；我根本不曉得有這種東西。」

「我們想問你一些問題，」溫蒂說，望著她手上寫的紙條：「我們的第一個問題是，**你認為丹尼爾是同性戀，或只是暫時的階段、以後就會過去？**第二個問題是，**假如丹尼爾是同性戀，我們該怎麼辦？**第三個問題是，**怎麼會發生這種事？**是我們做了什麼或沒做什麼，才使他變成同性戀嗎？」溫蒂一邊念同時眼睛充滿淚水，「他長大後會變好嗎？我們上網去查這方面的資料，但是太多的網站，我們不知道該相信哪一個，所以我們想先從問你開始。」

在我還沒有回答之前，保羅說：「他不可能是同性戀，我的意思是，看看跟他出去約會的女孩子，他曾經約過全校最美麗的女孩，上個月他約出去那個叫英格麗什麼的女孩真是美極了。」

「英格麗．羅斯默森，她是個很可愛的女孩子。」溫蒂說。

「假如一個人是同性戀，他為什麼要約漂亮的女孩子出去？」保羅說。

「有很多理由，」我說：「其中一個就是在丹尼爾這個年齡，很多同性戀的男孩都不確定自己是不是真的同性戀，他們懷疑自己是不是雙性戀或者其實根本並非同性戀。他們認為只要找到對的女孩子——一個可以使他產生性衝動的女孩子——那他就不是同性戀，一切就沒事了。」

「丹尼爾和英格麗只約會過一次，」溫蒂說：「我問他情況如何，他說很好，我問他要不要再約她出去，他只是聳聳肩說可能會、可能不會。」

「一個孩子即使知道自己是同性戀，他仍然會持續約女孩子出去，因為他不想讓別人知道，」我繼續說：「他甚至可以跟女孩子親熱、發生性關係，來平息有關他性偏好的謠言。」

「一個同性戀的人怎麼可能跟女生上床？」保羅問。

「很容易，」我說：「他只要想像他在跟另一個男生做愛就可以。」

「噁心。」

「異性戀的犯人在監獄中跟其他男人性交也是這樣，」我說：「他們想像他們在跟女人性交。性衝動跟你兩耳之間的關係大於兩股之間的關係。」

保羅和溫蒂花了一陣子的工夫思索我剛剛講的話。

「很少青少年是準備好可以出櫃的，」我繼續說：「大部分的同性戀男生都非常害怕別人可能知道他的性偏好，在這同時，他們又極需要一個人跟他們談，一個他們可以相信的人。就像所有的青少年一樣，他們感受到很強的性衝動，他們在尋找宣洩的出口。」

「或許他只是雙性戀，而不是百分之百的同性戀。」溫蒂許願式地說。

「真正的雙性戀男人很少，」我說：「很多自稱雙性戀的男人其實是同性戀，只是不願意承認自己的同性戀傾向罷了。社會對雙性戀的歧視比同性戀低。」

「我其他問題的答案呢？他長大會好嗎？這可能只是一個過渡階段嗎？」溫蒂問。

「我們應該這樣來看同性戀，」我說：「從生物學看，同性戀者和非同性戀者的差異就好像左撇子和右撇子的差異一樣，左撇子並不會因為長大了就不再慣用左手，他也不會突然哪天很神奇地變成右撇子。」

「有些人天生介於兩者，」溫蒂滿懷希望地說：「有些人可以左右開弓。」

「有些人的確是介於兩者之間，」我同意道。

「你是說這不是我們的錯，」溫蒂說：「並不是我們扶養他的過程出了什麼問題，我想這點很令人放心。但是我們該怎麼辦？他的電子郵件顯示他在想著自殺，我們應該忽略這個訊息嗎？」

「當然不行，」我說：「只是我建議你們先去找一下本地的青少年同性戀團體，跟裡面的輔導員談一下，他們會給你許多應該怎麼做的忠告，也會教你怎麼讓丹尼爾和其他人聯絡。」

「我簡直無法相信你竟然會叫我們送丹尼爾去同性戀的治療團體，」保羅喃喃地說：「他可能會染上愛滋病。」

我不理會他的話。「讓我給你一些電話號碼，假如你們不好意思打，我替你們打，趁現在我們都在這裡的時候，問出一些資訊來。」

右和左，對和錯

在今天的美國，甚至全世界，一旦討論到同性戀，就很可能變得很政治化。②我們不難看出為什麼。二〇〇三年，同在美國的十三個州裡，同性戀都還是犯罪行為，曾經有兩個大學男生合意性交卻被送進監獄；③我下筆的現在，在全世界的七十四個國家中，同性戀仍然是違法的；④當我分享男同性戀、女同性戀和雙性戀的研究主題時，比較保守的人有時會覺得我在衛護同性戀者，而站在另一邊的人則有時認為我太膽小或太保守了。

我已經（很艱苦地）學到，我們必須從最一開始的地方下手：討論什麼是正常，什麼是正常的變異，什麼是病態，什麼是不道德，以及誰來決定什麼是什麼。這都是不同的議題。你和我必須首先確定我們彼此了解對方的意思。

我發現，一開始對話時，先不要討論同性戀，而是討論左利（左撇子）。一百年前，左利被視為**病態**：不正常、需要干預、需要將左利改成右利。那個時代的人普遍認為左利不正常。許多文化在許多不同的時代也都這麼認為，甚至認為左利和邪惡或軟弱有關。拉丁文的「左」正是「邪惡」的字源。古老英文的「左」指的是「軟弱」或「弱點」。法文的「左」則意味著「剩餘」、「笨手笨腳」或「無能」。

一百年前，老師都會「糾正」左利兒童，強迫他們用右手寫字，不能用左手。杜魯門總統還記得自己小時候被迫用右手寫字，不能用左手。⑤到了二十世紀中期，這一切開始改變，部分是因為大家認知到左利其實很**常見**，而且左利是**天生**的。現在大家都知道，有百分之七到百分之十的人天生左利，儘管左利的傾向在童年早期或中期表現並不明顯。最後，左利成為了「正常的變體」：人數不如右利的人來得多，但也在正常範圍內。

現在讓我們比較左利和家族性高膽固醇血症。此症是遺傳疾病，患者即使只吃健康食物，膽固醇濃度都會過高。這不是他們的選擇。沒有人選擇有這個疾病。家族性高膽固醇血症就像左利一樣，是天生的：除非積極治療，用藥物控制膽固醇濃度，否則可能導致中風、心臟病發作、早死。因此，家族性高膽固醇血症被視為**病態**。這不是「正常的變體」。一般而言，**需要藥物治療的狀況都不算是正常的變體**，而是超過了正常範圍的病態。相反地，不需要藥物治療的狀況則是正常的變體。

同性戀的社會發展軌道很像是一個世紀前的左利。一百年前，大家認為同性戀人數很稀少，而且是病態的；在二十世紀早期和中期，醫生經常建議「矯正治療」，以治療男同性戀者。許多治療方法直到二十世紀中期還廣泛應用，現在都被認為極為野蠻。請看看圖靈（Alan Turing）的例子。

今天，圖靈被大家視為過去五百年裡最偉大的數學家之一，二次世界大戰時，他協助發展了破解德國密碼的機器。在電腦問世之前，他就寫了幾篇關於人工智慧的關鍵性重要文獻。但是在一九五二年一月，公眾尚未廣泛知道他的天才的時候，他就因為同性戀行為被逮捕。他沒有抗議。法官給了他兩個選擇，監禁或是化學去勢：注射女性荷爾蒙以消除男性性慾。他選擇了注射。一九五四年六月七日，他因為氰化物中毒而逝世。他的死亡被裁定為自殺。

今天，大部分研究者同意，同性戀是正常的變體，就像左利是正常的變體一樣。我演講時一說出這句話，就一定會有人舉手抗議。

兩項抗議

當我針對這個主題演講，到了這時，一定會有人舉手——有時乾脆直接打岔。一個人說：「薩克斯博士，同性戀在道德上是錯的。你是誰？有什麼資格說同性戀正常？或是正常的變體？」

我的答案是：在道德上，行為是對或是錯，和行為正常不正常是完全分開的兩個問題。行為可以正常卻不道德。例如，適當地享受喝酒是正常的行為，但是在許多文化或宗教裡——例如伊斯蘭教和摩門教——被視為不道德，是錯的。我不是要讚美或批評伊斯蘭教或摩門教，我只是在解釋，一個行為可以完全正常，但是在某些信仰體系中，被大家認為是錯的。沒有任何道德組織或宗教能夠主張，他們認為錯的一切事情都是不正常的，都沒有建設性。我們不能將「錯」和「不正常」畫上等號，好像是同一回事。它們不是同樣的事。有些事情從醫學角度看很正常，但是從你的觀點看，還是錯的：例如，如果你是摩門教徒，而我們討論的是啤酒的話。

當我主持女同性戀、男同性戀、雙性戀、跨性別的工作坊時，我會問：是什麼造成一個人是同性戀，而不是異性戀？天生或養成？這時候又會有人舉手。一位觀眾說：「薩克斯博士，我認為你的問題很冒犯人。你問『是什麼造成了同性戀？』暗示了同性戀有什麼不對勁。」

這不是真的。我們可以很合理地問：「什麼造成了左利？」而沒有暗示左利有何錯誤。左利比右利少見，所以問「什麼造成左利」並不會不恰當。同樣地，同性戀比異性戀少見，所以問「什麼造成同性戀」也完全合理。

為了研究同性戀、左利或任何狀況的天生元素，最有幫助的就是做雙胞胎研究了。同卵雙胞胎的 DNA 完全相同。一般而言，異卵雙胞胎有大約一半的 DNA 相同，就和任何同父同母的手足一樣，如果一項特質在同卵雙胞胎中出現的機率大於異卵雙胞胎，就證明說這個特質是遺傳造成的，至少遺傳是部分因素。

西北大學（Northwestern University）的貝利（Michael Bailey）與同事進行了一項大型研究，調查同性戀者的雙胞胎兄弟是否也為同性戀，結果顯示，有**同卵雙胞胎**兄弟的同性戀者，百分之五十二的兄弟也是同性戀；有**異卵雙胞胎**的同性戀者，只有百分之二十二兄弟也是同性戀。有被**收養**的兄弟的男同性戀者，只有百分之十一兄弟也是同性戀。同卵雙胞胎有較高的一致性，提供了很強的證據，證明男同性戀有很強的遺傳元素；也就是說，在某個程度上，同性戀是天生的。⑥

接著，貝利與同事使用澳洲的全國雙胞胎數據進行更大規模的雙胞胎研究。這次，他們不只檢視男同性戀者，也檢視了女同性戀者。他們在同卵雙胞胎男性之中，再次找到很強的一致性：如果一個人是同性戀，同卵雙胞胎可能也是同性戀的機率就大多了。異卵雙胞胎的一致性較低。女性的模式不同：如果女同性戀者有同卵雙胞胎姊妹，姊妹也是同性戀的機率只比異卵雙胞胎稍稍高一點。⑦最近在瑞士的大型雙胞胎研究也有類似的發現。⑧雙胞胎研究的證據顯示，比起女同性戀，基因在男性同性戀身上扮演了更重要的角色。

貝利和同事最近重新檢視了所有發表過的雙胞胎性傾向研究，他們發現，一般而言，同性戀者的同卵雙胞胎有百分之二十五的機率也是同性戀者，同性戀者的異卵雙胞胎則只有百分之十三。⑨結果顯示同性戀受到遺傳影響，但是也顯示受到了環境影響（否則的話，同性戀者的所有同卵雙胞胎都應該是同性戀）。貝利的團隊澄清說，他們所說的「環境」影響比「社會環境」影響更大——父母和同儕對待我們的方式——也包括了生物元素在內。

並非遺傳的生物元素之一就是哥哥姊姊。你有幾個哥哥姊姊？如果你有兄姊，是哥哥還是姊姊呢？答案提供更多證據，顯示男同性戀和女同性戀的基礎不同。二十多年前，心理學家布蘭查德（**Ray Blanchard**）注意到，有哥哥的男性比沒有哥哥的男性更可能是同性戀者；哥哥越多，越可能是同性戀者。⑩姊姊則沒有影響，弟弟和妹妹也沒有影響。更新的研究顯示，只有同一個母**親生的**親哥哥才有這個影響，收養的哥哥或同父異母的哥哥都沒有影響。⑪布蘭查德和同事發現，女同性戀者則完全沒有這種現象。姊姊、哥哥、妹妹、弟弟都不會提高或減低女孩長大成為同性戀者的可能性。⑫根據這些結果，布蘭查德認為免疫系統在男同性戀者的發育上扮演了某種角色，但不影響女性；布蘭查德還特別認為，女人每次生了兒子，都會激化母體內針對Y染色體的抗體，每次生男孩，母體就會製造更多抵抗Y染色體的抗體，而這些抗體提升了男嬰成為同性戀的可能性。⑬這個發現稱為「兄弟出生順序效應」。雙胞胎研究和兄弟出生順序效應的影響，都提供了很好的證據，顯示同性戀有其生物基礎，而男同性戀的基礎和女同性戀的基礎不同。

口紅女同性戀者和其他變體

現在有很多證據顯示，男同性戀和女同性戀都有兩種，可以稱為硬或軟、男性和女性。有些男同性戀者展現男性特質，甚至過於男性，像是騎重機、穿皮衣的肌肉男；其他男同性戀者則非常女性化。同樣地，女同性戀者也分為女性化和男性化。女性化的女同性戀者也稱為「口紅女同性戀者」：穿著傳統的女性衣著，喜歡做傳統的女性娛樂、保持女性氣質，比方化妝；男性化的女同性戀者則可能剪短髮，對化妝沒興趣。無論男或女同性戀者，都常常是異性相吸：例如，男性化的女同性戀者喜歡口紅女同性戀者。網路搜尋「狄珍妮（Ellen Degeneres）和德羅西（Portia de Rossi）的婚禮」，就知道是怎麼一回事了。但是，這種配對雖然很常見，卻絕對不是普世皆然。我遇過的情況包括兩位男性化的女同性戀在一起，或是兩位女性化的男同性戀在一起，或是兩位男性化的男同性戀在一起。

這些差異往往在生命早期就很明顯了，並且有其後果。貝利報告說，女性化的同性戀男孩會比男性化的同性戀男孩更早知道自己是同性戀。⑭喜歡穿女孩衣服、玩娃娃的男孩會被其他男孩取笑，並且說他是同性戀；如果他問成人「同性戀」是什麼意思、思考之後，這個男孩可能開始懷疑自己的性傾向。喜歡玩美式足球的男孩不會被取笑。他和其他男孩一起玩。他可能花更長的時間才明白自己對女孩子沒興趣。相對地，喜歡和豬玩摔角的男性化女孩，會比喜歡化妝的女性化女孩更早知道自己是同性戀者。

我身為臨床醫師的經驗，看過很男性化的男同性戀者、很女性化的男同性戀者，以及各個方面都完全和異性戀男性無法分辨的男同性戀者。這是一個連續的光譜；同樣的地，我看過穿著軍靴的女同性戀者，也看過抹口紅化妝的女同性戀者，以及和異性戀女性無法分辨的同性戀女性。

在男同性戀之中，不同文化的男性和女性特質分界不同。在我們的文化裡，包括所有二十一世紀的英語文化在內，男同性戀者的女性化刻板印象仍然是主流。二〇〇三年夏季，精彩電視台（Bravo）推出每週的電視節目《酷男的異想世界》（*Queer Eye for the Straight Guy*），《每週娛樂》（*Entertainment Weekly*）稱之為那個夏季最紅的節目。⑮每一週，由五位男同性戀者組成的團隊跑到一個很不時尚的異性戀男性家中，把他改造為一個非常時尚誘人的男神，改造過程大概要花三天時間。一開始，異性戀男子被塑造成對品味毫無概念的直男。男同性戀團隊幫他買衣服、重新布置他的家，甚至教他如何刮鬍子等等。這是個很好笑的節目。但是它帶來的訊息有多正確呢？在時尚和個人外表上，男同性戀者真的很自然地比異性戀男性更有能力，也更女性化嗎？

貝亞爾德（Louis Bayard）是男同性戀者，自認為很邋遢，他幫《華盛頓郵報》寫了一篇社論，描述這個電視節目如何成為「男同性戀社群中的主要問題……節目給了我以及沉默的大多數男同性戀者很大的壓力，我們其實沒那麼時尚。」貝亞爾德繼續仔細描述他有多麼邋遢。他的公寓中到處有蜘蛛網和昆蟲屍體，貓砂盆在「過去十年裡」都從未清理過；他煎培根肉的時候，會把肉煎成焦的，火災警報器都響了起來……而且他還把那些黑黑的培根吃了。他穿紅色的T恤，搭配著藍白條紋的短褲。

他多年沒有擦過鞋了……他寫道：「邋遢不分性別。」⑯

這又和前一章有何關聯呢？在第九章裡，我們談到非典型男孩、不喜歡打人或被打的男孩，比較喜歡刻板印象中女孩子的休閒娛樂活動。這些非典型男孩更可能是同性戀嗎？

是的，沒錯。非典型男孩比典型男孩更有一點點可能是同性戀。⑰許多男同性戀者記得自己小時候是非典型男孩。⑱例如在一項研究中，研究者比較了一千名男性與女性的同性戀者，以及五百名男性和女性的異性戀者，發現男同性戀者比男異性戀者較可能有非典型的行為與喜好，比方男同性戀者比男異性戀者更可能說自己小時候不喜歡運動，喜歡跳繩或玩家家酒。但是在這個研究中，少於一半的男同性戀者表示喜歡非典型活動，例如玩扮家家酒或跳繩，可見大部分的男同性戀者還是典型的男孩。⑲

所以我認為我們需要強調：許多男同性戀者小時候並不女性化，現在也不女性化。許多男同性戀者跟我說，當他們對別人說出自己的性傾向，而別人說：「可是你**看起來**不像同性戀！」時，他們感到非常挫折。很明顯地，不少人仍然以為男同性戀者應該會看起來很女性化，或行為很女性化。許多男同性戀者不符合這個刻板印象。過去三十年，身為醫生，我認識的許多男同性戀者都和異性戀男性很像，寧可看美式足球賽，也不想看花式溜冰。他們討厭談論自己的感覺。有些男同性戀者是非典型的，但是男同性戀者不一定就是非典型男性。相對地，非典型男孩長大也不一定會成為同性戀者。

當我們檢視關於女同性戀者的證據，小時候的非典型行為和成年時的性傾向之間，關聯性比男同性戀者更弱。有些研究者甚至認為，對於女性，無論小時候的行為是典型或非典型，和成年後是否為同性戀者毫無關係。這些研究者認為，女人是同性戀或異性戀的原因和童年行為無關，也無法用童年行為預知。⑳這個看法可能過頭了。有好的證據顯示，女孩小時候的行為確實可以在某個程度上預測成年後的性傾向。例如在一項研究中，研究者邀請女同性戀者和女異性戀者分享小時候的影片，女同性戀者就比女異性戀者更常參與典型的男孩活動，例如假裝鬥劍。㉑

性傾向與性認同

從表面看，口紅女同性戀者喜歡化妝，不像她的同性戀伴侶，反而看起來和喜歡化妝的男同性戀者更為相似。但是生物上的性別——無論男女——都比性傾向更為深刻——無論是同性戀或異性戀。男同性戀者，無論是比較男性化或女性化的男人，都更像男異性戀者，而不像女性。例如，描述理想性伴侶時，三十歲的男異性戀者一般都會選擇年輕女性，大約十八歲到二十二歲；相對地，三十歲的女異性戀者描述理想性伴侶時，會選擇比她大幾歲的男性。女同性戀者也是如此。在這個參數上，男同性戀者和男異性戀者幾乎沒有差別，但是和女性卻極為不同：無論是同性戀或異性戀，男性都喜歡比自己年輕很多的伴侶。男同性戀者和男異性戀者比較會同意，理想性伴侶的生理吸引力極其重要；女異性戀者和女同性戀者更可能認為，生理上的吸引力當然很好，但不是理想伴侶最重要的條件。㉒

有沒有興趣隨便發生性行為也是如此。男異性戀者和男同性戀者都同意，他們會喜歡和有吸引力的陌生人發生一夜情。女異性戀者和女同性戀者則對於持續的戀愛關係之外的性行為興趣較小。在第六章我們談到，大部分女孩以及大部分成年女性，首先在意的和最在意的都是**關係**。大部分男孩，以及不少的成年男性，首先在意的和最在意的則是**性**。許多青春期男孩和年輕男性——無論是同性戀或異性戀——會看著色情影片自慰，有些會雇用性工作者（男性或女性，看他的性傾向而定）。對著色情影片自慰或雇用性工作者，和保持相互的、持續的關係非常不同。你無法和螢幕上的影像建立關係。女孩和成年女性（無論是同性戀或異性戀）比較不會雇用性工作者，或是對著色情影片自慰，雖然也有些人會。無論是同性戀或異性戀，女孩和成年女性都更喜歡尋找有意義的關係，而非一夜情。

麥斯特斯（William Masters）和強森（Virginia Johnson）在做同性戀研究時，發現許多男同性戀者個性「超級男性」，經常為性而性，而不是在關係的脈絡裡。[23]麥斯特斯和強森花了好幾年，訪談了幾百位男同性戀者。許多男同性戀者告訴他們，有幾十甚至幾百名性伴侶，有時一個晚上就有不只一名性伴侶；有些男同性戀者提到和不認識的人發生匿名性交。相對地，麥斯特斯和強森發現，女同性戀者很少和陌生女性發生性行為。

有些研究者認為，男同性戀者比男異性戀者有較多的性接觸，這個現象可能反映出男同性戀者的「超級男性」。但其他研究者相信，男異性戀者和男同性戀者之間的差異，只是因為女性不喜歡隨便的性，而男異性戀者不得不配合。演化人類學者西門斯（Donald Symons）寫道：「如果女性也有興趣的話，男異性戀者可能就像男同性戀者一樣，和陌生人發生性行為。下了班，回家路上順便到公廁，花個五分鐘與陌生人口交。但是女性沒有興趣。」[24]對於和好看的陌生人隨便發生性行為，男人——無論是異性戀或同性戀——都比女人（無論是異性戀或同性戀）更感興趣。

雙性戀呢？

女異性戀者會受到有吸引力的男性吸引，女同性戀者會被有吸引力的女性吸引，對吧？所以，如果女性同時受到女性以及男性的吸引，會很少見，應該算是雙性戀，對吧？

不一定。

當研究者詢問女性，喜歡什麼性別的性伴侶，大部分女性會回答男性，少數女性回答女性，另一些少數女性回答無所謂，男性和女性都好。女異性戀者應該喜歡和男性發生性關係，但是當研究者給她們看男性與女性，或是女性和女性、男性和男性發生性行為的影片時，女異性戀者都受到同樣的性刺激。根據客觀的性興奮程度，女異性戀者受到這三種影片刺激的客觀表現是一樣的，包括男同性戀者和男同性戀者之間的性行為。㉕

當研究者問女異性戀者，哪一種影片比較刺激，她們會回答男性和女性發生性行為的影片最刺激，然後是兩位男性發生性行為的影片，最後則是兩位女性發生性行為的影片。女異性戀者嘴巴說的，和身體呈現的性興奮反應不同。㉖

研究者長期以來都知道，如果一個人告訴你，他會因為什麼性刺激而感到性興奮，事實可能並非如此。例如，青春期男同性戀者如果尚未接受自己的性傾向，可能會說他會受到漂亮女孩照片的刺激，而不會受到帥氣男孩照片的刺激。他可能真心相信，以為自己說的是實話。研究者有設備可以測量男人陰莖是否硬挺，稱為陰莖阻抗血流圖儀。這位年輕男同性戀者的陰莖會對帥氣男人的照片產生反應，而不會對美麗女孩的照片產生反應，客觀測量是基於血流量，可以精準測量實際發生的現實反應，而主觀回應——女人或男人告訴你的話——則可能受到諸多影響，例如他希望你如何看待他，或是他希望如何看待自己。

在我剛才描述的例子中，女異性戀者看了不同的影片。她們可能自認為是異性戀者，相信女異性戀者應該更受到男性與女性發生性關係的影片刺激，而比較不會受到兩位女性發生性關係的影片刺激，所以她們會這樣告訴研究者。這可能是她們真正的感覺。長期以來都有研究顯示，當你問一個問題，大部分的人會給你最符合他們自我概念的答案，否則他們將可能面對不愉快的狀況，心理學稱為認知失調。事實上，生殖器興奮的客觀測量顯示，女異性戀者看到兩名女性發生性關係時，受到的刺激和看到一男一女發生性關係時是一樣的。而對於女同性戀者，這個模式稍稍地比較不成立。女同性戀者看到兩個女性發生性關係時，確實比看到一男一女發生性關係有更強的生殖器興奮，但也只是稍稍高一點而已。

研究者發現，男人不同。男異性戀者會受到女性刺激，男同性戀則會受到男人刺激。事實上，比起一男一女的性行為影片，一般男異性戀者會更受到兩位女性發生性關係的刺激。如果影片中出現男人，即使是和女人發生性關係的男人，還是會讓一般男人比較不那麼興奮。男同性戀者的興奮則完全不同：他們完全會受到兩位男性發生性關係的刺激、完全不會受到兩位女性發生性關係的刺激，而一男一女發生性關係的影片則只會稍稍有一點刺激。㉗

男異性戀者和女異性戀者之間的差異很戲劇化。男異性戀者會受到女性刺激，卻不會受到男性刺激；但是女異性戀者——以生殖器興奮為基準的話——同樣會受到三種狀況的刺激：女性和女性、男性和女性以及男性和男性的性行為。這個差異讓貝利忍不住問：女異性戀者到底有沒有性傾向？㉘貝利認為，這個問題有一大部分是我們如何定義「性傾向」。如果性傾向指的是何種性行為會引起生殖器興奮，那你就可以了解貝利的想法了：女異性戀者會受到所有三種情況的刺激，所以，或許女異性戀者不像男性（同性戀或異性戀）那樣，她們並沒有強烈的性傾向。貝利引進了以前用的詞彙「性喜好」。我年紀夠大，還記得那個時代。三十年前，「性傾向」和「性喜好」等於是同義詞。過去三十年，「性喜好」一詞逐漸消失了；對男性而言，這個詞沒有意義。如果我們說男同性戀者有同性戀的「性喜好」，有時並不正確。我在本章一開始的時候，提到和一位年輕男性的父母對話。我認識這個年輕人，姑且稱他為丹尼爾。丹尼爾並不想當同性戀者。他寧可當異性戀者，但是他沒有選擇。當時，他的性傾向並非他的性喜好（幾年之後，丹尼爾確實接受了自己是同性戀者，並引以為傲）。

貝利認為，或許我們應該使用有意義的「性喜好」，至少可以用在女異性戀者身上。對於女性，無論是異性戀或同性戀，性滿足都不只是生殖器興奮或性高潮而已。首先，最重要的是有愛的關係——我們在第六章討論過這一點。女異性戀者可能說她比較喜歡和男性發生性行為，這一點當然很重要，因為在那個脈絡下，她比較可能覺得滿足與被愛。看到女同性戀的影片時，她有生殖器興奮，並不表示她「其實」是同性戀或雙性戀。這只意味著女性的性經驗比生殖器興奮來得更廣；這也可能意味著生殖器興奮不是性行為裡最重要的部分——至少對某些女性而言。

這個章節是要講雙性戀者，但是直到現在，我甚至還沒談到雙性戀者呢。一開始，我必須解釋主觀與客觀性興奮的不同，以及性喜好和性傾向的差異，才能讓雙性戀的研究有其道理。

有些女性確實是雙性戀者，沒有人質疑過這個事實。現在，我們四周充滿了希望我們知道她們男女皆可的女性，例如歌手凱莎（Ke$ha）告訴訪談者：「我不只愛男人，我愛人。」[29] 藝人麥莉・希拉（Miley Cyrus）則不甘示弱地說自己是「泛性別戀者」。她告訴記者：「除了動物之外，我和年紀允許、有意願的任何人都可以在一起。」[30]名人茱兒·芭莉摩（Drew Barrymore）、歌手女神卡卡（Lady Gaga）、影星安潔莉娜·裘莉、琳賽·蘿涵（Lindsy Lohan）、饒舌歌手妮琪·米娜（Nicki Minaj）、演員安娜·派昆（Anna Paquin）、歌手凱蒂·佩芮（Katy Perry）和蕾哈娜（Rihanna）都公開宣稱自己是雙性戀；可是卻沒有一大堆年輕男性名人希望你知道他們是雙性戀。

確實有人爭論，真正的雙性戀男性是否存在——多半來自男同性戀者的質疑。男同性戀者間的一句老話是：「你或者是異性戀，或者是同性戀，或者是在說謊。」[31]這句話反映了以前的一種潮流：男同性戀者會宣稱自己是雙性戀，因為——至少在以前——雙性戀的汙名化比同性戀的汙名化要輕。有很好的證據指出，有些認為自己是雙性戀的青春期男孩，幾年後會承認自己是同性戀。[32]

貝利和同事招募了三十位男異性戀者、三十三位男雙性戀者、三十八位男同性戀者參與研究。在這個研究中，研究者詢問他們喜歡何種性別的性伴侶，以及他們覺得自己是同性戀、異性戀或雙性戀，以決定他們的性傾向，接著給他們看兩位男同性戀者或是兩位女同性戀者發生性行為的影片。無論是主觀或客觀上，大部分男同性戀者會比較受到男同性戀影片的刺激；而無論是主觀或客觀上，大部分男異性戀者則會比較受到女同性戀影片的刺激。

那麼，男雙性戀者呢？如果男雙性戀者「真的」是雙性戀，那麼，他們之中應該有些人受到兩種影片相同的性刺激，或幾乎相同。但是貝利和同事的數據分析顯示「期待的結果一點也沒有出現。男同性戀者和男異性戀者都會受到某一種性別的影片更強的刺激，男雙性戀者也是一樣。」㉝男雙性戀者之中，大約有四分之三的反應和男同性戀者相同；四分之一和男異性戀者相同。

貝利的研究獲得許多新聞報導。國家公共廣播公司甚至訪談了貝利。主持人一開場就說：「自稱是雙性戀的男人可能沒有說實話。」㉞最近，貝利進行了另一個研究，更努力找出真正是雙性戀的男人。這次，研究者不只是問他們是否為雙性戀者，而是必須至少和男性，以及女性各自有過兩次性行為才能參加研究；他也必須和一位女性，以及一位男性各自維持戀愛關係至少三個月以上。研究對象事前並不知道參與研究的條件，問題只是：「你是否和男性有過戀愛關係？如果有的話，維持多久？」研究者知道，有些青春期少年認為自己是雙性戀，但是二十多歲之後「出櫃」，成為男同性戀者。所以，每一位參與的人必須在二十五歲以上。

這次，貝利和同事確實找到「真正」的雙性戀者：無論以主觀或客觀標準，他們都會受到男性和女性相同的性刺激。㉟貝利和研究團隊承認這種男人很少見，但確實存

在。這個最新的研究沒有吸引到主流新聞媒體的注意，國家公共廣播公司也沒有因此訪談貝利。㊱

女雙性戀者比較常見。男雙性戀者比較少見，但確實存在。

女同性戀

我們前面談過，女人和男人對性的看法很不一樣，不管她們是同性戀還是非同性戀皆如此。戴蒙（Lisa Diamond）教授最近質疑男性的同性戀和非同性戀分類原則，是否可以原封不動套用在女性身上。戴蒙教授花了五年時間訪談女同性戀者，這些女人和另一個女人發生性關係並不是因為她要找個女人從事性行為，而是她愛上了這個女人，因此有性的親密行為是很自然的下一步動作。㊲許多女人拒絕「女同性戀」、「非同性戀」或「雙性戀」這些標籤，她們堅持她們是在個人的層次上與別人交往，是因為喜歡對方才希望有永久的關係。就好像你愛上一個人，很自然會希望跟他在一起，握他的手、親吻他，然後自然會發生親密的性關係。

性與愛有什麼關係？我們在第六章談過一些，但是戴蒙教授是探討它們為何與同性戀和異性戀有關。大部分的人，甚至大部分的心理學家，都假設羅曼蒂克的愛是來自性的慾望；事實上，上個世紀整整將近一百年的時間，心理學家都認為羅曼蒂克的愛與潛意識的性慾沒什麼差別；「與愛何干？」是女歌手蒂娜．透納（Tina Turner）在一九八四年的熱門單曲，「除了一種二手情感，愛還能是什麼？」這種觀念在那時顯得如此現代和前沿，但可能並不準確——至少對女性而言。戴蒙和許多其他的心理學家如今認為，羅曼蒂克的愛與性的需求可能源自完全不同的大腦區域——至少對女性來說；至少對某些女性來說。心理學家注意到，羅曼蒂克的愛和長期的戀愛關係與親子關係有許多共同點，[38]或許愛人彼此稱呼對方為「寶貝」（baby）不是偶然；或許愛和情意與性慾源自大腦不同的地方（至少對某些女生來說），或許戀愛關係與親子的愛來自同樣的大腦部位。這個想法就是心理學上新出現的依附理論（attachment theory）的核心。

假如拿依附理論解釋（某些）女性羅曼蒂克的愛的基礎是對的，那就可以重新思考我們對同性關係的假設。「嬰兒不會選擇性地依附同性或異性照顧他的人，」戴蒙指出。[39]親子間的依附關係並沒有先天設定與哪一個性別，母親和兒子的聯結（bond）並不會比較緊，父親與女兒的聯結也不會比較緊。但是假如親子的依附關係並沒有偏向與嬰兒性別相對立的性別、假如親子依附關係形成的神經機制與成年後羅曼蒂克的依附有一部分是相同的，至少對某些女性來說，那麼一個正常的女人就很可能對另一個女人經驗到戀愛的感覺，而並不一定希望與她發生性的親密關係。

戴蒙發現，女同性戀關係往往始於友誼。兩個女人可能發展出很深厚的友誼、願意花很多時間在一起，甚至互相擁抱，卻自認是「異性戀者」，兩人都沒有想過要探索彼此之間的性關係。然而她們與女朋友之間的關係，可能比和她們的丈夫或男朋友的性關係更親密、更有情緒上的滿足感。你該怎麼劃分這些女人是同性戀還是非同性戀？「性傾向如何傾向法？」戴蒙問。她認為我們現在對同性戀和非同性戀之間的僵化類別，在談到女人時就有點模糊了。

在異性戀和同性戀之間，何處畫出分隔線？對所有女性而言，這條線有同樣的意義嗎？你會發現，戴蒙的看法和貝利的看法有些重疊，認為異性戀女性其實沒有性傾向。戴蒙的研究指出，如果對的女人進入她的生活，許多自認為是異性戀的女性可能其實也是雙性戀。如果這是真的，便也表示如果對的**男人**進入她的生活，許多自認為是同性戀的女性，可能其實是雙性戀——不是全部、不是大多數，但對有些女人來說確實如此。

如果……你需要知道什麼

這本書主要是為家長、教師和其他與孩子工作的人寫的。本章截至目前為止，我提供的資訊只是基礎，最重要的是：如果你的孩子來跟你說，他不是異性戀時，你需要知道什麼、能夠做些什麼。

你需要知道：非異性戀的孩子比異性戀的孩子更容易憂鬱。[40]一項研究發現，非異性戀的孩子當中，有百分之二十在過去一年裡面嘗試過自殺；[41]比起異性戀孩子，非異性戀的孩子使用毒品和酒精的人數幾乎是前者的三倍。[42]但是這個現象並非無法避免。如果有家長的強力支持，女同性戀和男同性戀的孩子就比較不會出現這些問題。[43]

「強力支持」意味著什麼呢？

這表示你告訴孩子：「我會永遠愛你，無論你是異性戀或同性戀。」

這表示當女兒帶女朋友回家認識父母時，你溫暖地招待她，就像你招待女兒的男朋友那樣。

這表示你去和學校的輔導人員談話，確定學校有很好的做法和政策，預防你的孩子受到霸凌。在這一點上，過去三十年確實有很大的進步。一九八〇年代，我還是年輕醫生時，有位同性戀男孩在高中受到霸凌。家長聯絡學校，告訴他們發生了什麼事情，而學校人員聳聳肩，態度就像是：「你期待什麼呢？他是同性戀啊。」今天，這種反應非常稀少了。還是會發生——你在網路上可以看到許多故事——但是比二十、三十年前少得多了。

非異性戀孩子的家長最常提出來的問題是：「他們長大會改變嗎？」這個問題沒有標準答案，要看你在講的是女孩還是男孩。如果是兒子告訴你他是同性戀，答案就是：「不會改變」，他幾乎一定不會改變。幾乎所有的同性戀男孩都會變成同性戀男人，而且一直會是同性戀男人。

如果是女兒告訴你她是同性戀，或者說她愛上了一個女孩，想要與她有親密關係，答案就很難說了。沒有標準版的故事。有些女同性戀者會說：「我一直知道我是同性戀。」就像男同性戀者會告訴你：「我一直都知道我是男同性戀。」我認識一個女孩（姑且稱她為梅麗莎），在十五歲時瘋狂愛上一個十七歲男孩（姑且稱他為凱拉伯），和他約會了幾個月，直到凱拉伯跟她提出分手。一年後，梅麗莎愛上一個女孩。梅麗莎告訴我：「我一直以為自己是異性戀，直到我遇見葛雷琴。」葛雷琴是梅麗莎最好的朋友。她們在家裡蓋同一張棉被、一起窩著看電影；她們擁抱。葛雷琴曾經和一個女孩談過戀愛，但是梅麗莎從來沒有過。有一天，葛雷琴碰觸梅麗莎的方式與以往不同。梅麗莎本來要推開她的手，但是葛雷琴說：「我這樣做的時候，你不喜歡嗎？」梅麗莎告訴我，她必須想一會兒才明白自己**確實**喜歡。

幾週之後，梅麗莎告訴媽媽她是同性戀。媽媽說：「但是凱拉伯呢？你說你愛凱拉伯！」媽媽試圖說服梅麗莎，她其實是雙性戀，或是搞錯自己的性傾向了。**這是個錯誤**。我當然了解媽媽的立場。梅麗莎確實可能是雙性戀。戴蒙發現，有些女人可以這一年和女人戀愛、下一年就和男人戀愛了。當女人在一個女女的戀愛關係中時，會以為自己是同性戀，而當她和男人戀愛時，又可能認為自己是異性戀。和她爭論她是什麼毫無意義。大部分時候，和你的女兒爭論她到底是什麼，同樣也沒有意義。

我有一個建議：如果你的女兒像梅麗莎一樣，一年後和葛雷琴分手，開始和一位年輕男性約會，你不要說：「我一直知道同性戀只是一個階段而已。」這是個很大的錯誤。原因很多。首先，這不是「一個階段而已」。第二，你這樣說，對女兒和她的關係都不夠尊重。如果你有像梅麗莎這樣的女兒，她很可能是雙性戀；她可能今年和男人在一起、明年和女人在一起。如果你貶低她的同性戀關係，也不會減低她未來擁有更多同性戀關係的可能性：你只是提升了她不告訴你她同性戀關係的可能性。你和女兒的距離只會變得遙遠。幾年後，當她宣布要和一位女性結婚時，你會是最後一個知道的人。

你不希望如此。你要讓自己一直是女兒生活中重要的一部分。如果你假裝女兒是一個並非她自己的人，你不會達到這個目標的。

今天，我比較不會像二、三十年前那樣，經常聽到家長提出這個問題：「有沒有什麼訓練方案可以改變我的孩子？」答案是：「沒有。」沒有任何方案可以有效改變任何人的性傾向。有許多方案宣稱可以改變一個人的性傾向，但是往往不能，或是提不出證據。有幾個州，例如加州和紐澤西州，都將宣稱可以改變孩子性傾向的「修復治療」列為違法了。㊹

關於性傾向，還有很多沒有答案的問題，有些（在我）看來急迫需要答案。例如荷蘭研究者發現，兩位男同性戀者關係中的男性，和與女性結婚的男異性戀者比起來，自殺的機率是後者的八倍；相對地，兩位女同性戀者關係中的女性，和與男性結婚的女異性戀者比起來，自殺的機率相同。研究者指出，荷蘭是世界上最能容忍、接受同性戀者的國家之一，而且近年來還變得更能容忍、接受了，但研究中年輕的男性和年紀大的男性自殺機率相同。㊺關於這項結果背後原因的研究非常少，我認為我們亟需找出為什麼、如何預防。

大部分家長，就像大部分成人，都是異性戀者。如果你是異性戀者，孩子卻告訴你他是同性戀者，你可以覺得驚訝、困惑，甚至不開心，但是我建議你不要讓孩子看到你晚上哭著入睡。如果孩子看到你哭得稀哩嘩啦，他會很難接受「即使你是同性戀，我還是愛你。」的說法；你的兒子可能懷疑你說的話是否真誠。

你可以尋求協助。不一定是專業協助：你或你的孩子並沒有問題（除非他覺得焦慮、憂鬱或有其他精神疾病）。你可以和其他輔導異性戀家長度過這個階段的人談一談：同性戀者的家長、家庭、朋友。事實上，我知道有一個團體值得推薦：同性戀者的家長、家庭和朋友（Patrents, Families, and Friends of Lesbians and Gays）。名稱很長，所以在二〇一四年改為 PFLAG，網址為 www.pflag.org。如果你點「找到聚會所」（find a chapter），就可以找到離你最近的分部。美國五十州以及哥倫比亞特區和波多黎各都有他們的分部。如果你在加拿大，請去 www.pflagcanada.ca。在英國，請去 www.pflag.co.uk。在澳洲，請去 www.pflagaustralia.org.au。（無論是商業或其他，我都和 PFLAG 沒有任何關係。）

我們已經看到，同性戀女孩面對特別的挑戰，同性戀男孩也是。但是無論如何，同性戀女孩還是女孩，同性戀男孩也還是男孩。那麼，說自己是卡在男孩身體裡的女孩呢？或說自己是卡在女孩身體裡的男孩呢？這是我們下一章的主題。

第11章

雙性人和變性人

雙性人

人類物種的正常狀態是：母親貢獻卵子，裡面有一個X染色體；父親貢獻精子，裡面有一個X染色體或是一個Y染色體。如果X染色體的精子讓卵子受精，結果是有XX染色體的女孩，生下來有一個陰道和兩個卵巢。如果Y染色體的精子讓卵子受精，結果是有XY染色體的男孩，生下來有一個陰莖和兩個睪丸。異性戀女孩和男孩是這樣。同性戀女孩和男孩也是這樣。

但有時候不是。

例如，在非常罕見的狀況下，兩個不同的精子——一個帶有X染色體，另一個帶有Y染色體——同時到達同一個卵子，雙雙讓卵子受精。這個現象稱為**雙重受精**。結果可能是同時擁有XX細胞（女性）和XY細胞（男性）的嬰兒，科學家稱為**XX／XY鑲嵌體**。①這種人可能擁有一個卵巢和一個睪丸，稱為雙性人，也就是陰陽人②（很久以前稱這類人為雌雄同體）。

雙性人非常稀少。我在《性研究期刊》（*Journal of Sex Research*）上面發表過一篇文章，審閱了所有關於雙性人的學術文章，把對於雙性人的各種估計加總在一起，我的計算結果是每一萬名新生兒中，有兩位是雙性人。③如果你是教師，每年教一百名學生，你會需要工作三十五年，才比較可能遇到雙性兒童。

雖然「雙性人」一詞仍然被廣泛使用，但是治療雙性人的醫生越來越喜歡使用「性發展異常」（disorders of sex development）或 DSD 一詞了，部分原因是某些和雙性人有類似問題的人其實並不是雙性人，其中一個例子就是泄殖腔外生（cloacal exstrophy）。

性發展異常就像雙性人一樣，非常少見，泄殖腔外生也很少見，每四十萬名新生兒中，只有一個嬰兒有泄殖腔外生的問題。泄殖腔外生是天生缺陷，膀胱和大腸都發育異常，纏在一起。泄殖腔外生的 XY 男性，陰莖通常會很小、發育異常，或是根本沒有陰莖。

如果兒子出生就有泄殖腔外生的問題，家長該怎麼做呢？

一九六〇和一九七〇年代，馬尼（John Money）是性研究方面的傑出科學家，他主張——在當時是很創新的想法——性別只是社會建構出來的。馬尼相信，孩子不是一**出生**就是女孩和男孩，是因為父母養育的方式而逐漸變成女孩和男孩的。有一個男孩在一場愚蠢的意外中，陰莖被燒掉了，他的家長從加拿大的曼尼托巴省（Manitoba）到美國巴爾的摩（Baltimore）的約翰霍普金斯大學（Johns Hopkins University）向馬尼請益。馬尼建議他們將兒子當成女兒來養育。畢竟，如果性別只是社會建構、發明出來的，那你可以讓男孩穿裙子，把他當成女孩養育，一切都會好好的。馬尼也建議家長讓孩子接受閹割（割掉睪丸），邁入青春期時開始服用女性荷爾蒙。馬尼說，性別只是社會的發明，但是如果你要自稱男孩，就不能沒有陰莖！

馬尼發表了一篇文章，叫做〈被當成女孩養育的男孩〉（*the boy who was raised as a girl*）。根據馬尼，這個孩子以女孩的身分快樂成長，喜歡玩娃娃、在廚房裡幫媽媽做事。這個孩子的同卵雙胞胎——是的，他有一位同卵雙胞胎，沒割過包皮——則是十足的男孩：他熱愛在泥地裡打滾，用玩具槍假裝射擊別人。我還記得自己閱讀這份報告時是一九八〇年代早期，是賓州大學心理系學生，正在接受當醫生的訓練。文章極有說服力，不但是我，我認識的每一位讀過文章的人都被說服了。

〈被當成女孩養育的男孩〉這篇文章，加上約翰霍普金斯大學的地位，使得大部分專家在往後的二十年，大約從一九七七年到一九九七年，都同意性別確實是社會的產物與發明。將這個概念應用在泄殖腔外生的男孩身上，意味著將他當成女孩養育，如果還有殘餘的陰莖，就用手術割掉，將空的囊皮做成陰道。這些男孩大部分也受到閹割，才不會產生在體內流竄的男性荷爾蒙。

一九九七年，戴爾蒙（Milton Diamond）發表了一篇驚人的醫學偵探報告。多年前，戴爾蒙聯絡馬尼，想知道被當成女孩養育的男孩現在怎麼了。戴爾蒙覺得奇怪，為什麼這麼多年都沒有關於這個孩子的報告出現。他的青春期過得如何？馬尼的回應是這個家庭搬家了，他們已經失去聯絡。戴爾蒙不氣餒地追蹤到了這個如今在青春期的孩子。他發現馬尼說謊。被當成女孩養育的男孩並未快樂地接受女孩的角色。孩子的名字是布蘭達．萊姆（Brenda Reimer），因為樣子很像男孩，被同學稱為「大猩猩」或「原始人」。她討厭娃娃和洋裝。她喜歡打架，熱愛汽車。身為女孩，她非常痛苦，兩次試圖自殺。第二次嘗試自殺之後，她的家長終於告訴她真相：她出生時是男孩，但是根據馬尼的建議，把她當女孩養育。布蘭達立刻要求轉換為男孩角色，雖然沒有陰莖，也沒有睪丸，而且還服用女性荷爾蒙多年。④布蘭達選擇了「大衛」這個名字，因為他覺得自己的生命就像《聖經》裡對抗巨人的小小大衛。

大衛可以匿名一生，但他選擇公開自己的故事。他不願意任何人像他一樣受到如此折磨。二〇〇四年，大衛自殺了（我將本書第一版獻給大衛，對他公開自己故事的勇氣表示尊敬）。

馬尼的謊言造成的後果十分廣泛。因為他用謊言當作證據以支持他的理論，引發質疑。或許性別不是社會的產品。或許 XY 男孩**天生**就是男孩。畢竟，把布蘭達當成女孩撫養並未幫助他成為真正的女孩：雖然有裙子、芭比娃娃和女性荷爾蒙，而且從來沒有人告訴他真相，布蘭達仍然舉止像男孩、有男性的興趣，拒絕女性角色的一切。

但其他人並不同意。他們認為馬尼的欺騙並不能推翻他的理論。他們持續支持馬尼的看法，認為性別只是社會介入造成的結果、認為布蘭達的故事只是個特例。他們說，「從單一個案，能夠得出怎樣的結論呢？」也指出萊姆夫妻直到孩子十七個月大，才把兒子轉換成女孩的角色。這時孩子是幼兒，或許已經太晚了。如果家長讓孩子更早轉換性別角色，或許實驗結果會更好。

在二〇〇四年，約翰霍普金斯泌尿科醫師萊諾（William Reiner）發表了他對十六個有泄殖腔外生男孩的報告。雖然萊諾和馬尼是約翰霍普金斯的同事，但他認為馬尼主張性別來自社會養成的理論是錯誤的。這十六個男孩的家長都得到一九八〇和九〇年代的醫學建議，根據馬尼的理論將兒子當作女兒養育；兩名男孩的家長拒絕接受建議，還是將兒子當成男孩養大（還有一位家長反抗建議，不願將兒子當成女孩來養，因此受到兒童保護機構的威脅——如果他不聽從專家建議，就可能失去監護權）。另外十四位男孩的家長聽從專家建議，以女孩的角色養育兒子，並依法改換女孩的名字。這十四位男孩都做了閹割，並用手術創造出陰道。

結果，追蹤到青春期時，十四位男孩中有八位以男性的身分生活。雖然十四位男孩都是以女孩的身分長大，卻全都有男性的興趣。「一位想變成男孩，但是接受了女孩的身分。後來家長告訴她真相，她變得非常憤怒、退縮，拒絕討論這件事。其他男孩的家長決定永遠不告訴孩子真相。其中三位很退縮，另外一位完全沒有朋友。」⑤

在本書第二八七頁，我寫道：如果兒子天生有泄殖腔外生，家長該怎麼做呢？根據萊諾的研究，大概很清楚了：即使外科醫生無法重建陰莖，也應該把兒子當作男孩養育。如果你身體裡每一個細胞都是男性的 XY 染色體，即使沒有陰莖，你還是男性。

我們大部分人知道自己是女性或男性，因此不太思考這一點，也忽視這一點。但是讀到布蘭達／大衛，以及十六位泄殖腔外生男孩的故事，很難不相信性別認同是很真實的議題。這是你天生的特質，染色體上永遠銘記了你的性別。當性別認同不符合孩子天生的性別身分，就會造成極大的壓力。今天大部分醫生都同意，雙性兒童出生後，生殖器的任何手術都應該延後到孩子夠大，可以表達自己真正的性別認同之後。

變性人：麥克變成克莉絲汀

很多男人羨慕麥克．潘諾（Mike Penner）的工作：大報社的運動線記者。一九八三年，他開始在《洛杉磯時報》（*Los Angeles Times*）工作，負責報導大聯盟棒球、國家美式足球和職業網球。一九八四年採訪美國網球冠軍公開賽時，他遇見另一位運動線記者麗莎（Lisa Dillman）並墜入情網；一九八六年，他們結婚。

親戚朋友都同意，麥克一向熱中運動。他自己是很棒的英式足球球員。但麥克還有不為人知的一面：他喜歡穿女人的衣服。小時候，他會趁著媽媽不在家，去她房間穿她的衣服；成年後，他持續穿女裝。我們不知道他的妻子麗莎何時或如何發現丈夫喜歡穿女裝的。潘諾家的朋友克萊兒（Clair Winter）說：「我滿確定麗莎知道這件事。」麗莎對於和丈夫的關係，從未給過詳細的訪談，所以我們不知道她何時發現丈夫喜歡變裝的。⑥

我們知道的是，當麥克宣布他要變成女人時，麗莎並不開心。麥克和麗莎的家族很親近，而在他宣布要變性之後，他們之間有過一次「吵翻臉的爭執」。麗莎的父母說：「他怎麼可以這樣對待麗莎？」

雖然麥克從妻子那邊得不到支持，卻從他的雇主《洛杉磯時報》得到截然不同的正面反應。麥克主動提出放棄運動線記者的職務，但他的上司哈維（Randy Harvey）鼓勵他留下。哈維也請麥克寫一篇專欄文章，解釋自己的決定。二〇〇七年四月二十六日，《洛杉磯時報》發表了麥克的文章，標題是〈舊的麥克，新的克莉絲汀〉（Old Mike, New Christine）。潘諾解釋道：「我的腦子生來就是女性。」⑦他覺得自己是卡在男人身體裡的女人，所以他要拋棄麥克．潘諾，用克莉絲汀．丹尼爾取而代之。

《洛杉磯時報》甚至開闢了一個專欄，叫做「轉變中的女人」（Woman in Progress），記錄克莉絲汀一路上的變性過程。

一夕之間，從前的麥克、現在的克莉絲汀成為媒體寵兒。運動世界的朋友萊禮（Rick Reilly）寫了一篇熱情的專欄文章，發表在《運動畫刊》（*Sports Illustrated*）上，標題是〈極端的改頭換面〉（*Extreme Makeover*）。萊禮描述新的克莉絲汀為「驚人」、「不錯看。讓我們這麼說好了，比她還是男人的時候好看多了。」⑧變性代言人把丹尼爾當成最新的高調代表人物，並特別推崇《洛杉磯時報》展示的良好領導風格；《浮華世界》（*Vanity Fair*）安排攝影師麥克斯威爾（Robert Maxwell）去為克莉絲汀照相，作為雜誌的封面故事，並配合記者萊特（Evan Wright）的訪談內容一起發表。

接下來發生的事充滿爭議，雖然全部的人都同意《浮華世界》的計畫是個大災難。攝影師麥克斯威爾後來問：「你要怎麼跟一個看起來像男人的人說：『你是個漂亮的女人』？」麥克斯威爾的同事萊特則說，丹尼爾看起來很想自殺，他不知道要如何描寫丹尼爾，而不至於破壞了「幻想自己是誰的概念。」萊特和麥克斯威爾說，他們決定中止計畫，但丹尼爾和她的朋友宣稱攝影之後，《浮華世界》其實仍想繼續，是丹尼爾要求終止的，因為麥克斯威爾決心將她塑造成「穿著洋裝的男人」。⑨

同時，丹尼爾開始疏遠變性人社群的某些人，覺得自己被變性人代言者「利用」，以宣傳不屬於她的議題。她取消了為丹佛變性人研討會安排好的一場演講；她受到同性戀抗拒汙名化聯盟（GLAAD）的獎項提名，但沒有出席。

妻子麗莎並不支持丈夫變性的決定。二〇〇七年五月二十三日，也就是〈舊的麥克，新的克莉絲汀〉發表四週後，麗莎申請離婚。據說她表示：「我在辦公室不想看到你，除非絕對必要……我不想看到你那個樣子。」⑩認識丹尼爾的人都同意，麗莎的不願支持讓丹尼爾崩潰。⑪

二〇〇八年四月，丹尼爾向《洛杉磯時報》請了病假，抱怨嚴重的肚子痛；六月，她住院了。醫生認為她的腹痛來自壓力和憂鬱。他們開了抗精神疾病的藥物奧氮平（Zyprexa），以及抗憂鬱症的藥物阿米替林（Elavil）。丹尼爾取消了變性手術（現在有時稱為性別確認手術）的計畫。她告訴朋友拉寇（Amy LaCoe）：「我現在做不到了。」拉寇問她：「你做不到哪個部分？」沉默許久之後，丹尼爾說：「我和麗莎在一起，生活完美，我卻把它全毀了。」⑫

二〇〇八年夏天，丹尼爾停止使用女性荷爾蒙，也停止電解治療以移除毛髮。克莉絲汀．丹尼爾逐漸變回了麥克．潘諾。潘諾把他的女裝和首飾都送人，開始再度以男性的面貌示人。他的朋友同意，潘諾變回男性的其中一個動機是希望贏回妻子的心。他的牧師說：「他希望回到麥克的樣子，可能和麗莎言歸於好。他愛麗莎，這一點無庸置疑。」⑬

二〇〇九年，潘諾住院兩次，一次就在他弟弟聽他提及想要自殺、開始擔心之後。二〇〇九年十一月二十七日——剛好在離婚一整年之後——麥克．潘諾穿上藍色長袖襯衫、黑色牛仔褲、黑白球鞋，走進公寓樓下的密閉車庫，坐進汽車，從排氣管拉了一條水管到車子裡，吸入一氧化碳自殺了。⑭根據法醫報告，遺書中寫著潘諾對前妻的愛。

變性人：懷特變成妮可

懷特（Wyatt）和喬納斯（Jonas Maines）是同卵雙胞胎，養父母是凱莉（Kelly）和韋恩（Waynes），他們先是住在紐約州北部，後來搬到緬因州居住。

喬納斯喜歡關於《星際大戰》（*Star Wars*）和《新恐龍戰隊》（*Power Rangers*）的一切，而懷特喜歡芭比；喬納斯會玩「男生」的角色，懷特則會玩「女生」的角色。懷特最愛的是《綠野仙蹤》（*The Wizard of Oz*）裡的桃樂絲和《小美人魚》（*The Little Mermaid*）裡的艾麗兒。三歲時，懷特會在屋裡跑來跑去，頭上綁一件紅襯衫，模仿艾麗兒飄逸的一頭紅髮。四歲時，他告訴爸媽他想要當女孩。他開始稱呼自己是「男的女孩」。他問父母：「我什麼時候會變成女孩？」「我的雞雞什麼時候會掉？」

一家人出去買東西時，懷特會直接跑去賣女孩衣服的部門，要求買女孩衣服給他。小學四年級，老師請全班畫自畫像，懷特畫了一個長捲髮的女孩，紫色眼影，戴著首飾。五年級時，在家長允許下，懷特正式改名為妮可（Nicole），開始以女孩的身分過生活。不久之後，五年級的暑假之前，妮可開始抱怨胃痛。她的母親告訴醫生：「她就躺在那裡呻吟不已。」醫生開了百憂解（Prozac）。

妮可想要使用女廁，但學校裡一位學生的祖父提出抗議，於是學校要求妮可使用單間的教師廁所。妮可和她的父母都不喜歡這個安排，妮可覺得她受到差別待遇，她的父母也不高興學區缺乏任何支持。六年級之後，全家往南搬到波特蘭（Portland），並對之前在歐羅諾（Orono）的學區提出訴訟。

接下來兩年，妮可「隱身」在波特蘭的公立學校中。那裡沒有人知道妮可．梅因斯出生時是男孩，而且現在還是有陰莖和睪丸。妮可、她的弟弟和她的父母都承受著保守祕密的壓力。到了九年級，妮可進入一間私立學校；她和父母決定出櫃。事實上，妮可和父母開始遊說緬因州政府官員，支持變性人的權益。《波士頓環球報》（*The Boston Globe*）在第一版登了頭條新聞，妮可忽然變成名人。她和其他性別平等的社會運動者一起受邀到白宮作客，接受歐巴馬總統的款待。

二〇一二年九月，這家人遭受到挫敗。他們控訴緬因州公立學校的訴訟沒有成功，法官判他們敗訴。儘管很同情妮可的不幸，但法官認為，學校要求妮可使用單間的教師廁所並不構成該州法律的「刻意騷擾」；梅因斯決定向州立高等法院提出上訴。

二〇一四年一月，州立高等法院判決梅因斯勝訴，獲得美金七萬五千元的損害賠償。付完律師費用後，梅因斯獲得美金四萬四千元，並決定用這筆錢支付妮可的變性手術：割掉陰莖和睪丸，創造一條五吋深的人造陰道。二〇一五年七月，妮可進行了手術。很巧合地，在同一個月，歐巴馬政權開放變性人參軍。

變性人：安娜變成？

安娜的父母記得她是一個甜美、安靜而很有情感的孩子。她可以長時間專注於一件事情而不吵鬧。她在學校表現很好，老師都特別喜歡她。她無需催促就會自動寫功課、練鋼琴或是去練習英式足球。青春期時，她的穿著就像學校大部分的女孩一樣，採取不化妝的休閒風。有需要時，她也可以好好地化妝，穿件洋裝。九年級時，她出櫃了，說自己是女同性戀者。她一度把頭髮剪得很短。最後，她還是把頭髮留長了，看起來比較女性化——不是特別女孩子氣的女孩，但絕對稱不上男孩子氣。她的母親描述她是「百分之一百的女孩」。

然後，高二那年，情況發生改變。她不再跟家人說話：不但是父母，也包括她的手足，甚至寵物。這個現象持續了幾週。之後，在調停者的介入下，她又開始跟家人說話了，但經常帶著怨恨的敵意；她的父母完全無法理解。

她去唸了一間非常有競爭性的大學，離家很遠。大一那年還好，但那個暑假安娜回家時又變了一個人。母親發現了她的日記，字寫得非常之小，而且字跡很奇怪；內容亂七八糟，幾乎無法辨識。她的言行態度也變得不一樣。她的父母稱之為「黑暗的一面」。

大二上學期，她似乎脫離了常軌。她幾乎徹夜不眠，根本不需要睡覺；她一再地快速改變主修，幾乎是隨意地，從歷史到天文物理，再到女性研究。秋季末，她的父母再次見到她時，她看起來衣衫不整。以前，她總是很在意自己的穿著，現在一點也不在乎了。她承認已經幾個月沒有梳過頭；她的上唇明顯出現了前所未有的鬍子，臉上都是嚴重的青春痘。以前，她總是保持身體健康，很喜歡去健身房，上瑜伽課；現在她只是躺在房子裡，看手機和電腦。她甚至不願出去遛狗。

有一天，她直接消失了。在許多驚慌失措的簡訊和電話之後，她的父母發現她帶著很少的衣物離家出走，叫了車去機場、坐上飛機，回到大學城去。她拒絕和父母說話或是見面。

她的父母打電話給院長，對方說：「你的女兒在一個安全的地方。」幾天後，安娜寫電子郵件通知父母，她確診罹患躁鬱症，和了解躁鬱症的人在一起——她說的是同儕。父母飛了過去，而安娜拒絕見他們。學生輔導中心的一位心理醫師同意與他們見面，他們直接問醫生，女兒的鬍子和青春痘是怎麼回事。醫生說，校園裡很流行改變性別，學生可以透過學生健康診所拿到改變性別的荷爾蒙。媽媽嚇壞了，問醫生：躁鬱症患者是否可以拿到改變性別的荷爾蒙。醫生說，可以。學校的政策是支持變性學生。

一個月後，安娜的父母接到女兒的電子郵件：「嗨，我現在變性了。希望你們一切都好。」

變性可以意味著很多事情。如果我們要認真討論變性，就必須承認某些精神疾病——例如躁鬱症和思覺失調症——可能會讓患者幻想自己是另一個性別。一位三十九歲的男性思覺失調症患者在使用迷幻藥後，完全認為自己是卡在男性身體裡的女性，他要進行變性手術，閹割、移除陰莖、創造人工陰道；但是當他停止服用迷幻藥，開始接受低劑量的抗精神疾病藥物後，變性的幻想就消失了。⑮

目前我們並不知道變性的人口中，有多大比例是由精神疾病引起的，但一定不是百分之零。像那位三十九歲男性的例子顯示，照顧意圖變性的人時，至少要包括評估和確定他們不是躁鬱症或思覺失調症患者。

好的臨床醫生會遵守這條準則。他們仔細評估每一位意圖變性的人，看看他們是否有重大精神科診斷。我們在本章末尾將看到一位謹慎的祖克（Kenneth Zucker）醫生。我們也會看到，祖克看出並公開記錄了某些病患自認是變性人的身分認同，其實是精神疾病的徵狀，結果被一些變性代言者貼上「變性恐懼」的標籤，而被迫離開了工作崗位。⑯

變性代言者的動力似乎主要不是來自數據或研究，而是信念：他們相信「變性是一種正常的變體」。如果這是真的——如果變性是正常的變體，一如左利——那麼讓病患的性別認同合乎生理性別的任何努力都是錯誤的，一如迫使左利的人使用右手寫字一樣。

但是變性者不是正常的變體。我們在第十章討論過，正常的變體（例如左利）不需要專業干預；變性者會需要性荷爾蒙治療，或許還需要變性手術。左利者不需要藥物或手術就能用左手生活，但變性者會需要終生的荷爾蒙治療，才能像那個性別的人。

一九四二年以前，女性荷爾蒙的處方並不存在。如果沒有女性荷爾蒙，穿著洋裝的成年男人看起來就像……穿著洋裝的男人。現代對於變性的概念——出生時是男孩的人，長大後可以看起來像女人，而且能不被認出來——是來自輕易可得的電解治療、整容手術以及荷爾蒙。就像電話和數位電腦一樣，變性也是現代社會的產物。

孩子的最佳利益

我是臨床工作者，在辦公室會見病患。第一次見面時，我會試著回答自己提出的問題，例如：這位病患是否有醫學或精神醫學上的問題，還是正常的變體，無需任何干預？如果病患有醫學或精神醫學上的問題，那是什麼？有些什麼治療的選擇？哪些選擇最能夠協助病患發揮他的潛力？

有時候，我會覺得病患根本沒有任何醫學或精神醫學上的問題。例如，有對父母請我評估他們五歲的兒子，因為學校給家裡寫了一張字條，說孩子在學校坐不住，無法專注；進一步調查發現，學校的幼兒園大班花九十分鐘學習字音，所有孩子都必須坐著不動、安靜注意。學校為了課堂教學，放棄下課時間。當我見到這個男孩並為其做評估時，認為他沒有過動症或其他異常。真正的病態不是這個男孩，而是學校不切實際地期待五歲男孩可以安靜坐著、保持專注九十分鐘，中間都沒有休息，一直在教雙元音和雙字母單音。

如果父母帶來一個五歲小孩，說他喜歡穿女孩衣服呢？而且說他自己其實是女孩、說女孩比男孩有更多好玩的事；他說，所有男孩都只想打鬥，或是假裝打鬥。

這個男孩很不尋常。合理的下一個問題就是：「我們對這種男孩知道多少？」我們知道，說自己是女孩的男孩長大後，大部分不認為自己是女人，也不想當女人。我們現在有許多研究，追蹤這種男孩追蹤了十五年或二十年之久，直到成年，每項研究都顯示，這些男孩長大後，絕大部分成為男人，完全沒有興趣變成女人。⑰最龐大的一項研究牽涉到一百三十九名男孩，小時候堅持自己其實是女孩、卡在男孩身體裡；到了青春期和成年後，只有百分之十二仍然覺得自己是女性。也就是說，百分之八十八的男孩長大後不再認為自己是女性。⑱這些男孩當中，許多長大成為男同性戀者、有些長大成為男異性戀者。無論如何，都是男人。他們不需要荷爾蒙治療或手術。他們可以為人父。

也就是說，認為自己是女孩的男孩中，大部分男孩想要成為女孩只是一個階段。對於這些男孩，允許他以女孩的身分呈現自己，會在他成為成年男性的路上造成很大的障礙（無論是同性戀或異性戀）。對於我剛剛提到的這些孩子——想穿女孩衣服的五歲男孩——合理的第一步干預是讓他接觸更多元的男孩社群。如果男孩說「男孩只想打鬥或假裝打鬥」，他自己更喜歡跳舞、做手工藝（我在第九章提過自己小時候喜歡編繩，還學了好幾年的踢踏舞），請拓寬他對於「何謂男孩」的理解。男孩也可以成為偉大的舞者、偉大的藝術家。男孩不一定要打鬥或假裝打鬥。

我發現專注於「對孩子的最佳利益」很有用。什麼對孩子最好？如果有懷疑，**寧可假設他是正常的變體**。如果經過仔細評估之後，我仍然不確定孩子確實是變性者的話，那我寧可假設他只是正常的變體。如果我們假設這個男孩只是在經歷一個階段，就像大部分說他們是女孩的男孩一樣，那麼，就不需要醫藥或手術的干預。不需要注射荷爾蒙、做手術，不需要寫信給學校其他家長解釋懷特現在是妮可了。如果這個男孩未來看起來真的是變性人，我總是可以重新考量、重新評估。

相對地，如果我們做出結論，認為孩子是變性者，讓孩子開始穿得像個女孩、進入女孩的角色，他會需要注射荷爾蒙。變性孩子一開始是接受合成的促性腺素釋素荷爾蒙（**Gonadotropin-releasing hormone, GnRH**）注射，例如柳普林（**Lupron**），以延緩青春期；到了青春期的年紀，孩子會開始接受女性荷爾蒙，同時需要考慮變性手術了。每一個步驟都是重大的醫學干預，有很嚴重的後果及危險。如果他後來決定自己其實還是男性，那麼，我們允許五歲或八歲的男孩任性，就不是好好照顧他了。

說自己是女孩的五歲或八歲男孩，二十年後最常見的後果就是他成為了男同性戀者，少數會堅持變性，成為女性。在五歲或八歲時，要如何分辨呢？很不容易。青春期之前，大部分五歲甚至八歲的孩子都還不完全明白自己的性傾向，當你做性教育時，那個年紀的許多孩子會說這一切都很「噁心」。對於許多青春期之前的孩子，異性和同性的性行為都一樣奇怪，一樣排斥，故很難讓一個喜歡穿女生衣服、假裝自己是公主、相信自己是女孩的男孩了解自己長大後可能是同性戀者、而且會對此感到自在——當個女孩可能還更為真實、更能想像。他知道女孩是什麼樣子、遇過女孩，有朋友是女孩。五歲或八歲的男孩可能無法真正了解男同性戀是怎麼一回事，他甚至可能不認識任何男同性戀者。如果有任何疑慮的話，尤其是如果孩子年紀很小（小於九歲），我認為這個方式——寧可假設是正常的變體，而不是急著將孩子當成變性者——是最好的做法。我會在本章後面談到，對於說自己是女孩的男孩，或是說自己是男孩的女孩，我們能夠說些什麼。

兩種男變女

早先，我分享了麥克．潘諾／克莉絲汀．丹尼爾，以及懷特／妮可．梅因斯的故事，這兩人都是ＸＹ男性，都認為自己身為女性會更快樂；兩人都做了藥物治療，包括女性荷爾蒙，協助他們轉變。身為克莉絲汀，潘諾並不快樂，他後來恢復男身，最後自殺了。梅因斯似乎很快樂，完全不想恢復男身。

除了前述明顯的差異外，如果要了解男變女的變性人，還有其他重要的差異。還記得嗎？潘諾是運動員，成年後擔任運動線記者；相對地，梅因斯則從來不喜歡男孩的活動，例如美式足球。還有，潘諾一直喜歡女人，從未對男性有興趣；妮可則喜歡男人，對女人毫無興趣。

研究男變女變性人的研究者發現，這個差異很明顯。男變女的人有兩種，中間很少重疊。像懷特／妮可這種人被稱為同性戀變性者，因為他們的性傾向和出生的性別相較，屬於**同性戀**。懷特出生就是 **XY** 男性，性傾向對象是男性，所以稱為「同性戀變性者」。而麥克／克莉絲汀這種人則是「異性戀變性者」，和出生的性別相較，他們的性傾向是異性戀：麥克出生是 **XY** 男性，性傾向的對象是女性，所以稱為異性戀變性者。

研究者發現，像是麥克這樣的異性戀男變女變性者，無論是男孩或男人，通常都有刻板印象的男性興趣，他們往往喜歡運動，可能很有運動天分，甚至可能是贏得金牌的冠軍運動員；他們也可能進入軍隊，成為海軍的海豹或陸軍的綠扁帽特種部隊成員。相對地，像妮可這種同性戀男變女變性者，往往有非常女性的興趣，比大部分女孩更像女生。他們熱愛公主、亮片和高跟鞋，通常很華麗、很有戲劇性。⑲

今天，政治正確的風向是假裝**性別認同**與**性傾向**是兩件完全分開的事情。我們經常聽到，性傾向指的是你跟誰上床；性別認同則是指上床的時候，你是誰。這樣說可能政治正確，但是違背證據。在現實中，性傾向和性別認同是緊密相關的。對於男變女的人，性傾向會影響這些人性別認同的一切。同性戀男變女者希望吸引男性，所以他會想要做電解除毛、隆胸、女性荷爾蒙以及變性手術，越像女人越好；他們會去上課學習如何像女人一樣行動、說話。是的，一般而言，女人和男人說話方式不同，主要並不是音調高低——女人音調高，男人音調低——而是一般女性吐字的方式和男性不同。⑳

同性戀男變女者通常在生命早期：童年時就很明顯了。他們喜歡女生的東西，就像懷特／妮可一樣。異性戀男變女者通常直到成年時才會尋求幫助變性，有時候還會等到中年以後：奧林匹克冠軍布魯斯．詹納（**Bruce Jenner**）到了六十歲才決定變成凱特琳（**Caitlyn**）。因此，研究者將這些男變女的變性者劃分為**早發型**和**晚發型**。

「卡在男人身體裡的女人」

像妮可這種男變女的人，說他們是卡在男孩身體裡的女孩，或是卡在男人身體裡的女人。研究怎麼說呢？

我們先從對性的興趣開始。前一章裡，我們談到貝利，讀了他針對男同性戀和男異性戀的研究，例如他發現男性——無論是同性戀或異性戀——都比女性（無論是異性戀或同性戀）對隨意的性以及戀愛關係之外的性更有興趣。貝利與團隊問男變女的變性者——無論是同性戀（早發型）或異性戀（晚發型）——對隨意的性的興趣，結果變性者的「反應就像男同性戀者和男異性戀者」。[21]他們喜歡隨意的性。

性興奮呢？就像我們在前一章看到的，一般而言，女性看到男性色情照片或女性色情照片，都會受到性刺激。同性戀男變女者只會受到男性色情照片刺激，完全不會受到女性色情照片刺激。同樣地，異性戀男變女者只會受到女性色情照片刺激，完全不會受到男性色情照片刺激。這些數據和目前的主流教條互相矛盾。主流教條認為這些人是「卡在男人身體裡的女人」，但是以性興奮和有興趣的性對象而言，這些人比較像男人，而非女人。

類似的模式也出現在犯罪方面。男變女之後，他們仍然像其他男性一樣可能犯罪，包括暴力犯罪。雖然他們生活像女性，犯罪率仍是出生即為女性的六倍。而當女變男之後，確實比之前更可能犯罪。[22]出生是女性，在變成男性之後，會接受睪丸酮素以維持男性角色，男變女的人則接受雌激素以維持女性角色。我們可以從這些發現而合理地推論，多的睪丸酮素可能使你犯罪，而多的雌激素會消除犯罪傾向。

兩章之前，我們談到性別非典型男孩——女孩子氣的男孩——雄激素接受器的基因和典型男孩不同。研究者發現，同樣的基因在同性戀男變女的人身上有類似的差異。[23]這個結果建議，同性戀男變女者可能是性別非典型男孩的極端版本。這是貝利的結論，他寫道：「只有非常少數的男同性戀者變成變性人，但是同性戀變性者則是某一種的男同性戀者。」[24]

前一章裡，我分享了一些研究結果，看到哥哥越多的男孩，越可能成為男同性戀者，稱之為兄弟順序效應。研究者在早發型男變女者身上發現類似現象，但是在女變男者身上則沒有。哥哥越多的男孩，越可能成為早發型變性人。[25]總結地說，這些發現強烈建議，早發型男變女的人與其他男性有更多相似之處，尤其和男同性戀者有更多相似之處，而非女性。

女變男呢？

男孩想變成女孩的研究資料比較多，而女孩想變成男孩的研究資料比較少。不過，正如說自己是女孩的男孩一樣，許多說自己是男孩的女孩，在長大之後並不認為自己是男人，也不想當男人。學者研究了「堅持型」和「停頓型」的變性人。「堅持型」指的是，自稱是另一個性別的孩子在長大之後，仍堅持自己是變性者。如果一個女孩認為自己是卡在女孩身體裡的男孩，長大之後依舊認為自己是卡在女人身體裡的男人，就是「堅持型」。如果女孩在長大後改變主意，不再想以男性角色過生活，寧可當女人，而且感到自在，就是「停頓型」。荷蘭研究人員研究了一百二十七名小時候都是變性者的孩童：卡在女孩身體裡的男孩，或是卡在男孩身體裡的女孩。研究人員追蹤這些孩子到青春期，首次評估的年紀平均是九歲，追蹤時的年紀則是剛滿十六歲。男孩之中，有百分之二十九說他們仍然是變性者，希望變成女性角色；女孩之中，則有百分之五十說自己仍然是變性者，希望變成男性。[26]至少在這項研究中，女變男（出生是女性，而自認為男性）的堅持型，比男變女（出生是男性，而自認為女性）的堅持型人數較多。

一個加拿大研究團隊也追蹤了性別認同障礙的女孩，但是追蹤的期間更長，一直到她們成年。加拿大的研究中，只有百分之十二小時候有性別認同障礙的女孩是堅持型。追蹤調查時，百分之八十八的女性已不再想當男性，也不覺得自己是男性了。㉗（請注意：二〇一三年，美國精神醫學協會〔American Psychiatric Association〕開始不再使用「性別認同障礙」〔gender identity disorder〕一詞，轉而稱之為「性別不安」〔gender dysphoria，或譯為性別焦慮〕。我在這裡使用性別認同障礙，因為加拿大研究者當時是用這個詞〔他們的文章發表於二〇〇八年〕。）我們並不清楚為什麼荷蘭的研究結果——百分之五十的堅持型——與加拿大的研究結果（百分之十二的堅持型）不同。一個可能是加拿大追蹤女孩直到她們成年，其中一位做追蹤調查時甚至已經三十六歲；而荷蘭的研究中，追蹤調查時年紀最大的女孩是十九歲。或許荷蘭研究中，有些堅持型女孩在更長的追蹤中會變成停頓型。另一個可能是加拿大的研究包括了一開始就不是變性者的女孩。還有一個可能則是加拿大的文化鼓勵停頓，或是荷蘭的文化鼓勵堅持，或是二者皆然。

我們已經討論過了，研究者發現男變女的人中間有明顯區分：早發型同性戀男變女，以及晚發型異性戀男變女；在女變男的研究中，似乎也有類似的區分：大部分女變男是早發型，並且與出生時的性別相比是同性戀——她們想要和女性發生性關係，而不想和男性發生性關係。有一小部分的女變男屬於晚發型，和出生性別相比是異性戀，她們想要和男性發生性關係，而非和女性。[28]

變性人與精神疾病

無論是男變女或女變男，變性者都比一般人更容易罹患上精神疾患，例如焦慮症和憂鬱症。為妮可．梅因斯作傳《變身妮可》（*Becoming Nicole*）的納特（Amy Ellis Nutt）便在書中承認此項現實，然後她說：「異常不是來自於他們自己的困惑，而是來自被社會視為怪物或格格不入。」[29]這是個有意思的假設，但也可能不正確；更可能的是：異常來自自己的困惑以及被視為怪物二者。

納特繼續說道：「無法經由心理諮商或行為制約解決這個心理衝突。只有一個方法可以解決這種異化的現象。」[30]這個方法就是變性與變性手術。納特的意見代表了一般人對變性人的看法：變性手術可以有效解除變性人的精神壓力——然而真正研究做過變性手術之變性人的研究者，結論卻不是這樣。一位研究者發現「即使做過了變性手術，仍然會持續地感到被卡在錯誤身體裡」。[31]

一般而言，以荷爾蒙治療成年變性者確實有一點效用：接受一年的荷爾蒙治療後，變性者的焦慮、憂鬱和失能都會稍稍降低。[32]但是即使接受了變性手術和荷爾蒙治療，焦慮症、憂鬱症和躁鬱症等精神疾病的好發機率，仍然比一般人口高出很多。一位研究者說：「變性過程的嚴重心理後遺症，比我們之前認為的更普遍。」[33]在最大型和最長期的追蹤調查中，研究者調查了一九七三年到二〇〇三年之間、瑞典每一位做了變性手術的人：一百九十一名男變女者和一百三十一名女變男者。研究者發現，百分之十九的男變女者和百分之十七的女變男者曾在變性手術前因精神問題住院，而控制組只有百分之四；變性手術之後，即使校正了之前的精神問題，變性者為了性別不安之外的精神問題住院的人數，仍然幾乎是控制組的三倍。變性手術有其效用，這一點毋庸置疑。做過變性手術的變性者比較不會感覺性別不安——比較不覺得自己卡在錯誤的身體裡——比起手術前也較不會因為精神問題住院。

但也只是比較不會而已。即使在變性手術後，他們嘗試自殺的機率仍比控制組高了幾乎五倍，實際死於自殺的比例則高出十九倍之多——在校正了之前出現的精神問題之後。在這些方面，男變女和女變男之間，研究者沒有發現任何明顯差異。身為變性者，即使在瑞典，在接受變性手術之後，還是會比一般人有更大的重大精神問題，包括自殺死亡。這個發現符合許多其他研究的發現。[34]

身為變性者，也會讓人更容易因為自然原因死亡。即便在手術疤痕癒合多年之後，做過變性手術的人平均壽命還是比一般人短。第三一四頁上的圖表顯示，和控制組的同齡男性與女性相比，男變女和女變男手術後的存活率。一個死亡就降低一格，線條越低表示死亡率越高。控制組（非變性者）女性壽命最長，三十年後追蹤時，還有百分之九十活著；控制組（非變性者）男性次之，三十年後追蹤時，是幾乎有百分之九十還活著。接下來是做過變性手術的女變男性，在大部分的追蹤期間，女變男的變性者——以男人的身分生活——比起以女性身分生活的男變女變性者，更能持續享受著類似女性的存活率。但是到了三十年後，女變男和男變女的變性者的死亡人數，都比非變性者多出許多。㉟

今天，很多人假設，當男孩說他其實是女孩，或女孩說她其實是男孩，而成人讓他以他想要的性別生活，孩子會比較快樂、健康、滿足。**事實上，我們還沒有長期研究支持這個假設。**一個都沒有。倒是有很多證據顯示這個假設往往是錯誤的。最近我和安娜的媽媽通電子郵件，她告訴我安娜仍是變性者，最近住進了精神病院。當然，安娜也有躁鬱症。在躁鬱症診斷不久之後，因為她提出要求就開男性荷爾蒙給她的醫生，到底是幫了她還是害了她？

身為變性者，和糟糕的後果有很大的關聯性：焦慮症、憂鬱症、早死。荷爾蒙治療和變性手術可以降低這些危機，但只能發揮部分作用。因此，如果你的兒子堅持他是女孩，或是女兒堅持她是男孩時，你要怎麼做呢？

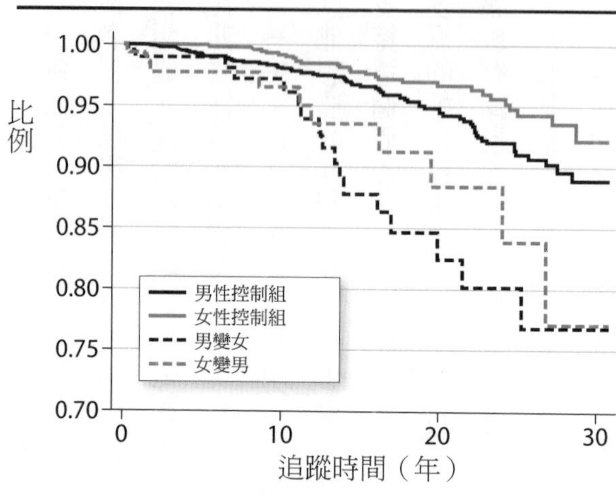

和年齡相當的控制組相比，做過變性手術的人死亡率較高。隨著時間，死亡率的差異會越來越大。
Cecilia Dhejne and colleagues, "Long- Term Follow-up of Transsexual Persons Undergoing Sex Reassignment Surgery: Cohort Study from Sweden," PLOS One, 2011, Figure 1.

祖克的熱情

祖克（Kenneth Zucker）是世界上研究性別不安兒童——自認是女孩的男孩，與自認是男孩的女孩——的領導專家之一。他領導多倫多的性別認同診所（Gender Identity Clinic）超過三十年，專門協助這些孩子；從二〇〇一年到現在，他都是《性行為資料庫》（*Archives of Sexual Behavior*）的編輯：這是世界首屈一指的性與性認同研究期刊。他是美國精神醫學協會指定的委員會主席，幫助性別不安創造新的診斷條件；他也協助撰寫了最新的照顧標準指導手冊，教大家如何評估及管理性別不安。在關於兒童性別不安的學術論文中，他是最廣受引述的專家。

祖克對這些孩子的作法非常溫和，並且基於證據：一開始是盡量詳細地認識這個孩子以及孩子的家庭。祖克描述一個他稱為法蘭克的男孩：法蘭克有一個哥哥，會打他、欺負他。法蘭克七歲時，父母帶他去診所，因為他說他其實是女孩。法蘭克說：「所有的男孩都很壞。」祖克就法蘭克的情況建議了有效干預：

應該專注於協助法蘭克了解，做為一個男孩有很多不同的方式，可能在他所處的大環境中，有些男孩不會一直很壞或具有攻擊性。讓法蘭克接觸和他個性比較接近的其他男孩，理論上，可以協助他對性別發展出更細微的理解：有不同的方式當男孩，不需要幻想當個女孩才能應付攻擊性很強的哥哥的困境。㊱

祖克建議溫和地重新引導孩子離開另一個性別的活動。如果兒子想玩芭比娃娃，給他絨毛動物；專注於發展社交技巧：幫他報名團體活動，像是科學俱樂部。不要硬逼孩子參加符合生理性別的典型活動：不要逼兒子去玩美式足球，不要逼女兒玩芭比娃娃。這是糟糕的主意。如果你偶爾允許兒子穿公主衣服，要在私下這麼做。一位母親記得祖克告訴她：「不要讓學校把他當成樣板。不要讓他們舉辦粉紅朝會，然後讓你的兒子在大家面前展示自己。這是個私人旅程，我們還不知道他將來會怎樣。」㊲沒有人知道這個男孩長大後，會成為男異性戀或男同性戀，也不知道他會不會堅持自己的變性認同，而成為男變女的變性者。如果他像大部分這種男孩一樣，最後長成了成年男性，而且不再想要當女人，那麼，當他六歲時，公開讓他穿著裙子就是錯誤的舉動了。

對於說自己是女孩的男孩，最常見的後續發展就是長大成為男同性戀者。因此，祖克的另一個主要工作重點就是協助家長認知到，無論這條路通往哪裡，都要支持兒子（或女兒）。他遇過許多家長是恐同者。如果男孩聽到父親說：「我寧可兒子死了，也不要他變成男同性戀者！」那這個男孩可能更容易說（並且相信）他其實是卡在男孩身體裡的女孩，而不會說（並對自己承認）他是男同性戀。但是，正如我早先說的，六歲男孩無法真正理解男同性戀是怎麼一回事。如果他比較熟悉女孩而非男同性戀者——大多數兒童都是如此——那麼他就很容易想像自己是女孩，而非男同性戀者。

當然，祖克知道本章呈現的所有研究。他親自讀過。他追蹤了某些病患超過三十年之久，很了解變性者有更多的焦慮症、憂鬱症、社交失能和使用毒品的危險；他也經由第一手經驗，知道童年時期的性別認同往往尚未固定。相反地，在大部分個案中，祖克發現性別不安兒童的性別認同可以改變。堅持自己是男孩的XX女性可能逐漸適應了女孩的身體，長大後或許會成為女同性戀者，但仍然維持女性的身體；堅持自己是女孩的 XY 男孩可能對自己的身體逐漸感到自在，長大後或許會成為男同性戀者，並維持男性的身體。性別不安消失了。

對於性別不安的兒童，祖克發現孩子年紀越小，性別認同越不固定。這就是為什麼他會強烈反對為六歲或九歲的兒童變性。他有三十年的研究和臨床經驗以及幾百位個案研究，顯示許多孩子會逐漸從中成長，不再堅持。但是，祖克也準備好了，可以支持到了青春期仍堅持變性的孩子。事實上，祖克才剛剛獲得一百萬美元的經費，用核磁共振造影（MRI）研究正在接受性荷爾蒙治療以變性的青少年腦部……這時，他被解雇了。

二〇一五年十二月十五日，祖克被叫到加拿大最大的精神醫學中心，成癮及精神健康中心（Centre for Addiction and Mental Health, CAMH）——他在那裡上班——的行政辦公室，他們說他被解雇了，立即生效，沒有事先通知。他們不讓他回自己的辦公室去拿他的大衣以及他的汽車鑰匙。他們把這些私人物品拿給他，然後送他離開。

成癮及精神健康中心在記者會中解釋，祖克被解僱是因為他的作法不再「和最新的想法同步」。[38]「最新的想法」指的是現在大家說的「性別肯定」、對性別不安的個案採取「顧客永遠是對的」的態度。如果六歲男孩說他其實是女孩，「性別肯定」意味著你把他的名字改成女孩的名字、讓他穿裙子去學校，不仔細做調查以決定性別不安的背後原因。「性別肯定」代表信念壓過現實的勝利。在下一章即最後一章，我們會考慮其中牽涉到了哪種信念。無論你的孩子是異性戀、同性戀、雙性戀或變性人，你都需要知道。

底線

我們在前一章看到，女同性戀者和男同性戀者都是正常的變體，和左利一樣。變性者則不是正常的變體，而是一種醫療狀況，需要處方藥物、手術和其他干預，才能讓病患達到他想要的目標，以另一個性別生活。即使變性之後，精神疾病和早死的風險仍然比一般人高出好幾倍。

就像我們之前看到的，絕大部分說自己是女孩的男孩，長大之後會成為男人，不想當女人；許多說自己是男孩的女孩長大之後會成為女人，不想當男人。所以，如果你的兒子說他是女孩，或是女兒說她是男孩，你要溫和地引導孩子找出別的方式，不用接受變性手術和處方荷爾蒙，來處理孩子的特殊需求。當八歲兒子告訴你：「我其實是女孩。」跟他說說：「我會永遠愛你，無論你是誰。但是目前，我們不要改變你的名字，你也不要穿裙子去學校。如果你有興趣，可以上芭蕾舞課，但你會以男孩而不是女孩的身分學芭蕾舞。至少現在如此。」如果你的兒子認為，身為男孩就是喜歡美式足球和暴力電玩，那就找一些和他有同樣興趣的男孩社群，無論是跳舞、畫畫或做剪貼簿的；如果你的女兒以為女孩子就要喜歡迪士尼公主和化妝，因為她只認識這樣的女孩，那就找和她興趣相同的女孩社群，無論是學武術或電腦程式設計的。

如果你的兒子說自己是女孩、或女兒說自己是男孩，而你想找專業協助，請務必小心。即便像是祖克這樣的國際知名專家，都可以突然被解雇，只因為他違反了最新的、根本不理會證據的、對性別的看法，那你的社區醫生可能會感到很脆弱，只好照章行事。花點時間閱讀祖克的文章，他詳細解釋了他的做法，文章標題是〈治療性別認同障礙兒童的發展的雙心理模式〉（A Developmental, Bipsychosocial Model for the Treatment of Children with Gender Identity Disorder），[39]你可以花四十美元向出版者購買這篇文章，我認為很值得。

身為女人不只有一種方式，身為男人也是。協助兒子成為他想要成為的男人、協助女兒成為她想要成為的女人。二十年前，這個建議會顯得不重要而且明顯、是尋常知識，現在則充滿爭議性，因為我們的文化已經沉浸在某種困惑中，我稱之為「男性和女性二分法的錯誤」。

第12章 男性和女性二分法的錯誤

紳士與淑女，皮條客和下流人

幾年前，俄亥俄州史都本威爾（Steubenville）的兩個高中男孩，因為趁著一個十六歲女孩喝醉昏迷時強暴了她而被定罪。他們的朋友魏斯特萊克（Evan Westlake）將過程錄下、影片在朋友之間傳閱，還被放到了網路社交平台上。雖然這兩個男孩宣稱無罪，但影片被當作呈堂證據，於是被定罪了。魏斯特萊克願意當州政府方的證人，以換取免罪。

很不幸地，青春期少年強暴喝醉的青春期女孩根本不是新鮮事。荒謬的是，這個案子在一開始的時候，沒有任何人認為男孩們做錯了事情——兩個男孩、轉貼照片和影片的朋友們，以及幫他們說話的所有教練。俄亥俄州的總檢察長迪溫（Mike DeWine）說：「他們對於強暴與性，令人無法置信的無所謂態度……他們相信這一切沒有任何錯。」①

這是從何處來的信念？

在史都本威爾審判的時候，很巧合地，《紐約時報》登載了一篇梅西納（Lynn Messina）的專欄文章；她經常為《紐約時報》撰文。文章中，她抱怨四歲兒子的一位幼兒園老師教她的兒子何謂「紳士」；梅西納氣的是老師竟然敢用「紳士」一詞，她認為教導女孩和男孩如何成為「紳士」或「淑女」是「性別歧視的第一課」。她承認，當她和其他家長分享這份擔憂時，不是每個人都同意她的看法。他們問：「教小男孩尊重小女孩有什麼不好嗎？」我也會問同樣的問題。如果你不教小男孩尊重小女孩，多年後，就可能有不尊重少女的少年了。

而梅西納毫不懷疑自己的立場。對她而言，「淑女」與「紳士」暗指行為的雙重標準，「身為母親，我被冒犯了。身為女性主義者，我簡直氣壞了。」②確實。我發現在美國許多頂尖大學中，梅西納的立場已經成為廣為接受的智慧，絕對不會有教授教學生何謂紳士、淑女。這些大學往往建議學生在親熱或發生性行為之前，先得到清楚的口頭同意。這些政策是基於權力與侵權的法律概念，而非道德。③

我去參訪學校時，有時會針對這個議題和青少年做團體討論。有一次我問他們：「身為紳士意味著什麼？」一位青春期少年說：「紳士就是去紳士俱樂部看女人脫衣服。」他是想在同儕間製造笑點，而這表面之下的卻是無知。他們確實不知道任何有意義的答案。當我要求他們認真回答時，他們提供的答案全都很表面：「紳士穿三件式西裝。」

我不責怪這些男孩。如果沒有人教，他們怎麼會知道有意義的答案呢？沒有任何男孩一出生就是紳士的。我們必須教他們。以前的人會教，但現在不教了，可以預見的結果就是：男孩們完全不知道何謂紳士。男孩心裡的對與錯主要是關於什麼事對**我**有利、什麼事對**我**有害。俄亥俄州的兩個男孩聽到法官判決他們有罪時，其中一個男孩里奇蒙（**Ma'lik Richmond**）哭著說：「我這輩子毀了。」④或許如此。但受害者呢？里奇蒙仍不後悔自己對她所做的事嗎？還是只後悔被抓到了？對某些男孩而言，俄亥俄州強暴案判決送出的訊息可能只是：無論和女孩做什麼，「不要拍照片或錄影、不要發簡訊聊這件事。」他們不會學到何謂紳士，只學到隱藏證據。

對於梅西納以及其他批評教女孩與男孩如何做個紳士或淑女的人，我有一句警告：小心你的願望成真。今天的美國年輕人文化已經很快地變成沒有紳士與淑女概念的文化了。在性別盲目的教導下，取代紳士、淑女的並非梅西納假設的結果：中性的、有美德的公民。而是下流人和皮條客：女孩認為必須喝醉才夠酷，男孩認為對於昏迷的女孩能夠做的、最棒的事情就是騷擾她。

我不是建議大家回到那個充滿種族與性別歧視的一九五〇年代，可是我們需要對何謂紳士、淑女有新的理解：淑女會尊重自己以及自己的身體，這表示她不會在社交媒體上展示、讓陌生人看自己赤身裸體或衣著曝露的照片。無論狀況如何，紳士永遠都不會占喝醉女人的便宜。這些規則確實是針對特定性別的，因為男人和女人體驗的誘惑不同。有些男性可能想撫摸喝醉昏迷、躺在自己嘔吐物中的女性（許多色情網站專門提供這一類影像，如果你有勇氣，搜尋一下「性感女孩喝醉嘔吐」，就會看到超過一百萬個條目），不過大部分的女性不會想撫摸喝醉昏迷、躺在自己嘔吐物中的男性的生殖器。假裝這些男女差異不存在，並不會對任何人有益。忽視現實總是要付出代價的。

承認紳士和淑女的責任不同之前，你必須承認性別確實有其差異。性別是真實的：百分之九十九點九八的人類不是男性就是女性——而這個現實如今正遭受攻擊。

在男性與女性議題上的戰爭

加州大學柏克萊分校的巴特勒（Judith Butler）教授認為，我們應該挑戰「傳統」的人類男女區分。巴特勒以個人自由為名，鼓勵大家無論生理性別是什麼，都可以建構自己的性別認同。根據巴特勒的說法，男孩、女孩、男人、女人、父親、母親等等詞彙，都只是為了支持父權和以異性戀為唯一正常標準的價值觀：肯定異性戀、排斥同性戀（巴特勒本身是同性戀）的性別歧視和社會產物。巴特勒曾獲得古根漢獎學金（Guggenhein Fellowship）、洛克菲勒獎學金（Rockefeller Fellowship）和獎金高達一千五百萬美元的安德魯．梅倫獎（Andrew W. Mellon Award）及其他種種榮譽。⑤

巴特勒和追隨她的人——非常多——毫不覺察視覺、聽覺、冒險或性上面的性別差異。一個國際研討會最近做出結論，所有男女先天差異的說法都是基於「對男女角色的偏見與刻板印象」。⑥他們並沒有試圖反駁關於聽覺、視覺、冒險等方面天生男女差異的研究；研討會上的菁英們對任何研究都毫無興趣，甚至不知道它們的存在。他們的理論幾乎完全建構在信念上，而這些信念目前卻已成為已開發國家許多大學的世界觀。

巴特勒不是第一位主張區分男女有害的人。班姆（Sandra Bem）是這個領域的拓荒者，過去三十多年，她都是康乃爾大學心理系的教授。班姆認為男孩子氣的男孩和女孩子氣的女孩可能會有各種問題，因為他們卡在傳統的男女角色中。班姆相信男孩更女性化一點、女孩更男性化一點，才是有益的。班姆的信念在一九八〇和九〇年代很有影響力，直到今天仍廣為接受。

但是少數幾位研究者有勇氣測試班姆的信念。他們調查了一大群孩子，看孩子是否屬於性別典型和非典型。他們也調查了每個孩子（無論是否典型）對自己的性別有多滿意；然後追蹤孩子一年，了解性別典型的孩子是否會像班姆認為的那樣，變得比較焦慮或發展出較低的自我價值感。

結果和班姆的理論剛好相反。無論男女，性別典型的孩子和性別非典型的孩子相比，都較不會感到焦慮和自我價值低落。此外，和對自己性別不滿意的孩子相比，對自己性別感到滿意的孩子會發展出較高的自我價值感，也比較受同儕歡迎。作者表示，他們的結果「對於過去二十五年強勢的性別自我概念之理論——班姆的理論——提出嚴重的挑戰。」⑦這些研究者發現，無論是否**性別典型**，對自己性別**滿意**的人都過得比較好。同樣地，這些研究者發現，感到被迫符合性別刻板印象的孩子更容易焦慮。

我們可以從這份研究得出合理的結論：用合理、基於證據的方式教養孩子，可以協助孩子對自己的性別更為自在。但是別給孩子壓力，不要迫使他符合性別刻板印象。如果你的兒子想要學芭蕾或繩結（像我一樣），鼓勵他；如果你的女兒想學武術或電腦程式，幫她報名。教你的兒子知道，世界上有各種各樣的男人，包括很會跳芭蕾舞和編繩的男人；教你的女兒了解，世界上有各種各樣的女人，包括很擅長跆拳道和電腦程式設計的女人。

很不幸地，情況並非如此。已開發國家都越來越趨向於認為喜歡芭蕾的男孩和喜歡暴力戰鬥的女孩是否為**變性人**。他們不輔導這些孩子、協助他們對自己的性別感到更滿意，而是越來越多的學校和大學提倡他們說的「變性革命」，歡迎一切關於變性的事情。⑧作家兼文化批評家絲維佛（Lionel Shriver）觀察到，許多小學現在也有「變性日」了，就像學校以前有的蛋糕義賣那樣。⑨

最近，一間很有名的大學行政單位寄給我一封電子郵件（我們在協商未來的演講），信件後面、在她的名字下面，和大學職務並列，寫著：「我希望被稱為『她』。」這個做法現在很普遍。萊斯（Liz Reis）是紐約市立大學的性別研究教授。她寫道，在某些大學，「無論是在課堂上或學生聚會，自我介紹時，（現在）經常有學生在名字後面加上男或女的第三人稱，例如：『我是莉茲，女性的她。』」⑩

有些人會覺得這是種進步，其實不然。這個現象是有害的，讓性別成為一個問題。這讓一般女性或男性顯得枯燥無聊、隨俗從眾，變性反倒是進步、有創意的選擇了。這種態度鼓勵孩子懷疑自己的性別認同、對自己的性別不滿——雖然我們有很好的證據顯示：對自己性別不滿的孩子比較容易焦慮或憂鬱——讓孩子對於何謂男性或女性感到困惑。

女性與男性的傳統建構現在遭到攻擊了。在加州一間課堂上，一位男老師在男孩們的小組時間上，分享他對「好男人」的想法。老師說：

> 我們談到力量、自我控制、控制自己情緒的能力、為別人犧牲自己。我們談到如果有了自己的家庭，你只有足夠的錢買兩個起司漢堡，你不會打算吃它……而是給妻子和孩子們吃。你會等。⑪

很不幸地，當時有三位從福特基金會來的學者正在做課堂觀察，不敢相信這位老師竟敢強化傳統的性別觀念。學者很失望，男孩們竟然「聽到他們必須成為強大的男人、照顧妻子；強化了傳統性別角色的刻板印象，本質地去呈現性別。」⑫這位老師試圖提供孩子一個健康的男性形象。他告訴學生，身為丈夫和父親，應該等到妻子和孩子都吃飽了才吃。他試著盡力給孩子一些引導，了解何謂男人。

不是所有的傳統性別角色都應該受到責備，或者認為是性別刻板印象。有些性別角色肯定生命，有些性別刻板印象有害且具破壞性。「無腦的金髮美女」是負面並有破壞性的性別刻板印象，就像「笨伯」（dumb jock）指的是高壯帥氣但是沒腦筋的運動健將一樣。但是沒有人能夠責備丈夫和父親為妻子和孩子犧牲自己的形象。這個想法應該受到肯定，作為男人模範之一。

「解構」理想丈夫和父親的所有形象，並不會創造出堅持兩性平等、妻子也應該同樣有所犧牲的父親，更可能的結果是自私的年輕男人，不覺得自己對孩子有責任。在當代的美國，超過百分之四十的嬰兒來自未婚母親。⑬有孩子的已婚夫妻越來越少了，而且這種情形發生在各種人口族群中。美國家庭裡有一或兩個孩子的已婚夫妻只占了不到百分之二十。⑭

令人憂心的是，學者們責備加州那位老師、在拒絕傳統父親自我犧牲以照顧家庭角色的同時，卻沒有提出取而代之的模範。這些受過教育的菁英沒有給應該學習如何成為男人的男孩任何建議。他們的建議完全是負面的：不應該教男孩成為傳統的丈夫與父親。

但是大自然痛恨真空。如果成人不能為男孩提供正向教導，男孩就會到網路或社交媒體上尋找。他們會找到不尊重的文化。在這個文化中，男孩可以玩暴力電玩，在網上尋找色情影片，而且認為這樣很酷。⑮

性別是一個現實。性別有差。你要的話，可以忽視這個現實，但忽視現實並不會讓現實走開。當孩子沒有受到教導，結果就是女孩以性玩物的姿勢呈現自己，男孩則參與魯莽的身體冒險。我們在冒險一章中看到，許多靈長類（包括人類）天生具有這種特質——男孩參與魯莽的身體冒險。對孩子描述冒險的危害很少有效，想冒險的男孩不會因此減少冒險。教育成功的關鍵不是忽視性別，而是引導孩子、讓孩子知道，讓他將自我毀滅的方式轉變成有建設性的發展。

忽視性別、假裝性別不重要，並未創造烏托邦文化以及有美德的公民。它創造的是困惑的文化：孩子們沒有成人引導，試圖自己弄清楚何謂真正的男人和真正的女人。困惑造成的一個常見結果就是男孩玩暴力電玩，而女孩在社交網路上散播自己的性感照片。

性別比我們所知的更脆弱。雖然或許我們應該知道得更多。大部分文化都努力教導性別的常態，但我們不再這麼做了；相反地，現在博學的教授們積極解構，以個人自由之名、摧毀每一個性別引導標準，完全不曉得這麼做的代價。當然，我們必須小心看待我們教的常態是什麼。我們不希望加強刻板印象，像是笨伯和無腦金髮美女。我們需要創造在二十一世紀、合理的男人與女人新理想型態。但是只談「人」沒有用。男孩不想要只是「人」而已。女孩也是。男孩要當男人，女孩要當女人。我們必須教他們何謂女人，何謂男人。

性別是社會的產物嗎?

西蒙・波娃（Simone de Beauvoir）是有名的女性主義作家，她寫過一句名言：「女人不是生來就是女人，而是創造出來的。」⑯也就是說，性別是社會建構出來的，是社會的發明，完全可以延展。這個斷言成為女性主義運動與性別研究的主調。但是就在前幾年，主流共識加上了一個附註：性別只是社會建構出來的，完全可以延展——**除非**你剛好是**變性者**，這時，你的性別認同完全不可侵犯，天生、無法改變。這個立場和波娃原本的斷言都不是基於科學，而是基於信念。

這兩個立場之間的矛盾，造成傳統女性主義者和變性社群之間越來越緊繃的關係。變性代言者一直主張ＸＹ男性變成的女性角色，就像任何生來就是ＸＸ女性的人。「變性女人就是女人，毫無疑義。」是代言者的口號之一。男變女代言者布莉姬（Mari Brighe）堅持，如果任何人說一位男變女的變性女人是「生理男性」，就是歧視與獨斷。[17]對於布莉姬和其他代言者，擁有ＸＹ染色、陰莖與睪丸並不重要。變性女人是正常的變體，只是女人的一種而已。對於變性代言人而言，性別完全是你自己的感覺。如果你覺得自己是女人，那你就是女人。

如果女性主義者不同意變性代言者的看法，不認為變性女人只是正常女人的一種，就會被變性代言者稱為「排斥變性者的基進女性主義者」（TERF, trans-exclusionary radical feminist）[18]。變性代言者已經成功遊說女子大學允許變性女性入學。[19]某些女子大學停止演出戲劇《陰道獨白》（*The Vagina Monologues*，**譯註：這是美國大學傳統上每年都會演出的經典戲劇**），認為談論有陰道的女性意味著排斥沒有陰道的變性女人。蒙特霍利約克學院（Mount Holyoke College）是麻州一所女子大學，同意不再推出這齣戲。她們的劇團解釋說，《陰道獨白》的劇名「原本就太簡化、太排斥了」。[20]劇團團長墨菲（Erin Murphy）寫到，這齣戲提供「對於何謂女人極為狹隘的觀點」。女性主義記者伯克特（Elinor Burkett）則回應到：

讓我搞清楚：「陰道」這個詞有排斥性，對身為女性提供了極端狹隘的觀點，所以我們這些三十五億名有陰道的女性，以及想要有陰道的變性人，應該如何描述我們的身體才算政治正確呢？變性代言者是否要我們稱之為「前面的洞」或「藏在體內的生殖器官」？㉑

傳統女性主義者認為，大半輩子以男性身分過日子的人，沒有大部分女性都有過的生活經驗。例如變性的女性沒有月經、無法懷孕。伯克特在《紐約時報》寫了一篇文章，〈什麼造就了女人？〉（What Makes Woman）。她在文章中寫道：「沒有一輩子當女人的人……不應該定義我們。男性這麼做太久了。他的真理不是我的真理。」㉒

奇怪的是，傳統女性主義者和變性代言者雙方都欠缺基本事實。女性主義者錯誤地認為性別主要是社會的產物和發明，事實上，性別並非主要來自社會建構。性別是人類物種的生物現實，就像大猩猩、黑猩猩和其他靈長類一樣。我並不是說所有的女孩都一樣，就像所有的雌性黑猩猩也不會都一樣。有些雌性黑猩猩會吃猴子，大部分雌性黑猩猩不吃。許多雄性黑猩猩會獵殺和吃猴子，但是少數不會；㉓靈長類研究者若是忽視這些差異，將會是很糟糕的研究者。但是研究人類的研究者膽敢提出人類也有性別差異，並且主張差異來自天生——黑猩猩的差異很清楚是天生的——現在則會遭到責難批判，認為他是父權社會的工具。

現在常常聽到受過教育的人把生物性別，女性或男性，稱為出生時「指定」（**assigned**）的性別。例如學校和大學談到變性者時，會說他們的性別認同和出生時「指定」的性別不同。但是無論男女，性別都不是出生時「指定」的；更正確的說法是：性別是在出生時「指認」（**recognized**）的。㉔婦產科醫生接生時看到陰莖，會說：「是男孩！」這不是人為的指定，而是指認事實。在很罕見的情況下，雙性人誕生了，生殖器不明顯，可能很難指認孩子的性別。我在講雙性人的那一章中解釋過，現代的照顧標準是等到可以指認孩子正確的性別之後，再做定論；我也說過，這種案例極為稀少，大約一萬名新生兒中只有不到兩位。

變性代言者宣稱，變性者是正常的變體，和左利並無不同。這也是錯誤的。XY染色體的男孩如果認為自己是卡在男孩身體裡的女孩，會有嚴重的問題。你若以為只要假裝他是XX女孩，而不是XY男孩，就可以解決他的問題，那就和我們前一章看到的證據互相矛盾了。對於許多這樣的男孩而言，如果讓孩子遂行己意，對他可能不是最好的做法，還可能增加了糟糕後果的危險。就像麥克．潘諾一樣：前一章提過，潘諾是運動線記者，變性成女人，後來卻後悔並自殺了。

對於人類本質，性別並不陌生，不是意外形成，也不是來自社會的人為干預。性別很接近人類認同的核心。性別很重要。作家卻斯特頓（G. K. Chesterton）寫到：「你可以從外來的或意外的法則中釋放某些事情，使之自由，但是無法從自身本質的法則中釋放任何事物……不要以為讓駱駝沒有了駝峰，牠就不再是駱駝了。不要當一個煽動者，鼓勵三角形打破三邊的牢籠。如果三角形打破了三邊，他的生命就很遺憾地完結了。」[25]如果你鼓勵男孩打破身為男孩的牢籠、變成女孩，你可能不會成功創造一個快樂、適應良好的女孩。我們在前一章已經看到了，做過變性手術的人長期後果並不一定是好的。如果你根據現有的證據，協助男孩變得更自在、更適應男孩的身分，更有可能成功。你可能需要延展他對於「何謂男孩」的理解，使之更加廣闊。身為男孩不一定需要喜歡美式足球，或是玩粗魯的、打來打去的遊戲，男孩也可以學芭蕾舞、打毛線和做筆記本。並沒有強有力的證據支持現代的假設——如果我們讓非典型男孩穿裙子、接受閹割、給他女性荷爾蒙，長期下來，每個男孩都會表現得更好。

一些建議

對其他成人要有耐心。我發現許多人，不只是孩子，現在都對性別感到困惑。如果你遇到體育老師或是營隊輔導員，認為每個男孩都會喜歡用光劍打其他孩子，但是你的兒子不喜歡打人或被別人打，那你應該和老師溝通，解釋說男孩有不同類型，沒有關係。把這本書借給老師閱讀，請他讀第九章。

不要說教。如果鄰居的四歲兒子堅持自己是女孩，他們決定開始讓兒子穿女孩衣服，堅持你叫孩子艾蜜莉，而不是傑森，不要主動給他們建議。除非他們詢問你的意見，不要用前一章提到的研究煩他們，不要堅持告訴他們說，認為自己是女孩的男孩長大後，大部分會成為男人，不再想當女人了。你的鄰居可能不想聽你說，這麼做還可能會造成緊張，毀了你們之間的友誼。

專心養育你自己的孩子。為你自己的孩子，你可以當一位無懼的代言者，但是不要拿著最新的、關於性別差異的科學去教育其他家長，那不是你的工作。如果沒有人主動問你，你卻堅持提供建議，你其實不會獲得多少成就。

關於性別和對性別的理解，我們的文化正朝著錯誤的方向在走。這些改變不是由科學驅動，而是信念。讓我再一次引述絲維佛的話：「我們正在文化上往後退了一大步。我年輕時的女性解放運動鼓勵大家從性別角色中解放自己，現在我們卻反而在保衛性別角色——我們正在用無意義的精準度，在性別認同的光譜上尋找自己的位置，好像我們一旦在老生常談的標準上找到正確的關係，就代表著自我了解的高峰。」絲維佛寫道，小時候，她「和我的哥哥們一起在泥地上塗鴉、玩模型車，讓小火車從高處跌下來，轟轟烈烈地撞成一團。我不玩芭比、討厭嬰兒娃娃。我不喜歡裙子、拒絕蕾絲邊，總是穿著牛仔褲和格子襯衫。十五歲時，我把自己名字從瑪格麗特改成蘭諾。如果我是五十、六十年後才出生，很可能我的父母會帶我去看治療師，讓我開始接受荷爾蒙治療了。」[26]即使在學術文章中，「非典型性別」已經變成「變性者」的同義詞了。現在，喜歡用光劍打別人、在泥地上塗鴉的女孩可能會被問到她是否寧可當個男孩，而不是女孩。[27]

說自己是變性者的人數突然暴增。一九九四年，美國精神醫學協會的第四版精神疾病診斷和統計手冊（DSM, Diagnostic and Statistical Manual of Mental Disorders）上說，美國的變性者人數「沒有最近的流行病研究以提供數據」。歐洲的研究則顯示「三萬人之中有一位男性、十萬人之中有一位女性尋求變性手術。」[28]一九九三年荷蘭發表的研究估計，一萬一千九百人之中有一位男性、三萬零四百人之中有一位女性想要變性。作者認為，和前幾個世紀相比，這個數字「相當高」。[29]

一萬分之一等於是百分之零點零一。自從一九九〇年代開始，事情有了變化。二〇一一年，估計的美國變性者盛行率是百分之零點三。到了二〇一六年，才五年之後，比例已經變成兩倍多，超過百分之零點七了。[30]最近我接到一本醫學期刊，其中一篇文章認為，變性者真正的比例可能高達百分之五。[31]如果現在的正確數據確實是百分之五，等於是在過去三十年裡，提高了五百倍。（百分之五就是百分之零點零一乘以五百。）

有些人認為，這個快速的驚人升高反映了變性者的汙名化降低了。這些代言者宣稱許多變性者一直與我們同在，而他們現在覺得可以出櫃了。我行醫超過三十年，並不同意這個說法。有十八年之久，我在馬利蘭州市郊主持一個家醫中心，從零開始，逐漸有了七千多位病患。我幾乎親自診視他們每一位，大部分還見過許多次；其中有男同性戀者，也有女同性戀者。有些病患只向我出櫃，連他們的異性戀配偶都不知道。如果變性人占人口的百分之零點七，那麼我們應該有四十九位病患（七千人的百分之零點七）是變性者。可是，我們連一位也沒看過。

如果人口中自認為是變性者的比例上升不是因為變性者出櫃，那麼該要如何解釋呢？部分答案可能只是對「變性者」一詞的困惑。科林（Lindsy Collin）和同事最近重新審閱了二十七篇關於變性者盛行率的研究報告，發現如果你將「變性者」定義為「想要成為另一個性別的人——女性想要當男性，男性想要當女性——盛行率的最佳估計值是十萬分之九，大約稍稍低於百分之零點零一。」但是如果將「變性者」的定義放寬一點，指的是「覺得自己是另一個性別的一員，但不見得計畫變性」時，盛行率就提高到了十萬分之八百七十一，大約是百分之零點八七。[32]說自己是變性者的盛行率升高的原因，至少部分來自過去十年大家對於「變性者」的理解改變了。十年前，「變性者」可能意味著你計畫以另一個性別呈現自己；今天，對於許多人而言，「變性者」可能只是意味著你覺得自己屬於另一個性別……無論這是什麼意思。

男性和女性二分法的錯誤

你覺得自己屬於另一個性別嗎？

我對「另一個性別」一詞感到不自在。在本書中，我和各位分享了很多證據。在許多方面，一般的男孩和一般的女孩不同。但是在大部分參數上，一般男孩並不是一般女孩的相反，只是不同而已。我們在第九章已經看到了：在男孩之中有許多不同，女孩之中也有很多不同。

相反？蘋果和橘子不同，但絕對不是相反。兩者都是水果。都很有營養，都對身體好，雖然方式有些不同：橘子有更多維他命C和葉酸，蘋果有更多兒茶素和果膠。兩者不同。如果你不用蘋果，而是用橘子做蘋果派，結果會讓你很失望。

「另一個性別」的說法假設你若不是男性就是女性。這是一條一維向度的直線：

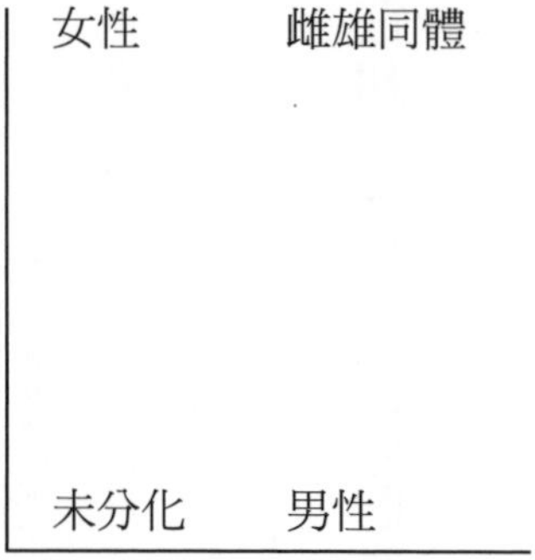

女性　雌雄同體

未分化　男性

女性 ←→ 男性

但是四十多年來，研究者已經知道這個看法不正確。[33]性別不是一維向度，而是二維向度。

一個人可以很女性，或不女性；很男性，或不男性；既男性又女性，也就是雌雄同體；不女性也不男性，也就是**未分化**。現實中，大部分的人都分布在這個二維向度平面的某一處。[34]我們都混合了某些特質。某個女孩可能比較男性化，而不那麼女性化；某個男孩可能比較女性化，而不那麼男性化。差異不代表地位高低。女性化的女孩和男性化的女孩（男孩子氣的女孩）相比，並不更好或更不好，只是不同。

我們應該慶祝這些差異。它們拓展了人類經驗，讓我們都更立體、更真實。在我自己的婚姻中，我的妻子修理割草機，做大部分的戶外雜務，我負責買菜。我喜歡買菜，她不喜歡。她喜歡修理割草機，我根本不知道如何下手。但是她對色彩比我更敏感，我比她更能看到移動中的東西。人就是這樣混合了各種特質。

如果你身為父母，會想要協助孩子在這個二維向度的地圖上找到自己的位置。班姆相信，應該鼓勵每個孩子成為雌雄同體的個體，有著等量的女性和男性特質；而我們已經看到，班姆的理論——認為雌雄同體是孩子最好的選擇——並不符合我們的實際經驗。有些孩子喜歡男性與女性特質兼具，大部分孩子則更喜歡在性別地圖的其他位置。有些男孩喜歡更為女性化，雖然他們還是有男性特質，有些女孩喜歡更男性化，儘管她們仍然有女性特質。

相信自己是變性者的人口比例暴增，很可能代表了大家無法了解性別是二維向度的，而非一維。如果你是男性，具有一些（或許多）女性特質，或者你是女性，具有一些（或許多）男性特質，並不意味著你是變性人，而是意味著你是人。

雖然性別的許多面向是天生的，「性別認同」本身比我們所知的更為脆弱。一個男人可能像男人那樣看到、聽到、體驗到性慾望（同性戀或異性戀），但是如果他處在一個認為只有兩種性別的文化中——或是喜愛美式足球和世界摔角大賽的男人，或是喜歡化妝和晚禮服的女人——那麼他可能會認為自己是變性人了。他想錯了。他被所處的文化弄困惑了，這個文化對性別的理解只提供了貧乏的二元化理解：我們可以稱之為「男性與女性二分法的錯誤」：以為你或是喜歡打鬥、飆車的粗魯男性，或是女孩子氣的女性，為了浪漫喜劇而哭泣，眼睫毛畫得太厚重。對於這種男人，你的最佳協助不是閹割他、讓他穿裙子，而是拓展他對性別的理解。

全職主夫

當我談到承認性別差異、慶祝性別差異的重要性時，某些批評者會說我想讓時間倒流、帶大家回到一九五〇年代。我不是。今天，我們面對的挑戰不同了。我們需要協助年輕男人成為更好的家庭主夫——如果這是最適合這個家庭的安排。我在第五章提過，在我寫的《浮萍男孩》裡也提過：在學術成就上，性別差距越來越大了。有越來越多的伴侶之間，女人賺得比男人更多。在美國很多地區，照顧孩子的費用非常昂貴，往往不是收入較低的配偶負擔得起的。如果這對伴侶想要養育孩子，丈夫待在家裡當全職的家庭主夫可能更為合理，而不是繼續工作、賺的錢還不夠付保姆費用。在這種狀況下，年輕男人需要了解待在家裡的全職父母需要負責換尿布、吸塵、洗衣服、煮飯等等。

我們在訓練年輕男人如何扮演全職家庭主夫的角色上，做得並不好。部分原因是許多年輕男性想要當個「男人」，卻看不到——在他們的電玩、色情網站或社交媒體上——優秀全職家庭主夫的模範。今天的年輕男性需要和一九五五年年輕男性需要不同。很少人了解，今天的性別和一九五五年的同樣重要，只是文化的反應必須不同了；可是處於領導地位的大學試圖「解構」性別，結果就是許多年輕男性花時間打電玩、看色情影片。他們像浮萍一般飄盪，沒有人指導他們往有建設性的成年方向走。

對於如此忽視性別的後果，我有第一手經驗：超過三十年的行醫經驗。我看過許多婚姻失敗。如果你對世界的認識主要來自電視、電影、社交媒體和歌星，可能以為外遇是最大的婚姻殺手，但是以我的觀察，許多伴侶太忙了，根本沒時間搞外遇，以下是常見的情況——

一對已婚、有兩個小孩（一個還包著尿布）的伴侶，媽媽是銀行經理，每週工作超過六十個小時，爸爸目前失業在家，當全職家庭主夫，雖然這不是他們結婚時的計畫。爸爸不想照顧孩子，兩個孩子待在幼兒園，媽媽下班時去接他們。她回到家，發現屋子一團亂，晚餐也沒煮。寶寶在哭，該換尿布了，爸爸卻躺在沙發上看電視。媽媽很火大，但還沒有爆炸。她只是說：「凱特琳需要換尿布了。我做晚飯，你幫她換尿布。」

爸爸不知道怎麼換尿布，但是妻子的口氣讓他不敢違抗。他離開沙發，把寶寶放在換尿布的桌子上。他開始換尿布，但是把屎沾到了寶寶的衣服上。

現在媽媽爆炸了。「你難道不會換尿布嗎？你難道不能做**任何事情**嗎？你只是在給我添麻煩。出去！」不用多久，媽媽會想，她是否可以把懶惰的丈夫趕出去，雇一位保姆還更好，壓力更小、更無需吼叫。

為爸爸說句話：如果從來沒有人教，你要怎麼知道如何換尿布？沒有人一出生就知道做這件事。必須有人教你：女孩跟著媽媽學習、靠當保姆打工的經驗、問朋友或是看影片。男孩比較不會去當保姆打工，或許也比較不會看關於換尿布的影片；或許他們不覺得這是真正男人要做的事情，或不知道換尿布很重要、需要重視。

我們要如何改變這一切？要如何改善男孩長大會知道怎麼換尿布的可能性？有什麼好辦法嗎？擁抱性別差異，而不是假裝性別差異不存在的方式又是什麼？

要了解答案——並取得避免男性與女性二分法錯誤的正確策略——我們先得了解某些心理學者稱之為「團體對比效應」的現象，會很有幫助。[35]團體對比效應的意思就是：當兩個不同團體的成員被放在一起，每個團體的成員都會誇大兩個團體之間的差異。無論是否政治正確，男孩和女孩都會自動分類為「男孩」和「女孩」。有女孩在場時，男孩比較不願意展現任何可能被視為女性化的行為；有男孩在場時，女孩也

比較不願意展現可能被視為男性化的行為。㊱

舉個例子。我去西維吉尼亞州查理斯頓（Charlestone）的石牆傑克遜國中（Stonewall Jackson Middle School）參訪了三次。一位六年級教師（譯註：美國的國中是六到八年級）告訴我，有天她帶了一隻兔子到六年級教室，讓學生就近觀察，作為生物課的哺乳動物教學。導師一帶著兔子進教室，就有一個女生說：「好可愛啊！我可以摸嗎？」一個男生說：「我想用火箭筒把牠的頭轟掉！」一旦這個男生開了口，教室裡其他男生全都不想摸兔子了。性別界線畫定：女孩摸兔子，男孩用火箭筒轟掉兔子的頭（至少，男孩說他們想這麼做）。儘管老師一直鼓勵男生們摸摸兔子，但是沒有一個男生要這麼做。

然後這位老師有機會教男女生分開的課堂。她又帶了兔子去六年級的男生教室。沒有女生在場，這次有一半的男生想要摸兔子。老師告訴我，純女生的課堂也一樣：只有一半的女生想要摸兔子。

在喜不喜歡摸兔子這件事上，我不認為男女之間有很大的天生差異。但是我們活在性別歧視的社會裡。雖然有些專業人士非常努力地解構性別，許多男孩還是想要別人覺得他是男人，許多女孩還是想要別人認為她是女人。因為我們提供的引導很少，今天的男孩往往以**負面**特質建構男性氣質。在缺乏正向模範的情況之下，真正的男人意味著不要做任何女孩喜歡做的事情。如果女孩想要摸兔子，那我就不要摸；如果女孩很小心，不做肢體冒險的事情，那我就要在大家的注視下踩著滑板衝下高牆、撞到水泥地上。如果女孩在意準時交功課，那我就故意玩電玩，不寫作業。

如何運用這樣的理解來解決問題呢？如何讓男孩學習換尿布，以及家庭主夫需要知道的其他技巧呢？

如果你提供選修的課後活動，教孩子如何當保姆、換尿布，不會有許多男孩報名。大部分男孩認為當保姆、換尿布是女孩子做的事情。團體對比效應會出現：大部分男孩即使想參加，也不會報名。很少男孩願意成為班上唯一的男孩，和十二個女生一起學習如何當保姆（譯註：美國家庭經常在週末或晚上，僱用十幾歲的年輕孩子照顧小孩，夫妻則出門放鬆享樂。這是青春期孩子賺錢的最大管道，非常普遍，因此學校會提供保姆課程）。

我去參訪大學學院（University School）時，學到更好的做法。這是俄亥俄州東北部的一家私立男校。他們告訴我，他們有「全部都是男孩」參加的保姆課，儘管是選修，但很受歡迎，吸引了包括壯碩的運動員。他們教男孩，換尿布是很困難的遊戲，有三個目標：

1. 不要讓寶寶掉到地上。
2. 不要讓寶寶的陰莖或陰道沾到大便，以免泌尿道感染。
3. 不要讓寶寶的衣服沾到大便。

學校讓真正的父母教這堂課，一開始是用實體大小的娃娃，之後用真正的嬰兒（請見第三四八頁照片）。

男孩們很愛這堂課。說實話，和嬰兒玩、餵嬰兒、教嬰兒可以很好玩。男孩也可以享受這個過程，一如女孩。但是讓男孩參與活動的最佳方式和女孩不同，如果你不了解這一點——如果你假裝性別不重要——最後就會讓男孩覺得換尿布是女孩的事情，結果就是他們當了父親還不知道怎麼換尿布。

我們也可以運用同樣的原則協助女孩打破刻板印象。我在第五章提過，激勵女孩學習電腦程式的最有效策略，和對男孩的不同。在全部都是女孩的電腦程式課程上，你可以運用這些策略而不受團體對比效應的影響。我們在第五章提過，在美國，上電腦科學大學先修課的男孩比女孩多，大約是三比一。如果一個班上有三個女孩和十一個男孩，這三個女孩會覺得沒有歸屬感。無論你說了多少性別平等，都不會改變這一點。如果班上只有女孩，就可能有更多女孩願意選修，她們會覺得更自在、更有信

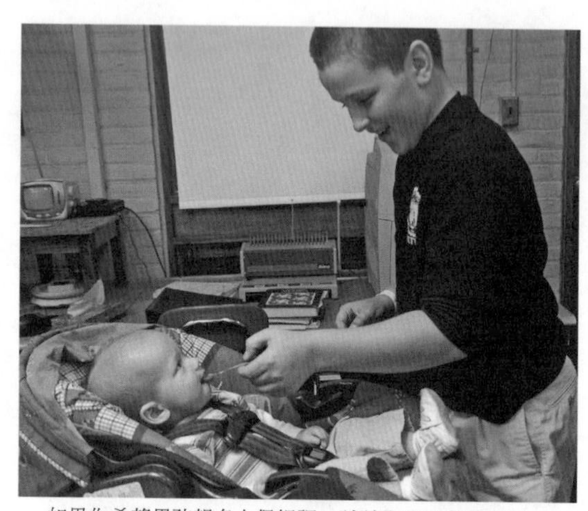

如果你希望男孩報名上保姆課，試試全班只有男孩子。
照片提供者：俄亥俄州杭汀（Hunting）的大學學校。

心。已經有一些課程運用這個策略了，例如「寫程式的女孩」（Girls Who Code）。已過世的萊德（Sally Ride）事業重心就是創建莎莉・萊德科學營，一個全部都是女孩的科學營隊，因為萊德——美國第一位女太空人——了解這個概念。但這種課程還是太少了。

我不是在推廣全方位的單一性別教育，只是想指出，因為了解團體對比效應與現代美國社會對性別的困惑，如果你想讓女孩或男孩參加現代文化認為是性別非典型的活動——男孩當保姆或女孩學電腦科學——就應該考慮提供針對特定性別的課程，例如全男孩的保姆課和全女孩的電腦程式設計課。運用性別覺察的策略教授這些主題，會得到很好的效果。如果你想打破性別刻板印象，就必須開始了解性別差異並加以運用，而不是忽視或假裝它不存在。

預防性攻擊和性騷擾

本章一開始，我提到兩個高中男孩因為強暴了一個醉到不省人事的女孩而被判有罪。要如何有效預防性侵和性騷擾呢？在大部分國中、高中和大學裡，師長會對學生進行一系列的世俗說教，要他們尊重每一個人，也會警告他們，如果不遵守規定，會有如何糟糕的後果。師長往往會詳細解釋，一旦有了性犯罪紀錄，想要進入好學校或找到好工作將如何困難。根據我觀察四百多間學校的經驗，最常見的後果就是有越來越多的青春期男孩待在臥室裡，一邊看色情影片一邊自慰。許多男孩告訴我，高中性教育的老師公開鼓勵他們選擇自慰，而不要有真正的性關係，因為自慰不需要對方的允許。

有更好的方法。以我的觀察，預防性侵和性騷擾最有成效的學校並不會嚇唬男孩，不會鼓勵他們完全不要有性行為，而是教女孩和男孩當個淑女和紳士。紳士不會騷擾淑女，淑女不會忍受騷擾。那麼，如何教男孩成為紳士呢？更準確地說：我們的文化鼓勵不尊重、衣不蔽體的自拍照和色情照片與影片，該如何啟發男孩願意像個紳士呢？

我在康乃狄克州一間男校，雅芳老農舍（Avon Old Farms）發表演講。我注意到觀眾席上有許多青春期少女——遠比男孩多。我對一些男孩說：「你們每個人好像都有四位姐妹。」

一位男孩告訴我：「薩克斯醫師，她們不是姐妹啦，是朋友。」

「你是說女朋友嗎？」

他說：「有些是女朋友，大部分只是朋友。」

這挑起我的興趣。我去找女孩說話，她們少數來自五哩外波特小姐辦的女校，大部分來自附近男女兼收的魏斯特明斯特（Westminster）學校。

我說：「男女合校？那你們在這裡做什麼？你們學校裡就有男生，為什麼還要來這間男校玩呢？」

一個女孩翻著白眼說：「我們學校的男生都是魯蛇。和他們在一起就像和我弟在一起，又吵又討厭，非常令人生氣。他們覺得自己很厲害。簡直噁心。」其他女孩笑了，點頭同意。

我問：「這裡的男生不同嗎？」

她們全都點頭。一個女孩說：「沒錯。這裡的男生很**紳士**。我知道聽起來很怪、很老派，但真的就是這樣。我們走進房間時，他們會站起來。他們還會幫女生開門。」

另一個女生打岔說：「他們不會打岔。我痛恨跟我們學校的男生說話，因為他們總是在打岔。」

另一個女孩說：「薩克斯醫師，你應該週末來這裡看看。你根本不會知道這裡是男校。週末的時候，這裡可能有更多女孩，比男生還多。我們簡直是全都來了。上個星期，我們一群女生來這裡的室內冰上曲棍球場，只是在冰上溜冰。只有女生。」

我問：「可是為什麼要來這間學校呢？你們也可以去公立溜冰場啊！」

她搖頭說：「不。不一樣。在這裡比較好玩，因為——」

另一個女孩說：「因為好像我們是一家人。」

又有一個女孩說：「因為這裡讓人覺得安全。」

這個學校並不獨特。我從其他喜歡去男校玩的女孩那裡聽過類似的話，例如馬利蘭州貝西斯塔（Bethesda）的喬治城大學預校（Georgetown Prep）。我必須說，我也在其他男校聽過非常不一樣的話：我聽過女孩子說，她們永遠永遠不會、一百萬年也不會去某些男校玩。光是建立一所男校，並不會自動地讓女孩喜歡到學校來玩。相反地，如果你讓一群青春期男孩聚在一起、沒有好的成人領導，他們很容易變成一群霸凌者和流氓，認為性侵是很棒的娛樂。

負責任的成人如何領導學校，將決定女孩是否覺得安全，並受到歡迎。女孩覺得不安全的學校，確實是不安全的。像是我去演講的那間康乃狄克州學校就不願意冒險。他們刻意教男孩要當一名紳士。在這間學校裡，男孩會學習到學校的八個「核心價值」：

- 學術精神
- 正直
- 文明
- 容忍
- 利他精神
- 運動員精神
- 責任
- 自我紀律

校長拉羅克（Kenneth LaRocque）告訴我：「男孩變成男人還不夠。我們要他變成**紳士**。」拉羅克與同事清楚地教導他們認為成為紳士的規則：紳士不發出假的放屁聲音來取悅朋友。紳士不騷擾女孩或女人。紳士不打斷正在說話的女孩。紳士會保護弱小或人緣不好的人不受到欺凌。女孩或女人走進房間時，紳士會站起來。在這間學校，老師會明白地告訴學生這些規則。拉羅克說：「你不能假設今天的男孩知道這些事情。很多人不知道，但是可以教他們。男孩不會長大就自動成為紳士，你需要男人的社群讓男孩看到應有的行為。這就是我們這裡提供的。」[37]

我不是說拉羅克是智慧大師，或他擁有一切的答案，但他確實有個答案：他和同事發展出了某套方法，教男孩如何成為紳士。你也可能選擇其他核心價值，以及其他的教導方式。郝波特（Heather Haupt）生了三個兒子，寄給我她的書稿《訓練武士：養育有榮譽感、有勇氣並有慈悲心的男孩之十個原則》（*Knights in Training: Ten Principles for Raising Honorable, Courageous, and Compassionate Boys*）。她的原則包括（但不限於）：保護弱小、尊重女性，說實話。我不一定同意她的全部十原則，她的原則也並非全部是針對某個特定性別。無論男女，所有孩子都應該說實話。郝波特寫了很長一大段文字，解釋為什麼「尊重女性」表示紳士不會看色情網站。[38]這是應該教男孩的。教不教女孩這樣做比較不重要，因為女孩比較不會像男孩一樣，每天花好幾小時在色情網站上；如果你不確定這個觀察，請參考第六章。對於女孩，我會建議沙力特（Wendy Shalit）的書：《變溫和的女孩：年輕女性重新開始尊重自己並發現當個好女孩還不錯》（*Girls Gone Mild: Young Women Reclaim Self-Respect and Find It's Not Bad to be Good*），以及我朋友蜜可（Meg Meeker）的書：《堅強父親教出堅強女兒》（*Strong Fathers, Strong Daughters*，中譯本由木馬文化出版）。

在我們比較了解的文化中，幾乎每個都會花很多力氣引導女孩和男孩變成女人和男人。舉個例子：非洲西南部的叢林部落康族（!Kung）稱自己為「無害之人」。他們的文化主張非暴力，完全不知戰爭為何物，沒有武士、沒有打鬥的傳統。人類學家吉爾摩爾（David Gilmore）說：「但是即使是這裡，文化最珍惜的就是溫和與合作，男生還是要通過技術和耐力的測試，才能贏得成為男人的權力。他們必須靠著自己一個人，憑藉勇氣和堅韌，追蹤並殺死一隻成年大羚羊。只有殺死成年羚羊之後，他才被視為真正的男人，可以結婚了。」[39]

吉爾摩爾花了好幾年時間研究世界各地、包括非洲康族等許多文化中的成年過程，他寫道：「在許多社會的成年儀式中，有攻擊性的狩獵從來就沒有扮演重要角色。男性和男性沒有為了經濟目標產生聯結，不重視暴力與戰爭，或根本沒有暴力與戰爭。然而他們的男性直到今天仍然在意展現男人的風采。」[40]

當文化（例如我們的）忽略跨入成年的轉變，假裝男孩成為好男人與女孩成為好女人的過程沒有差別，那麼會發生什麼事情呢？文化或許可以在十年或二十年間，甚至是三十年內，對此不予理會。但是一個世代過去了，忽視成年過程三十多年後，問題會開始出現。如果我們沒有提供男孩成為成人過程的模範，他們會找同齡的朋友建構自己的成年過程，而那可能不會是正向或是有建設性的。

英雄或罪犯？

對於性別，真正有洞見、基於證據的做法是去了解女孩和男孩的差異，努力確定性別差異並不會導致不利。

我們知道，人類女性就像其他靈長類女性一樣，會比男性更不願意冒險（請看第三章），所以我們需要鼓勵女孩更勇於冒險。我在第三章中提過澳洲塔斯馬尼亞的聖麥可學院，他們的經驗值得我們學習。他們培養女孩快樂又有自信地在太平洋上空、菲瑟涅的陡峭懸崖垂降。

我們知道，人類男性就像其他靈長類男性一樣，比女孩更喜歡冒險，並進行有攻擊性的活動（請見第三和第四章），所以我們需要鼓勵男孩將自己的攻擊性發洩在有建設性的事情上。

這是什麼意思？讓我告訴你一個故事。

蘇必略湖（Lake Superior）北岸有個叫做雷灣（Thunder Bay）的小鎮。一位我們姑且稱為大衛的青少年加入了幫派，和壞孩子一起混。為了贏得幫派的會員資格，他必須犯過罪，所以大衛闖進一個當時去外面買菜的老太太家裡，偷了她的珠寶並賣給當地的當鋪。老太太向警方報案，警官很快就追查到贓物、找到大衛並逮捕他。判刑後，他被送進了少年監獄。

典獄長有個經營木材廠的朋友，提到他有一堆彎曲的木材，無法賣做建材，但還是很好的柴火；典獄長也知道有個專門協助老人的非營利機構，其主持人曾告訴他，有些老人還是用柴火讓屋子暖和起來，但柴火很貴，而有些老人的家裡實在是太冷了。監獄長問木材行的朋友，是否願意把這些彎曲的木頭砍了，免費捐給這家機構。朋友同意了。

現在唯一的問題是將木材送到有需要的老人家裡。監獄長找志願者幫忙，而三個青少年中就包括了大衛。十二月中旬的一天，天氣嚴寒，風也非常大（如果你住過蘇必略湖北方，就知道我在說什麼了），像雷灣這樣的小鎮，監獄長有很多事情要做。他自己開著小卡車，跟這三名少年一起送木材。他們送了兩趟，監獄長說：「嘿，各位，今天實在太冷了。太荒唐了。風這麼大，實在是冷透了，一直待在外面肯定會凍死。我們回去吧，到室內去。等哪天不這麼冷的時候，我們再送吧。」

可是大衛說：「不！我們還有地方要送！那些老傢伙**今天**都在等我們呢。不能讓他們失望！」監獄長對大衛的熱情印象深刻。他們繼續送木材。㊶

單子上的下一間屋子就是大衛闖空門的那間。大衛在寒冷的風中，為他幾個月前偷過的老太太堆木材。

男孩想要成為男人。如果我們可以將他們的英雄／攻擊性／冒險精神引往好的方向，結果就是男孩願意在冬天高高興興地為老太太堆木材。如果我們無法引導這個驅動力，如果我們假裝性別差異不重要，結果就是男孩闖空門偷東西，試圖在同儕面前證明自己是真正的男人。

超越粉紅色與藍色

二〇〇三年，一群受尊敬的學者在達特茅斯醫學院（Dartmouth Medical School）開研討會，主題之一是我們的社會如何忽視了性別差異，因而造成很大的傷害。學者的結論是：成人需要嚴肅面對性別議題。他們寫道：「需要賦予性別社會的重要性和意義。這似乎是人類的普世需要，並且會深刻地影響人類的幸福。」[42]

這些研究者承認在許多人眼中，性別不是天生的生物特質，而是社會建構的角色，但看了證據之後，這些專家認為這種觀點「嚴重地不完整」。性別「走得更深，接近人類認同和社會意義的核心——部分因為性別有生物的基礎，和腦部結構與功能

的性別差異相連結。部分也因為深深牽涉到成年的過程。」㊸

成年的過程。比起其他領域，在這一點上，我們的社會讓孩子們更嚴重地失望了。關於何謂女人或男人，我們提供孩子們非常少的引導。在傳統社會中，男孩和女孩的成年過程非常重要，而且有非常不同的慶祝與儀式——這是在達特茅斯開會的專家達成的結論。女性的成年儀式「通常是慶祝進入成年……對於年輕女性，世界上的許多儀式都是在慶祝初潮之後，她們將擁有更強大的內在力量、更高深的靈性面，以及更豐富的內在生命……男性的成年儀式則往往更像懲罰，牽涉到許多痛苦及耐力。這些儀式是為了協助男孩與心靈、神話和圖騰連結；從這裡，他可以獲得力量、控制自己的攻擊性，將它導往符合社群發展的有利目標。」㊹

一百年後，在學者回頭看二十一世界前半葉發生的文化解體時，結論可能會是我們社會結構瓦解的基本原因，就是在養育孩子時忽視了性別。我很好奇，未來的歷史學者會怎麼說：對我們花了多久的時間才發現自己的錯誤，明白女孩的需要和男孩的需要不同、明白性別確實重要。

我希望遮住視線的眼罩終於要拿下來了。二〇一七年，《神經科學研究期刊》（*Journal of Neuroscience Research*）用一整期的篇幅討論各種腦部功能的性別差異，從視覺、學習到精神疾病。期刊厚達七百九十一頁，有七十三份不同的學術文章。㊺位於爾灣（Irvine）加州大學的神經科學教授卡希爾（Larry Cahill）擔任這本特刊的編輯，他寫道：

根深柢固、內隱（且錯誤）的假設是：「平等」就是「一樣」。即使會害怕一旦說男性和女性在某些腦部功能上不一樣，就好像在說男女不平等似的，大部分的神經科學家還是都知道，這個假設是錯的，而且深深有害，尤其是對於女性的健康上。但是無論如何，這樣的想法仍造成深刻影響。

過去的十五到二十年間，我們看到了大量研究（儘管這項主題面對普遍的偏見）記錄了性對腦部功能各種程度的影響。這一波的研究如此強大，使得忽視性別影響的標準說法（「影響小而不可靠」、「都是由於循環的荷爾蒙」、「都是因為人類文化」和「在分子層面不存在」）都消失了——至少對於那些知道這些研究的人而言。

（這本期刊裡的七十三篇文章）強有力地一致記錄了性別會影響腦部功能的事實。在我們領域的各個層面經常性地重塑發現——得出結論——強烈顯示了性別是多麼重要。

在整個神經科學（不只是為了生殖）上，性別極為重要、強大且普遍。擁有這個看法的時代早就該來臨了。㊻

所以，或許神經科學家（或至少部分的神經科學家）找到勇氣承認現實，而不是讓固執的舊有信念引導他們的研究。

你和我都不是神經科學家。我們的任務更重大：就是創造一個有勇氣和智慧，珍惜並慶祝兩性天生差異，同時又給每個孩子平等機會的社會。

性別是人類經驗的核心。但是如果希望孩子長大成為他們原本應該有的樣子，那麼，在任何方面，女孩和男孩都需要成人的引導。協助你的女兒成為有自信、真實的女人，成為一位淑女。協助你的兒子成為有勇氣和尊重他人的男人，成為一位紳士。這並不容易。從來都不容易。現代文化——菁英們刻意對性別的視而不見，加上社交媒體上充斥著刻板印象的粗魯男孩和性感女孩——使得現代家長的工作更為困難了。

我不會說我有所有的答案，但認為我提出了正確的問題。

我們活在充滿新挑戰的時代。一九五〇年代的答案不再管用。我們不要鼓勵女孩和男孩回到一九五〇年代的粉紅色和藍色框架裡——即使我們想要這麼做，也辦不到。社會以及家長們，面對的挑戰前所未有。我們必須協助女孩和男孩成長、成為成人，有特定的性別，成為女人或男人。在理想的社會裡，女人可以做任何事情，包括當航太科學家；男人也可以做任何事情，包括待在家裡照顧寶寶。我們必須找出方法，重視並珍惜性別差異，同時也不限制自由和機會。我們必須承認性別很重要，不要讓性別限制了孩子的未來。

不會容易。但是我認為可以做到。

額外資訊

聽覺的性別差異

研究者已經知道女孩和男孩、女人和男人（一般而言）的聽覺非常不同。一位研究者如此寫到性別差異：

> 我們直覺知道複雜的行為和結構——高階功能——可能有性別差異，但是卻不了解在簡單、低階的功能和結構上也可能有性別差異。為什麼缺乏這個直覺？或許是因為在簡單、低階的能力上，性別差異的存在暗示了它們——性別差異以及能力二者——一直都比我們想得更為重要。①

史蒂芬的n

「老師說話有多大聲？」聽起來像是很簡單的問題，應該很容易回答。聲音的音量通常以分貝測量，你可以去電子用品店買一個測量音量的儀器，坐在教室裡，開著音量測量儀（我參訪學校時，有幾次就是這麼做），記錄坐在教室最後面可以聽到的老師音量有多大。我發現說話溫和的老師大約是五十四分貝，聲音比較大的老師是六十四分貝。兩位老師音量的客觀差別是十分貝。十分貝的差別有多大呢？

六十四分貝的實際振幅比五十四分貝的大了十倍，十分貝的差別就代表振幅的十倍差別；二十分貝的差別就是振幅的一百倍差別、三十分貝的差別則是振幅的一千倍差別。

學生是人，不是測音量的儀器。學生對聲音的主觀經驗不是振幅的客觀線性函數。沒有人會覺得八十五分貝的聲音比五十五分貝大聲了一千倍。八十五分貝的聲音確實比較大聲，但沒有一千倍之多；有多大聲呢？

我發現，要解釋聲音振幅增加如何影響主觀的大聲，可以用視覺來類比。想像一個沒有窗戶的房間；完全黑暗。現在你開燈，只開一個燈泡而已：哇，差別好大啊！你可以看見了！

現在，你又打開了一個和之前相同的燈泡。房間更亮了。你又開了第三個燈泡。又更亮了一些。第四個。第五個。等你開了第五個燈泡時，光亮的改變已經非常小了。客觀而言，第四個和第五個燈泡之間的光亮差異，和沒有燈泡以及第一個燈泡之間的改變相同，都同樣是一個燈泡的差異。如果你使用的是標準六十瓦白熾燈泡，光度就是八百流明，也就是說，對亮度的主觀經驗不是客觀亮度的線性函數。

「心理物理學」是心理學的一部分，試圖理解客觀刺激——在這裡就是燈泡的光或老師的聲音——和主觀經驗——在這裡就是覺得燈光有多亮和覺得老師聲音有多大——之間的關係。

哈佛教授史蒂芬（J. J. Stevens）在五十年前就知道，對於大部分的視覺及聽覺刺激，主觀經驗和客觀刺激之間的關係可以用「史蒂芬定律」（Stevens' Law）來描述。②以聲音而言，史蒂芬定律將聲音的主觀音量定為L，聲音的實際振幅定為φ：

$$L=k\phi^{n}$$

k是比例常數，n是小於1的某個數字。對於每個人來說，n的值都不同，必須一個人一個人地測量決定。史蒂芬的n就是每個人對聲音的敏感度，n的值越高，這個人對聲音就越敏感。

在一項研究中，研究者用不同的聲音強度測量了受試者對不同音量的反應，由此估計受試者的n值。以各種頻率和音量的平均而言，他們發現，一般女性的n值比男性的n值高出百分之三十八。女性和男性之間的差異非常顯著。③另一項研究中，研究者用不同的方式測量n值：根據不同的聲音振幅，一般女性的n值比男性的高出了百分之四十四至四十九。這也是顯著的差異。④

研究者指出，女性的n值比男性的n值更高，「意味著在某個聲音範圍內，女性比男性敏感」。⑤更早的研究對此提供了直接支持：史丹佛研究者麥克金尼斯（Diane

大部分男孩和男人需要調高音量

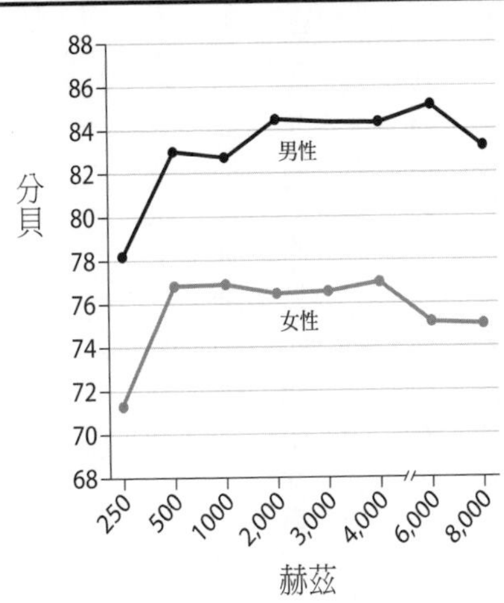

對於年輕男女，不同頻率、同樣音量的曲線。
資料來源：Diane McGuinness, "Equating Individual Differences for Auditory Input," Psychophysiology, volume 11, pp. 115–120, 1974.

McGuinness）測量了女性和男性對於音量大的敏感度。在兩百五十到八千赫茲的不同頻率中，她發現女性的平均最舒適音量，大約比一般男性低了八分貝；請參考本頁的圖表。⑥英國研究者埃利略（Colin Elliott）也有類似的女男孩差異，其中某些受試兒童只有五歲大。⑦

另一個團隊測量了受試者聽得最舒適的音量，以及他們可以忍受的背景噪音程度，受試者包括二十五位女性和二十五位男性，全部都在十九歲到二十五歲之間、聽力正常。女性聽覺最舒適的範圍是三十六．二分貝，男性是四十二．一分貝，大約高了六分貝：明顯地更高。也就是說，一般男性喜歡以女性喜歡聽到的音量再高出六分貝的音量說話。女性能夠接受的背景噪音是二十四．八分貝，男性則是三十一．七分貝，比女性高出七分貝，也是明顯比較高。⑧也就是說：男性可以比女性忍受明顯更高的背景噪音。

我提過的這些心理物理學研究中，受試著對聲音的敏感度是經過直接測試的，結果總是發現一般女性對聲音比一般男性更為敏感。但是，如果研究者只是「詢問」受試者，他們對聲音敏不敏感，則會得到不同的結果。例如心理學者溫斯頓（Neil Weinstein）曾做了一個評估噪音敏感度的問卷，如果你同意「如果我住的公寓很好，我不會介意住在吵鬧的街上。」「如果有人偶爾把音響開得很大，應該沒有人會在意。」或是「在圖書館，我不在意別人說話，只要他們小聲點就好了。」溫斯頓就會將你歸類在對聲音不敏感。如果你同意「如果有人製造噪音，讓我睡不著或無法完成工作，我會生氣。」或者「鄰居吵鬧時，我會很惱火。」溫斯頓就會認為你「對噪音敏感」。溫斯頓完全沒有覺察到，性別的社會結構會影響受試者對問卷的作答。⑨在一九七〇年代，溫斯頓做這個問卷時，年輕女性可能比男性較不會同意任何用「……我會生氣」形成的句子。在一九七〇年代，對別人生氣不是年輕女性的美德。同樣地，如果其他條件都相當，一九七〇年代的女性相較起男性，會比較願意同意「我不在意」、「沒有人應該在意」這樣的句子。在父權社會，放棄權益、不在意、允許別人任性是廣被記錄下來的傳統女性特質，一九七〇年代的美國社會正是如此。怪不得溫斯頓的研究認為，女性不會認為自己對噪音敏感了。也有其他人主張，對於聲音的敏感度，性別並不重要，而因為同樣的原因，這些結果也都沒有說服力。⑩

運用

在第二章，我暗示了聽覺的性別差異可能在教室造成很大的差別；因為聽覺的性別差異，我們會建議**一般男孩需要老師更大聲說話**——大約再大聲六到八個分貝——這樣一來，**一般男孩才能像一般女孩一樣聽得清楚**。

如果某個教室有固定的座位分配，而老師站在教室前面的話，那麼將不注意聽課的男孩調到前面的座位可能會有助益。我曾經參與評估和督導我治療的男孩，將他們的座位從後面調到前面，學業成績就改善了。但是以我的經驗，這個做法只適用於年紀小的孩子，大約是幼兒園大班或小學一年級的時候，對年紀大一些的男孩比較無效，對國中和高中男生甚至有反效果。為什麼呢？

如果學生可以隨意坐座位，通常會有一、兩個用功的男生會坐在前面，大部分女孩坐在前面或中間的位置，性別典型的男孩更喜歡坐在後面。最頑皮的男生會坐在最後一排。如果八年級的老師將不注意聽的男生調到前面，他的首要任務就是向坐在最後面的朋友證明自己不是老師的寶貝學生，結果就是他在前面比在後面坐著的時候可能更加叛逆和不注意聽課。所以，對於年紀較大的男孩，這個簡單策略並沒有用。更好的策略可能是讓你的兒子換班，換到一位會前後巡視教室，或者聲音比較大的老師那裡。

之前引述的每一個研究都呈現了n值的性別差異，也記錄了男性和女性之中的各種變異。有些男性對聲音很敏感，包括背景噪音，也有些女性比某些男性更不敏感。並不是每個男孩都會因為老師大聲說話而獲益：有些男孩對聲音異常敏感，可能有聽覺處理異常的現象，也稱為中央聽覺處理缺陷或中央聽覺處理疾患，⑪在老師大聲說話的教室中，對這些男孩可能更不利——他們或許需要說話小聲的老師。

聽覺的性別差異還有另一種運用方式：在教室裡，**男孩往往比女孩更能夠忍受背景噪音**，大約多出六到八個分貝。電扇運轉的聲音，或是在桌面上彈手指的聲音，對女孩或（女性）老師來講都很煩人，但是男孩可能比較不在乎。

如果兒子的老師跟你說，他總是在桌上敲他的鉛筆，非常煩人，你可以與老師分享這本書、建議老師閱讀額外資訊裡的〈聽覺的性別差異〉（你現在正在讀的這一篇）。老師可能不知道，事實上，一般男孩可以忍受的噪音和一般女孩可以忍受的噪音之間的性別差異。如果老師告訴你的兒子不要敲鉛筆，他也確實停下來了，但五分鐘之後，他又開始敲了，他不一定是違抗或不尊重老師，只是沒有用（女）老師和女同學同樣的方式聽到敲鉛筆的聲音。提供一個建議：毛根。給你兒子毛根，讓他在桌上敲毛根，不會發出任何聲音。

不要忽視性別差異。運用性別差異，一起努力，益處會很大。上個星期，六歲男孩還告訴你他痛很學校，現在卻很愛上學了：我可是真的看過這種事。

額外資訊

視覺的性別差異

你想玩卡車或娃娃呢？

過去五十年，如果你在任何大學選修發展心理學，大概都會讀到一九六〇年到一九九〇年間做的許多經典實驗。這些實驗都很類似：研究者讓三、四歲的小孩選擇玩具，或是娃娃和「女孩」的玩具，或是卡車和「男孩」的玩具。女孩往往更喜歡玩娃娃，不喜歡玩卡車，而男孩往往喜歡玩卡車，不喜歡玩娃娃。①

本頁的圖表顯示這類研究的典型結果。黑柱代表孩子玩「男性」玩具（例如卡車）所花的時間，灰柱代表孩子玩「女性」玩具（例如娃娃）所花的時間。女孩在娃娃身上花的時間稍稍多於卡車，男孩則花了

年輕女孩稍稍更喜歡玩娃娃，而不是卡車；年輕男孩非常喜歡玩卡車，不喜歡玩娃娃。

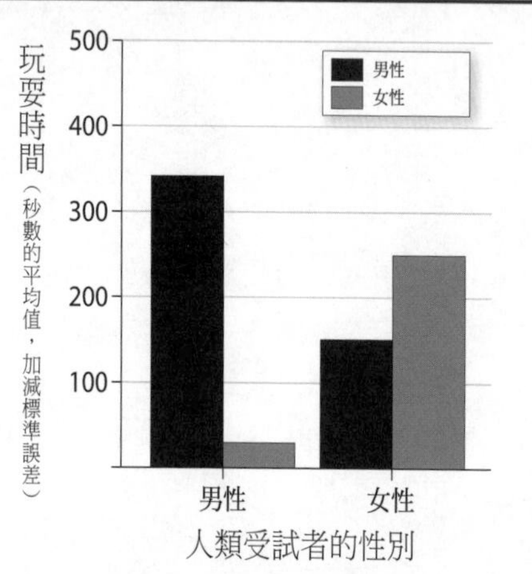

平均而言，年輕女孩玩「女性」玩具（例如娃娃）的時間多一點。年輕男孩玩「男性」玩具（例如卡車）的時間則多了很多。資料來源：Janice Hassett, Erin Siebert, and Kim Wallen, "Sex Differences in Rhesus Monkey Toy Preferences Parallel Those of Children," Hormones and Behavior, volume 54, pp. 359–364, 2008.

大量時間玩卡車，不玩娃娃。很少男孩會花一分鐘玩娃娃。男孩非常偏愛卡車，女孩則稍稍偏愛娃娃。②

三十五年前，我剛剛讀到這些實驗的時候，還是賓州大學研究所的學生，攻讀心理學博士學位。老師教我們，要了解這些結果，「性別的社會建構」是合適的框架。我在賓大的教授艾倫佛里德（**Justin Aronfreed**）對我解釋說：「我們給女孩一致的訊息，女孩就是應該玩娃娃，不玩卡車。所以可以選擇時，女孩比較會選擇玩娃娃，不玩卡車。但是如果女孩選擇了卡車，也不會是大災難。」至於男孩呢，艾倫佛里德解釋，賭注則更大：「對於男孩該做什麼、不該做什麼，我們給男孩到訊息更強烈。男孩不應該玩娃娃。男孩很清楚地得到這個訊息。所以男孩更願意玩卡車，不願意玩娃娃了。」

猴子也有類似的性別差異

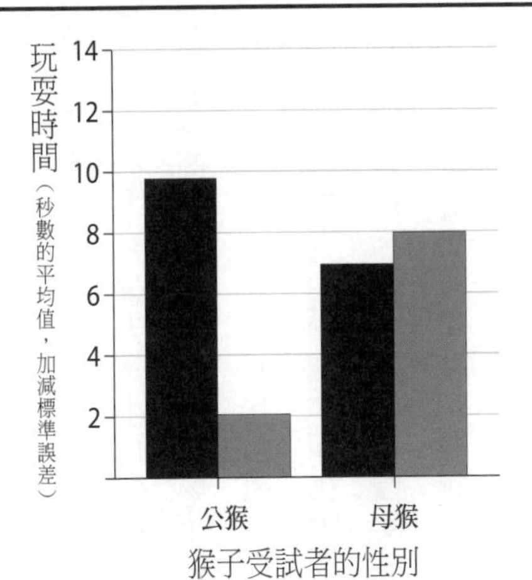

公猴玩「男性」玩具（例如卡車）的時間多一點，而比較不喜歡玩「女性」玩具（例如娃娃）。
資料來源：Janice Hassett, Erin Siebert, and Kim Wallen, “Sex Differences in Rhesus Monkey Toy Preferences Parallel Those of Children,” Hormones and Behavior, volume 54, pp. 359–364, 2008.

當艾倫佛里德如此解釋之後，我全盤接受，毫不懷疑。聽起來很合理。

二〇〇八年，位於亞特蘭大的耶基斯國家靈長類研究中心（**Yerkes National Primate Research Center**），華倫（**Kim Wallen**）和同事又重做了這個有名的實驗，除了一點：他們不是讓人類小孩選擇娃娃或卡車，而是讓猴子選擇。他們讓猴子玩「男孩」玩具（例如卡車）或「女孩」玩具（例如娃娃）。結果在前一頁的圖表上。

你可以看到，結果的基本模式和人類兒童的模式非常近似。③母猴稍稍更喜歡玩娃娃一些。公猴則明顯地寧願玩卡車，而不喜歡玩娃娃。

我們很難用性別的社會建構來解釋這個結果。你必須假設有權威的猴子，或許是父母，對年輕公猴說：「不要讓我逮到你玩娃娃！」但事實上並不會發生這種事。猴子並不在乎其他猴子（公猴或母猴）玩的是卡車或娃娃，但是主要效果——公猴寧可玩卡車，而非娃娃——在猴子身上卻很清楚，就像人類兒童一樣。因為在猴子身上也看見了類似效果，我們無法合理地運用性別的社會建構來解釋人類的表現。④

性別的社會建構可以用來解釋物種之間的不同：各位可以從圖表中看到，在我們的物種中，主要效果更為明顯一些。所以，我們物種中的性別社會建構可以合理解釋物種之間的差別——文化在性別建構上扮演了重要角色——文化在猴子身上則扮演了很少的角色，或是毫無影響。猴子沒有人類所謂的「文化」——不是來自遺傳的習俗和行為，並且可以因為地域不同而有深刻的差異。

柯諾爾（Melvin Konner）用一句話做了很棒的結論：「文化會加強生物現象」。⑤主要影響——男性比較喜歡玩顏色單調的灰色卡車，也不願意玩彩色的娃娃——一定是天生的，因為在別的物種也有此現象。但是我們的物種效果更為明顯，因為文化會延展生物現象，人類文化和性別的社會建構加強誇大了天生的差異。

好了。或許我們已經解釋了這個研究中，人類和猴子之間的差異；但我們仍舊沒有解釋在猴子和人類中都看到的主要效果：為什麼年輕男性，無論是人類還是猴子，都非常明顯地更喜歡玩顏色單調的灰色卡車，而非彩色的柔軟娃娃呢？

猴子、女孩、男孩和玩具⑥

發展心理學者亞歷山大（Gerianne Alesander）認為自己可能知道答案。事實上，亞歷山大是第一位讓猴子選擇玩「男孩玩具」或「女孩玩具」的研究者。就像華倫的團隊一樣，亞歷山大也發現猴子的性別差異類似人類的兒童。⑦二〇〇三年，在發表了猴子研究的一年後，亞歷山大發表了她的理論：為什麼母猴和公猴就像人類女性和男性一樣，兩性喜歡玩不同的玩具。⑧

科學家已經知道了超過三十年，就是我們的視覺是由兩個不同的系統平行操作而成，從視網膜的神經節細胞開始，一直延伸到腦部的視覺皮層和視覺整合皮層；[9]一個系統用來回答「這是什麼？顏色是什麼？質地是什麼？」的問題，另一個系統回答「它要往哪裡去？移動得有多快？」的問題。腦中這兩個系統往往被稱為「什麼」系統與「何處」系統。[10]

亞歷山大是第一位提出以下建議的研究者：既然視覺系統天生有性別差異，便可以解釋兒童（以及猴子）為什麼在選擇玩具時有性別差異。她推測，或許女孩在「什麼」系統中有更多資源，男孩則在「何處」系統中有更多資源：女孩更喜歡玩娃娃，不喜歡玩灰色卡車，是因為娃娃有更多色彩和質地；男孩比較喜歡玩灰色卡車，因為卡車有輪子、會動。

亞歷山大的假說協助我們理解許多難以解釋的發現，例如女嬰（三到八個月大）比較喜歡看娃娃，而不喜歡看卡車，同齡男嬰則沒有這個現象。[11]當研究者給女人和男人看不同顏色，請他們說出顏色的名稱時，「女性比男性更快、更正確地說出來。」[12]當研究者測試男人和女人，看他們注意到移動中的物品的正確性，男性比女性正確多了。[13]有些人可能會說，男性比女性更能正確注意到移動中的物品，只是因為兩性喜歡的休閒娛樂不同：男孩比女孩更喜歡玩對移動中的物品丟東西的遊戲；男孩對於移動中的物品比女孩有更多的練習，所以表現比較好。但是有一種雙性的現象叫做先天性腎上腺增生症（CAH），女嬰還在母親子宮裡的時候，接收了過多的雄性荷爾蒙，讓女嬰的腦部在胎中就男性化了。CAH女孩比正常女孩更擅長注意到移動中的物品；事實上，她們和男孩一樣精準。⑭最後，德國的研究者解剖成人視覺皮層時，發現了很戲劇性的性別差異：即使是校正了腦部的大小之後，男性的「何處」系統還是遠比女性的有更多資源。⑮

這些發現符合亞歷山大的假說。研究者最近重新審閱了這些研究報告，得出的結論是「大量證據顯示視覺的性別差異，其神經基礎是真實的。大家認為男女看世界的方式不同，這是真的，即使只是到某種程度。」⑯

但是你為什麼要在乎這一切呢？

我發現亞歷山大的假說協助我了解了我在愛丁堡、多倫多、達拉斯到奧克蘭各地，那些針對性別有最佳教學策略的學校裡，在各科目（包括物理、寫作、視覺藝術，甚至現代外國語文）上親眼見證的性別差異。教男孩物理的最佳方法就是我們教男孩物理的方法：專注於行動——汽車加速、美式足球員互撞等等。行動牽涉到「它在往何處去」的系統，也就是男性的強勢系統。教女孩物理的最佳方式就是專注於「這是什麼？光線是什麼構成的？物質是什麼組成的？什麼定律主宰著宇宙？為什麼是這些定律而不是其他定律?」請參考本書第五章，如何實際運用這樣的概念。

如何「看」會影響我們如何「感知」世界，影響我們喜歡讀什麼，以及如何寫作——尤其在我們年輕的時候。在我的《浮萍男孩》裡，我探索了對於這一點如果缺乏覺知，將如何使得男孩不參與寫作和視覺藝術這一類的科目。有些男孩想寫行動的故事，但老師說：「賈斯汀，多說一點關於角色的事情，他們長什麼樣子?」他們就失去興趣了。老師要賈斯汀強調「什麼」視覺系統裡的特質，賈斯汀卻只想說一個牽涉到「去何處」視覺系統的故事。

大部分教師不知道任何關於視覺系統的性別差異：他們怎麼會知道呢?很少教育學院會教這方面的知識，也不會教任何和性別差異相關的各科最佳教學策略。⑰教師全面缺乏對於性別差異的覺知，將對男孩和女孩都不利，雖然不利的方式不同。當老師不了解這些性別差異時，結果往往是男孩認為寫作是女生的科目、女孩認為物理是男生的科目。只有當老師了解性別差異時，才能打破性別刻板印象——我親眼見過。

NOTES

第1章

1 Anne Fausto- *Sterling, Sexing the Body: Gender Politics and the Construction of Sexuality* (New York: Basic Books, 2000), pp. 31, 3.

2 Claudia Dreifus, "Anne Fausto- Sterling: Exploring What Makes Us Male or Female," *New York Times*, January 2, 2001, p. F3. See also Courtney Weaver, "Birds Do It," *Washington Post*, March 26, 2000, p. X6; and Marc Breedlove, "Sexing the Body," *New England Journal of Medicine, volume* 343, p. 668, August 31, 2000.

3 This recommendation is made by Susan Hoy Crawford in her book *Beyond Dolls and Guns: 101 Ways to Help Children Avoid Gender Bias* (Portsmouth, NH: Heinemann, 1995). See also William's Doll by Charlotte Zolotow (New York: Harper & Row, 1972).

4 Deborah Tannen, *You Just Don't Understand: Women and Men in Conversation,* rev. ed. (New York: HarperCollins, 2001), p. 245.

第2章

1 See Jeanmarie Diamond, Pamela Dalton, Nadine Doolittle, and Paul Breslin, "Gender- Specific Olfactory Sensitization: Hormonal and Cognitive Influences," *Chemical Senses*, volume 30 (supplement 1), pp. i224– i225, 2005. See also Pamela Dalton, Nadine Doolittle, and Paul Breslin, "Gender- Specific Induction of Enhanced Sensitivity to Odors," *Nature Neuroscience*, volume 5, pp. 199– 200, 2002; and also Nassima Boulkroune and colleagues, "Repetitive Olfactory Exposure to the Biologically Significant Steroid Androstadienone Causes a Hedonic Shift and Gender Dimorphic Changes in Olfactory-Evoked Potentials," *Neuropsychopharmacology*, volume 32, pp. 1822– 1829, 2007.

2 關於越來越多的證據顯示膠質細胞的重要性，see the review by Nicola Allen and Ben Barres, "Glia: More Than Just Brain Glue," Nature, volume 457, pp. 675– 677, February 5, 2009. See also Baljit Khakh and Michael Sofroniew, "Diversity of Astrocyte Functions and Phenotypes in Neural Circuits," *Nature Neuroscience*, volume 18, pp. 942– 952, 2015.

3 Ana Oliveira- Pinto and colleagues, "Sexual Dimorphism in the Human Olfactory Bulb: Females Have MoreNeurons and Glial Cells Than Males," *PLOS One*, November 5, 2014, http://journals.plos.org/plosone/article?id=10.1371/journal.pone.0111733.

4 This story is adapted from "The Royal Pigeon" in Anthony de Mello, *The Song of the Bird* (New York: Doubleday, 1982). I am grateful to Philomena Roy for sharing this book with me.

5 大學委員會（College Board）提供三種藝術科的大學預修課：繪畫、平面設計和立體設計。二〇一五年——有最新數據的那一年——有一、五〇四名男生和四、〇五九名女生選修繪畫課，二、二四七名男生和七、二三八名女生選修平面設計，四〇二名男生和一、三〇七名女生選修立體設計。將三者加總起來，共有四、一五三名男生和一二、六〇四名女生選修了藝術預修課。男生占了全體的百分之二四．八，稍稍低於四分之一。這些數據來自大學委員會二〇一五年的總報告：https://secure-media.collegeboard.org/digitalServices/pdf/research/2015/Program- Summary- Report- 2015.pdf.

6 See, for example, Simone Alter- Muri and Stephanie Vazzano, "Gender Typicality in Children's Art Development: A Cross-Cultural Study," *Arts in Psychotherapy*, volume 41, pp. 155– 162, 2014.

第 3 章

1 出自尼采的 *Die Fröhliche Wissenschaft*, section 283，整段文字是「生命中收穫最大，讓生命最有趣味的祕密就是危險地活著。在維蘇威火山的山坡上建立城市！把船送往未知的海域！與同儕及自己在戰爭中共處！」英文是我自己翻譯的，原文強調了「危險地活著」這句。

2 See Richard Sorrentino, Erin Hewitt, and Patricia Raso- Knott, "Risk- Taking in Games of Chance and Skill: Informational and Affective Influences on Choice Behavior," *Journal of Personality and Social Psychology*, volume 62, pp. 522– 533, 1992.

3 就像成人一樣，這個現象在年輕女孩和年輕男孩身上也看得到。在心理學家 David Miller and James Byrnes 的文獻 "The Role of Contextual and Personal Factors in Children's Risk Taking," *Developmental Psychology*, volume 33, pp. 814– 823, 1997 中，三、五、七年級學生都有此現象。

4 關於危險行為的性別差異，最大規模的研究是 James Byrnes, David Miller, and William Schafer, "Gender Differences in Risk Taking: A Meta- analysis," *Psychological Bulletin*, volume 125, pp. 367– 383.

5 J. H. Kerr and J. Vlaminkx, "Gender Differences in the Experience of Risk," *Personality and Individual Differences*, volume 22, pp. 293– 295, 1997.

6 See, for example, Paul Poppen, "Gender and Patterns of Sexual Risk Taking in College Students," Sex Roles, volume 32, pp. 545– 555, 1995. See also Debra Murphy and colleagues, "Adolescent Gender Differences in HIV- Related Sexual Risk Acts, Social- Cognitive Factors and Behavioral Skills," *Journal of Adolescence*, volume 21, pp. 197– 208, 1998.

7 Barbara Morrongiello and Tess Dawber, "Toddlers'and Mothers'Behaviors in an Injury- Risk Situation: Implications for Sex Differences in Childhood Injuries," *Journal of Applied Developmental Psychology*, volume 19, pp. 625– 639, 1998.

8 William Pickett and colleagues, "Multiple Risk Behavior and Injury: An International Analysis of Young People," *Archives of Pediatrics and Adolescent Medicine*, volume 156, pp. 786– 793, 2002.

9 Anna Waller and colleagues, "Childhood Injury Deaths: National Analysis and Geographic Variations," *American Journal of* Public Health, volume 79, pp. 310–315, 1989. See also Susan Sorenson, "Gender Disparities in Injury Mortality: Consistent, *Persistent*, and Larger Than You'd Think," American Journal of Public Health, volume 101, pp. S353– S358, 2011.

10 Barbara Morrongiello, "Children's Perspectives on Injury and Close- Call Experiences: Sex Differences in Injury- Outcome

Processes," *Journal of Pediatric Psychology*, volume 22, pp. 499– 512, 1997.

11 Lizette Peterson and colleagues, "Gender and Developmental Patterns of Affect, Belief, and Behavior in Simulated Injury Events," *Journal of Applied Developmental Psychology*, volume 18, pp. 531– 546, 1997.

12 Jonathan Howland and colleagues, "Why Are Most Drowning Victims Men? Sex Differences in Aquatic Skills and Behaviors," *American Journal of Public Health*, volume 86, pp. 93– 96, 1996. These numbers are drawn from figure 1 of that paper, whose full text is available at www.ncbi.nlm.nih.gov/pmc/articles/ PMC1380371/pdf/amjph00512- 0095.pdf.

13 Howland and colleagues (previous citation). 引述自第 96 頁。

14 "Thunderstorm- Related Deaths Occur Mainly in Men and Involve Sports or Vehicles, Reports University of Pittsburgh Researcher" (news release), UPMC/University of Pittsburgh Schools of the Health Sciences Media Relations, April 28, 2003, www.upmc.com/media/NewsReleases/2003/Pages/thunder- storm- death- study.aspx.

15 Barbara Morrongiello and colleagues, "Gender Biases in Children's Appraisals of Injury Risk and Other Children' s Risk-Taking Behaviors," *Journal of Experimental Child Psychology*, volume 77, pp. 317– 336, 2000.

16 Linda Marie Fedigan and Sandra Zohar, "Sex Differences in Mortality of Japanese Macaques: Twenty- one Years of Data from the Arashiyama West Population," *American Journal of Physical Anthropology*, volume 102, pp. 161–175, 1997.

17 女性較少擔任公司總裁的可能解釋還有另一種觀點，見 Margaret Heffernan, "Why Do Only 26 Fortune 500 Companies Have Female CEOs?" *Fortune*, December 8, 2014, http://fortune.com/2014/12/08/competition- gap- women- leaders/.

18 Robert J. Samuelson, "What' s the Real Gender Pay Gap?" *Washington Post*, April 24, 2016.

19 Ariane Hegewisch and Asha DuMonthier, "The Gender Wage Gap by Occupation 2015 and by Race and Ethnicity," Institute for Women's Policy Research, April 2016, www.iwpr.org/publications/pubs/the- gender- wage- gap- by- occupation- 2015- and- by- race- and- ethnicity.

20 Linda Babcock and Sara Laschever, *Women Don't Ask: Negotiation and the Gender Divide* (Princeton, NJ: Princeton University Press, 2003).

21 Margrét Pála Ólafsdóttir, "Kids Are Both Girls and Boys in Iceland," *Women's Studies International Forum*, volume 19, pp. 357– 369, 1996.

第 4 章

1 一九四四年六月五日，諾曼地登陸前一天，巴頓將軍（Patton）在英國對美國軍人說了這些話。整段是：「你今天會在這裡，有三個原因。首先，因為你在這裡保衛你的家鄉，以及你所愛的人。第二，你為了尊重自己而在這裡，因為你不想要在任何別的地方。第三，你在這裡，因為你是真正的男人，而真正的男人喜愛戰鬥。」網路上有這場演講的全文，例如：www.pattonhq.com/speech.html.

2 Rachel Simmons, *Odd Girl Out: The Hidden Culture of Aggression in Girls* (New York: Harcourt, 2002), p. 75.

3 The German original is "Die Großen Epochen unsres Lebens liegen dort, wo wir den Mut gewinnen, unser Böses als unser Bestes umzutaufen," section 116 from Jenseits von Gut und Böse (*Beyond Good & Evil*).

4 See two articles by Janet Lever: "Sex Differences in the Games Children Play," Social Problems, volume 23, pp. 478– 487, 1976, and "Sex Differences in the Complexity of Children's Games," *American Sociological Review*, volume 43, pp. 471– 83, 1978.

5 Quoted in Deborah Blum's book Sex on the Brain: *The Biological Differences Between Men and Women* (New York: Penguin, 1998), pp. 73– 74.

6 Tracy Collins- Stanley and colleagues, "Choice of Romantic, Violent, and Scary Fairy- Tale Books by Preschool Girls and Boys," *Child Study Journal*, volume 26, pp. 279– 302, 1996.

7 Kai von Klitzing and colleagues, "Gender- Specific Characteristics of 5- Year- Olds'Play Narratives and Associations with Behavior Ratings," *Journal of the American Academy of Child and Adolescent Psychiatry*, volume 39, pp. 1017– 1023, 2000.

8 David Perry, Louise Perry, and Robert Weiss, "Sex Differences in the Consequences That Children Anticipate for Aggression," *Developmental Psychology*, volume 25, pp. 312– 319, 1989.

9 See, for example, Sheri Berenbaum and Elizabeth Snyder, "Early Hormonal Influences on Childhood Sex- Typed Activity and Playmate Preferences," *Developmental Psychology*, volume 31, pp. 31– 42, 1995. See also Sheri Berenbaum and Melissa Hines, "Early Androgens Are Related to Childhood Sex- Typed Toy Preferences," *Psychological Science*, volume 3, pp. 203–206, 1992.

10 Anna Servin and colleagues, "Prenatal Androgens and Gender- Typed Behavior: A Study of Girls with Mild and Severe Forms of Congenital Adrenal Hyperplasia," *Developmental Psychology*, volume 39, pp. 440– 450, 2003. See also Melissa Hines, "Sex- Related Variation in Human Behavior and the Brain," *Trends in Cognitive Science*, volume 10, pp. 448– 456, 2010, full text available at https://www.ncbi.nlm.nih.gov/pmc/articles/PMC2951011/.

11 Maria Van Noordwik and associates, "Spatial Position and Behavioral Sex Differences in Juvenile Long- Tailed Macaques," in Michael Pereira and Lynn Fairbanks (editors), *Juvenile Primates* (New York: Oxford University Press, 2002), pp. 77– 84.

12 Carolyn Crockett and Theresa Pope, "Consequences of Sex Differences in Dispersal for Juvenile Red Howler Monkeys," in Pereira and Fairbanks, *Juvenile Primates* (see previous note), pp. 104– 118; see especially "Infant Care by Juvenile Females," pp. 112– 113. See also David Watts and Anne E. Pusey, "Behavior of Juvenile and Adolescent Great Apes," in *Juvenile Primates*, pp. 148– 172, especially "Alloparenting," p. 162.

13 Niels Bolwig, "A Study of the Behaviour of the Chacma Baboon," *Behaviour*, volume 14, pp. 136– 162, 1959.

14 Jennifer Lovejoy and Kim Wallen, "Sexually Dimorphic Behavior in Group-Housed Rhesus Monkeys at 1 Year of Age,"

Psychobiology, volume 16, pp. 348–356, 1988.

15 Sonya Kahlenberg and Richard Wrangham, "Sex Differences in Chimpanzees' Use of Sticks as Play Objects Resemble Those of Children," *Current Biology*, volume 20, pp. R1067– R1068, 2010. See also Elizabeth Lonsdorf and colleagues, "Boys Will Be Boys: Sex Differences in Wild Infant Chimpanzee Social Interactions," *Animal Behavior*, volume 88, pp. 79– 83, 2014, full text online at www.ncbi.nlm.nih.gov/pmc/articles/PMC3904494/.

16 Dario Maestripieri and Suzanne Pelka, "Sex Differences in Interest in Infants Across the Lifespan: A Biological Adaptation for Parenting?" *Human Nature*, volume 13, pp. 327– 344, 2002。文中，我將作者的發現做了如此總結：「和年輕女姓、青春期女孩和年紀更小的女孩相較，四十五歲以上的女性，對嬰兒比較沒有興趣。」此結論是根據這個研究產生的，請參考 Rodrigo Cardenas and colleagues, "Sex Differences in Visual Attention Toward Infant Faces," *Evolution and Human Behavior*, volume 34, pp. 280– 287, 2013.

17 心理學家 Hugh Lytton 和 David Romney 重新審閱了一百七十二篇文獻（兩萬八千名兒童）後，發現沒有證據顯示親職風格和孩子性別典型的行為有任何影響。See their paper, "Parents' Differential Socialization of Boys and Girls: A Meta-analysis," *Psychological Bulletin*, volume 109, pp. 267– 296, 1991.

18 Michael Meaney, Elizabeth Lozos, and Jane Stewart, "Infant Carrying by Nulliparous Female Vervet Monkeys," *Journal of Comparative Psychology*, volume 104, pp. 377– 381, 1990.

19 例如 Jane Goodall 和同事在 *the American Journal of Physical Anthropology* 的文章："Patterns of Predation by Chimpanzees on Red Colobus Monkeys in Gombe National Park, 1982– 1991," volume 94, pp. 213–228, 1994. 他們發現，青春期和成年的雄性黑猩猩經常殺死黑白疣猴，但是從未看過青春期的雌性黑猩猩殺猴子，成年的雌性黑猩猩也很少這麼做。學者指認出十五隻不同的雄性黑猩猩，每一隻都殺過三隻或以上的猴子，另外還有九隻雄性黑猩猩，每隻都殺過十隻以上；有一隻雄性黑猩猩甚至殺過七十六隻猴子。相對地，只有兩隻雌性黑猩猩殺過超過兩隻猴子：一隻殺了四隻猴子，一隻（從未交配或懷孕過）殺了十隻猴子。請參考第三二〇頁的表三。也請參考 Michael Hopkin 的文章 "Girl Chimps Learn Faster than Boys," Nature, April 15, 2004, online at www.nature.com/news/2004/040412/full/news040412-6.html. In this article primatologist Andrew Whiten is quoted as saying, "While termites are a valuable food for females, males often catch larger animals such as monkeys. Their rough- and- tumble play may be a way to hone their hunting skills."

20 J. Dee Higley, "Aggression," in Dario Maestripieri (editor), *Primate Psychology* (Cambridge, Mass.: Harvard University Press, 2003), pp. 17– 40. Dr. Higley 和我曾是住在馬利蘭州蒙哥馬利郡的鄰居，對我仔細解釋了這個發現。

21 See, for example, "Dodgeball Banned After Bullying Complaint," *Headline News*, March 28, 2013, online at www.hlntv.com/article/2013/03/28/school- dodgeball- ban- new- hampshire- district. For an earlier report, see Tamala Edwards, "Scourge of the Playground: It's Dodgeball, Believe It or Not. More Schools Are Banning the Childhood Game, Saying It's Too Violent," *Time*, May 21, 2001, p. 68.

22 Marc Fisher, "Skittish Schools Need to Take a Recess," *Washington Post*, November 23, 2003, p. C1.

23 John Gehring, "Snowball's Chance," *Education Week*, January 21, 2004, p. 9. 例如，加拿大約克學區委員會的 Morning Glory Publick School 提醒學生：「雪必需待在地上，不能在手上。」這條規定就寫在二〇一三年十二月的學校公報上：www.yrdsb.ca/schools/ morningglory.ps/NewsEvents/Documents/Dec%202013%20vol%201%20mgps.pdf.

24 The Rutherford Institute, "Victory: School Officials to Lift Suspension from 10- Year- Old Who Shot Imaginary Arrow at Pennsylvania Elementary School," January 6, 2014, www.rutherford.org/publications_resources/Press%20Releas/victory_school_officials_to_lift_suspension_from_10_year_old_who_shot_imagi. See also Liz Klimas, "10- Year- Old Suspended for an Imaginary Weapon," *The Blaze*, December 9, 2013, www.theblaze.com/stories/2013/12/09/10- year- old- suspended- for-shooting- imaginary- bow- and- arrow/.

25 This line is a quotation from the Epistles of Horace (I, 10). The original Latin is *Naturam expellas furca, tamen usque recurret*.

26 Adam Bellow, *In Praise of Nepotism: A Natural History* (New York: Doubleday, 2003), pp. 341– 342.

27 Albert Beveridge, *Abraham Lincoln, 1809– 1859* (Boston: Houghton- Mifflin, 1928), pp. 120– 221.

28 Bellow, *In Praise of Nepotism*, p. 342.

29 Rachel Simmons, *Odd Girl Out: The Hidden Culture of Aggression in Girls* (New York: Harcourt, 2002), p. 75.

30 John Bishop and colleagues, "Nerds and Freaks: A Theory of Student Culture and Norms," in *Brookings Papers on Education Policy*, 2003, Diane Ravitch, editor (Washington, DC: Brookings Institution Press, 2003), pp. 141– 213. The quote is from page 158.

31 See the review by Jon Sutton and colleagues, "Bullying and 'Theory of Mind' : A Critique of the Social Skills Deficit View of Anti- Social Behaviour," *Social Development*, volume 8, pp. 117– 127, 1999. 作者觀察到，「霸凌者的刻板印象是有蠻力，但是像垃圾般的人，完全不理解別人。」這句話可能描述了典型的、霸凌別人的男孩，卻不能用來描述霸凌別人的女孩。霸凌別人的女孩「需要好的社會認知能力和心智能力，才能操控和組織別人，用微妙和傷害的方式加諸痛苦，而且不讓別人發現自己。」關於霸凌的性別差異，也有不同的觀點，請參考 Anthony Volk 與同事寫的文章："Is adolescent bullying an evolutionary adaptation?" *Aggressive Behavior*, volume 38, pp. 222– 238, 2012.

32 See my article "The Unspeakable Pleasure," *The World & I*, February 2000.

33 Rachel Simmons, *Odd Girl Out: The Hidden Culture of Aggression in Girls*, revised edition, (Boston: Mariner, 2011), p. 162.

第 5 章

1 See Tricia Valeski and Deborah Stipek, "Young Children's Feelings About School," *Child Development*, volume 72, pp. 1198–1213, 2001. See also Eva Pomerantz, Ellen Altermatt, and Jill Saxon, "Making the Grade but Feeling Distressed: Gender

Differences in Academic Performance and Internal Distress," *Journal of Educational Psychology*, volume 94(2), pp. 396–404, 2002; and also Laura McFarland and colleagues, "Student- Teacher Relationships and Student Self- Concept: Relations with Teacher and Student Gender," *Australian Journal of Education*, volume 60, pp. 5– 25, 2016.

2 Elizabeth Lonsdorf, Lynn Eberly, and Anne Pusey, "Sex Differences in Learning in Chimpanzees," *Nature,* volume 428, pp. 715– 716, 2004. See also Elizabeth Lonsdorf and colleagues, "Boys Will Be Boys: Sex Differences in Wild Infant Chimpanzee Social Interactions," *Animal Behaviour*, volume 88, pp. 79– 83, 2014; and also Lonsdorf and colleagues, "Sex Differences in Wild Chimpanzee Behavior Emerge During Infancy," *PLOS One*, June 9, 2014, DOI: 10.1371/journal.pone.0099099.

3 Pomerantz and colleagues (citation above), p. 402.

4 Diane Halpern and Mary LeMay, "The Smarter Sex: A Critical Review of Sex Sax Differences in Intelligence," *Educational Psychology Review*, volume 12, pp. 229–246, 2000.

5 Angela Duckworth and Martin Seligman, "Self- Discipline Gives Girls the Edge: Gender in Self- Discipline, Grades, and Achievement Test Scores," *Journal of Educational Psychology,* volume 98, pp. 198– 208, 2006.

6 許多學者都有這個觀察——女孩的友誼是面對面，男孩的友誼是肩並肩。請參考 Deborah Tannen, *You Just Don't Understand: Women and Men in Conversation*, rev. ed. (New York: HarperCollins, 2001); and by Helen Fisher, *Why We* Love: *The Nature and Chemistry of Romantic Love* (New York: Henry Holt, 2004).

7 See Kathryn Dindia and Mike Allen's review of 205 studies on this topic: "Sex Differences in Self- Disclosure: A Meta-analysis," *Psychological Bulletin*, volume 112, pp. 106– 124, 1992. See also Tong Yu, "Gender Differences on Self-Disclosure in Face- to- Face Versus E-mail Communication," *International Conference on Education, Language, Art and Intercultural Communication*, 2014, online at www.atlantis- press.com/php/download_paper.php?id=12632.

8 See, for example, the chapter by Deborah Belle and Joyce Benenson, "Children's Social Networks and Well- Being," chapter 45 in the book *Handbook of Child Well- being*, edited by A. Ben- Arieh and colleagues, (New York: Springer, 2014).

9 Shelley Taylor and associates, "Biobehavioral Responses to Stress in Females: Tend- and- Befriend, Not Fight- or- Flight," *Psychological Review*, volume 107, pp. 411– 429, 2000. The quotation comes from page 418.

10 John Bishop and colleagues, "Nerds and Freaks: A Theory of Student Culture and Norms," in *Brookings Papers on Education Policy*, 2003, Diane Ravitch, editor (Washington, DC: Brookings Institution Press, 2003), pp. 141– 213. The quotation is from pages 182– 183.

11 First Samuel 18:3– 4 and 23:17 (NIV).

12 這個規則適用於白人與黑人女孩，不適用於拉丁裔女孩，尤其是祖先來自美洲原住民血脈而不是西班牙的拉丁裔女孩。這個策略對東亞、東南亞和南亞女孩也比較無效，尤其是成長在傳統家庭、深受亞洲文化影響的女孩。

13 Daphna Joel and colleagues, "Sex Beyond the Genitalia: The Human Brain Mosaic," *Proceedings of the National Academy of Sciences*, volume 112, pp. 15468–15473, 2015.

14 Kate Wheeling, "The Brains of Men and Women Aren't Really That Different, Study Finds," *Science*, November 30, 2015.

15 Adam Chekroud and colleagues, "Patterns in the Human Brain Mosaic Discriminate Males from Females," *Proceedings of the National Academy of Sciences,* volume 113, p. E1968, 2016.

16 Marek Glezerman, "Yes, There Is a Female and a Male Brain: Morphology Versus Functionality," *Proceedings of the National Academy of Sciences,* volume 113, p. E1971, 2016.

17 Todd Elder, "The Importance of Relative Standards in ADHD Diagnoses: Evidence Based on Exact Birth Dates," *Journal of Health Economics,* volume 29, pp. 641– 656, 2010, full text online at www.msu.edu/~telder/2010- JHE.pdf.

18 Rhoshel Lenroot and colleagues, "Sexual Dimorphism of Brain Developmental Trajectories During Childhood and Adolescence," *Neuroimage*, volume 36, pp. 1065– 1073, 2007. The figure shown is Figure 2(a) from the article.

19 Chris Boyatzis, Elizabeth Chazan, and Carol Ting, "Preschool Children's Decoding of Facial Emotions," *Journal of Genetic Psychology*, volume 154, pp. 375– 382, 1993.

20 關於一九八〇年到二〇〇〇年之間，幼兒園大班課程如何加速變難，以及這個現象如何傷害了男孩，請參考我的文章：Reclaiming Kindergarten: Making Kindergarten Less Harmful to Boys," *Psychology of Men and Masculinity*, volume 2, pp. 3– 12, 2001.

21 See Deborah Stipek and associates, "Good Beginnings: What Difference Does the Program Make in Preparing Young Children for School?" *Journal of Applied Developmental Psychology,* volume 19, pp. 41– 66, 1998. See also D. Burts and associates, "Observed Activities and Stress Behaviors of Children in Developmentally Appropriate and Inappropriate Kindergarten Classrooms," *Early Childhood Research Quarterly*, volume 7, pp. 297– 318, 1992.

22 See Tricia Valeski and Deborah Stipek, "Young Children' s Feelings About School," *Child Development*, volume 72, pp. 1198– 1213, 2001. Quotations are from page 1199. See also Professor Stipek's chapter "Pathways to Constructive Behavior: Importance of Academic Achievement in the Early Elementary Grades," in the book she edited entitled *Constructive and Destructive Behavior: Implications for Family, School, and Society* (Washington, DC: American Psychological Association, 2001).

23 For a brief review, see John Holloway's article, "When Children Aren't Ready for Kindergarten," *Educational Leadership*, April 2003, pp. 89– 90. See also my paper, "Reclaiming Kindergarten: Making Kindergarten Less Harmful To Boys," *Psychology of Men and Masculinity*, volume 2, pp. 3– 12, 2001.

24 See my book *The Collapse of Parenting: How We Hurt Our Kids When We Treat Them Like Grown- Ups* (New York: Basic Books, 2015), pp. 59– 61, for supporting calculations and sources.

25 雖然我相信「為不良行為服藥」是很重要的現象，但這不是美國越來越多孩子服用過動症藥物的唯一因素。另一個因素是美國親職的崩解。我的《教養，你可以做得更好》（*The Collapse of Parenting*）在第三章討論到放棄親權如何創造了權威的真空狀態：而醫生拿著處方簽，走入了這個真空。藥物被用來管理兒童的行為。另一個因素是直接對消費者行銷處方藥物，例如阿德拉和甲磺酸安非他命。這種做法除了紐西蘭之外，在各個已發展國家都是違法的。

26 這個部分改編自我的書《教養，你可以做得更好》第三章對此主題的討論。

27 當我細數興奮劑的單子——阿德拉、甲磺酸安非他命、專司達、右哌醋甲酯、派醋甲酯、鹽酸哌甲酯、利他能、哌甲酯——時，聽起來我好像在說八種不同的藥物。事實上，它們只是兩種藥物：阿德拉和甲磺酸安非他命都是安非他命，其他都是不同的派醋甲酯。大家都同意，派醋甲酯的作用是提升神經突觸的多巴胺作用。例如 Nora Volkow 和同事寫的 "Imaging the Effects of Methylphenidate on Brain Dopamine: New Model on Its Therapeutic Actions for Attention-Deficit/ Hyperactivity Disorder," *Biological Psychiatry,* volume 57, pp. 1410– 1415, 2005. 長期以來，大家都知道安非他命會模仿多巴胺在腦部的作用，多巴胺系統則是過動症的關鍵。例如 James Swanson and colleagues, "Dopamine and Glutamate in Attention Deficit Disorder," pp. 293– 315 in the book *Dopamine and Glutamate in Psychiatric Disorders*, edited by Werner Schmidt and Maarten Reith (New York: Humana Press, 2005), pp. 293– 315.

28 See Mónica Franco Emch, "Ventro- Striatal/Nucleus Accumbens Alterations in Adult ADHD: Effects of Pharmacological Treatment. A Neuroimaging Region of Interest Study" (bachelor's thesis, Universitat Pompeu Fabra, 2015). See especially Figure 2 from this study. The full text is online at http://repositori.upf.edu/bitstream/handle/10230/24651/Franco_2015.pdf?sequence=1. See also Elseline Hoekzema and colleagues, "Stimulant Drugs Trigger Transient Volumetric Changes in the Human Ventral Striatum," *Brain Structure and Function*, volume 219, pp. 23– 34, 2013.

29 L. J. Seidman and colleagues, "Dorsolateral Prefrontal and Anterior Cingulate Cortex Volumetric Abnormalities in Adults with Attention Deficit/ Hyperactivity Disorder Identified by Magnetic Resonance Imaging," *Biological Psychiatry*, volume 60, pp. 1071– 1080, 2006. See also Emch, 2015 (previous citation).

30 See Nicolas Carriere and colleagues, "Apathy in Parkinson's Disease Is Associated with Nucleus Accumbens Atrophy: A Magnetic Resonance Imaging Shape Analysis," *Movement Disorders*, volume 29, pp. 897– 903, 2014. See also Robert Paul, Adam Brickman, Bradford Navia, and colleagues, "Apathy is associated with volume of the nucleus accumbens in patients infected with HIV," *Journal of Neuropsychiatry and Clinical Neuroscience*, volume 17, pp. 167– 171, 2005.

31 Susan Price, "The Tech Gender Gap Is Getting Worse," *Forbes*, October 29, 2016.

32 二〇一五年，四八、九九四名學生參加了電腦科學的大學預修考試，分別為一〇、七七八名女孩和三八、二一六名男孩。男孩占了總數的百分之七十八，女孩占了百分之二十二。這些數據來自 the College Board Web site: https://securemedia.collegeboard.org/digitalServices/pdf/research/2015/Program- Summary- Report- 2015.pdf.

33 Caitlin Kelleher, "Barriers to Programming Engagement," *Advances in Gender & Education*, volume 1, pp. 5– 10, 2009,

online at www.mcrcad.org/Web_Kelleher.pdf.

34 Trudi Hammel Garland, *Fascinating Fibonaccis: Mystery and Magic in Numbers* (Parsippany, NJ: Pearson, 1987).

35 Nicole Fortin and colleagues, "Leaving Boys Behind: Gender Disparities in High Academic Achievement," *The Journal of Human Resources,* volume 50, pp. 549–579, 2015.

36 Eva Pomerantz and colleagues, "Making the Grade but Feeling Distressed: Gender Differences in Academic Performance and Internal Distress," *Journal of Educational Psychology,* volume 94, pp. 396– 404, 2002. See also Fortin and colleagues, "Leaving Boys Behind."

37 You can read the full text of Professor Summers' remarks at www.harvard.edu/ president/speeches/summers_2005/nber.php.

38 See Linda Chavez, "The Shibboleths of Academe," January 19, 2005, https://townhall.com/columnists/lindachavez/2005/01/19/the- shibboleths- of- academe- n1062361. See also Cathy Young's essay "Summers Spoke the Truth," *Boston Globe*, February 28, 2005.

39 據說，哈佛物理教授 Howard Georgi 說過：「認為是天生差異完全是瘋了。這是社會化的結果。我們訓練年輕女性平庸。我們訓練年輕男性勇於冒險。」引述自 Sara Rimer and Patrick Healy, "Furor Lingers as Harvard Chief Gives Details of Talk on Women," *New York Times*, February 18, 2005.

40 二〇〇五年三月十五日的這場投票是（當時）哈佛三百七十年校史中，教授們第一次對校長採取這種行動。教授們並沒有權力任用或辭退校長。許多人注意到一個巧合（如果確實是巧合的話），投票日正是三月十五日，凱薩大帝被刺殺的日子。

41 我講的物理預修課程，考試有兩個部分：一是力學，另一是電學和磁學。大部分高中秋天教力學，春天教電學和磁學。光的波粒二象性往往在預修課考試的前一、兩週才教。但是沒有理由學校不可以秋天教電學和磁學，春天教力學，學年一開始就教光的波粒二象性。澳洲新南威爾斯的許多學校，包括墨爾本的 Korawa 學校，就是先教電學和磁學，然後第二學期才教牛頓的力學。

42 Quoted in Debra Viadero, "New Studies Suggest Why Women Avoid STEM Fields," *Education Week*, June 17, 2009, p. 15.

43 Kim Tolley, *The Science Education of American Girls: A Historical Perspective* (New York: RoutledgeFalmer, 2003). "Science for the Ladies, Classics for Gentlemen" is the title of chapter 2 of Tolley's book.

44 Anat Zohar and David Sela, "Her Physics, His Physics: Gender Issues in Israeli Advanced Placement Physics Classes," *International Journal of Science Education,* volume 25, pp. 245– 268, 2003.

第 6 章

1 Anne Jarrell, "The Face of Teenage Sex Grows Younger," *New York Times*, April 2, 2000.

2 This paragraph is excerpted from pages 218 and 219 of *Seventeen* magazine's August 2003 survey and report on oral sex,

entitled *Oral Report.* The lead author was Noelle Howey. Newer references are available. For example, Peggy Orenstein's book *Girls and Sex: Navigating the Complicated New Landscape* (New York: Harper, 2016)——本書名實相符地廣受推崇。作者將強調口交的爽一下文化和她自己在一九七〇年代的成長經驗（她出生於一九六一年）加以比較，對於爽一下的文化如何改變了美國青少年的生活經驗有獨特的見解。但是，爽一下文化和口交的氾濫也不再新鮮了。在二〇〇〇年代，當我寫本書的第一版時，兩者都已成為強勢的社會現象。我特意保留了本章許多舊的參考資料，以強調這些重要議題從二〇〇〇年就已經存在了。

3 Howey and colleagues, "Oral Report," p. 220.

4 Gladys Martinez and colleagues, "Teenagers in the United States: Sexual Activity, Contraceptive Use, and Childbearing, 2006– 2010 National Survey of Family Growth," Hyattsville, Maryland: National Center for Health Statistics, *Vital Health Statistics*, volume 23, number 31, 2011, https://www.cdc.gov/nchs/ data/series/sr_23/sr23_031.pdf.

5 Alexandra Hall, "The Mating Habits of the Suburban High School Teenager," *Boston,* May 2003.

6 Dr. Kass made this remark in an interview on the PBS program *The Merrow Report*, November 29, 2000, "Lessons in Courtship and Marriage."

7 This quote comes from her article, "Forget Sex in the City, Women Want Romance in Their Lives," *Washington Post,* February 9, 2003, p. B2.

8 Hall, "Mating Habits" (cited above).

9 Lisa Diamond, "What Does Sexual Orientation Orient? A Biobehavioral Model Distinguishing Romantic Love and Sexual Desire," *Psychological Review*, volume 110, pp. 173– 192, 2003.

10 Two early reports are Sherif Karama and associates, "Areas of Brain Activation in Males and Females during Viewing of Erotic Film Excerpts," *Human Brain Mapping*, volume 16, pp. 1– 13, 2002; and Stephan Hamann and colleagues, Men and Women Differ in Amygdala Response to Visual Sexual Stimuli," Nature Neuroscience, volume 7, pp. 411– 416, 2004. More recent reports have confirmed and extended these findings: see for example Serge Stoleru and colleagues, "Functional Neuroimaging Studies of Sexual Arousal and Orgasm in Healthy Men and Women: A Review and Meta- analysis," *Neuroscience & Biobehavioral Reviews,* volume 36, pp. 1481– 1509, 2012. See also David Sylva and colleagues, "Neural Correlates of Sexual Arousal in Heterosexual and Homosexual Women and Men," *Hormones and Behavior,* volume 64, pp. 673–684, 2013.

11 See Stoleru and colleagues, "Functional Neuroimaging Studies of Sexual Arousal and Orgasm," previous citation; and also Sylva and colleagues, "Neural Correlates of Sexual Arousal in Heterosexual and Homosexual Women and Men," previous citation.

12 Marisela Hernandez- Gonzalez and colleagues, "Sexual Arousal Decreases the Functional Synchronization Between Cortical

Areas in Young Men," *Journal of Sex & Marital Therapy,* volume 39, pp. 264– 279, 2013.

13 Letitia Anne Peplau, "Human Sexuality: How Do Men and Women Differ?" *Current Directions in Psychological Science*, volume 12, pp. 37– 44, 2003.

14 Neil Malamuth, "Rape Proclivity Among Males," *Journal of Social Issues,* volume 37, pp. 138– 157, 1981.

15 Neil Malamuth, "Testing Hypotheses Regarding Rape: Exposure to Sexual Violence, Sex Differences, and the 'Normality' of Rapists," *Journal of Research in Personality*, volume 14, pp. 121– 137, 1980.

16 Ana Bridges and colleagues, "Aggression and Sexual Behavior in Best- Selling Pornography Videos: A Content Analysis Update," *Violence Against Women*, volume 16, pp. 1065– 1085, 2010.

17 Taylor Kohut and colleagues, "Is Pornography Really About 'Making Hate to Women'? Pornography Users Hold More Gender Egalitarian Attitudes Than Nonusers in a Representative American Sample," *Journal of Sex Research,* volume 53, pp. 1– 11, 2016.

18 Sarah Murnen and colleagues, "A Meta- analytic Review of the Research That Relates Masculine Ideology to Sexual Aggression," *Sex Roles*, volume 46, pp. 359–375, 2002.

19 Anthony Bogaert and colleagues, "Intellectual Ability and Reactions to Pornography," *Journal of Sex Research*, volume 36, pp. 283– 291, 1999.

20 Erik Hedegaard, "The Dirty Mind and Lonely Heart of John Mayer," *Rolling Stone,* June 6, 2012, www.rollingstone.com/music/news/the- dirty- mind- and- lonely- heart- of- john- mayer- 20120606.

21 Roy Baumeister, "Gender Differences in Erotic Plasticity: The Female Sex Drive as Socially Flexible and Responsive," *Psychological Bulletin*, volume 126, pp. 247–274, 2000.

22 Joan Jacobs Brumberg, *The Body Project: An Intimate History of American Girls* (New York: Random House, 1997), p. 190.

23 Anne Jarrell, "The Face of Teenage Sex Grows Younger," *New York Times*, April 2, 2000.

24 Peggy Orenstein, *Girls and Sex: Navigating the Complicated New Landscape* (New York: Harper, 2016), p. 54.

25 Stephen Eyre and Susan Millstein, "What Leads to Sex? Adolescent Preferred Partners and Reasons for Sex," *Journal of Research on Adolescence,* volume 9, pp. 277– 307, 1999.

26 This quote comes from Whitehead' s article "Forget Sex in the City, Women Want Romance in Their Lives," *Washington Post,* February 9, 2003, p. B2.

27 Natalie Kitroeff, "In Hookups, Inequality Still Reigns," *New York Times*, November 11, 2013, http://well.blogs.nytimes.com/2013/11/11/women- find- orgasms- elusive- in- hookups/?_r=0. See also Elizabeth Armstrong, Paula England, and Alison Fogarty, "Orgasm in College Hookups and Relationships," *Families As They Really Are* (New York: W. W. Norton, 2009), pp. 362– 377

28 Dr. Pinsky made these remarks as a guest on the NPR program *Fresh Air,* September 24, 2003. To listen, go to http://www.npr.org/programs/fresh- air/ archive?date=9- 24- 2003, scroll down to "Dr. Drew Pinsky" and click the play button. See also Dr. Pinsky's book Cracked: Putting Broken Lives Together Again (New York: HarperCollins, 2003), especially chapter 10, pp. 111– 117.

29 Catherine Grello, Deborah Welsh, and Melinda Harper, "No Strings Attached: The Nature of Casual Sex in College Students," *Journal of Sex Research*, volume 43, pp. 255– 267, 2006.

30 Hanna Rosin, "Boys on the Side," *The Atlantic*, September 2012, www.theatlantic.com/magazine/archive/2012/09/boys- on-the- side/309062/.

31 Peter Wood, "The Meaning of Sex," *Weekly Standard*, May 4, 2015, www.weeklystandard.com/the- meaning- of- sex/article/928461.

32 B. Bradford Brown, " "You"re Going Out with WHO?' Peer Group Influences on Adolescent Romantic Relationships," in Wyndol Furman, B. Bradford Brown, and Candice Feiring, editors, *The Development of Romantic Relationships in Adolescence* (New York: Cambridge University Press, 1999), pp. 291– 329.

33 對於婚姻的益處，請參考清晰而且像書一樣長的探討：Tara Parker- Pope's book *For Better: How the Surprising Science of Happy Couples Can Help Your Marriage Succeed* (New York: Plume, 2011). Parker- Pope emphasizes that the marriage advantage seems not to apply to miserable couples or to divorcing couples.

34 K. Joyner and J. Udry, "You Don't Bring Me Anything But Down: Adolescent Romance and Depression," *Journal of Health and Social Behavior,* volume 41, pp. 369– 391, 2000. See also Joanne Davila, "Depressive Symptoms and Adolescent Romance: Theory, Research, and Implications," *Child Development Perspectives,* volume 2, pp. 26– 31, 2008; and also Lisa Starr and Constance Hammen, "Genetic Moderation of the Association Between Adolescent Romantic Involvement and Depression: Contributions of Serotonin Transporter Gene Polymorphism, Chronic Stress, and Family Discord," *Development and Psychopathology,* volume 28, pp. 447– 457, 2016.

35 Denise Hallfors and colleagues, "Which Comes First in Adolescence— Sex and Drugs or Depression?" *American Journal of Preventive Medicine,* volume 29, pp. 163– 170, 2005.

36 Jane Mendle and colleagues, "Depression and Adolescent Sexual Activity in Romantic and Nonromantic Relational Contexts: A Genetically- Informative Sibling Comparison," *Journal of Abnormal Psychology,* volume 122, pp. 51– 63, 2013.

37 See, for example, Aubrey Spriggs and Carolyn Halpern, "Sexual Debut Timing and Depressive Symptoms in Emerging Adulthood," *Journal of Youth and Adolescence,* volume 37, pp. 1085– 1096, 2008.

38 See, for example, Catherine Grello and colleagues, "No Strings Attached," cited above.

39 Brian Soller, "Caught in a Bad Romance: Adolescent Romantic Relationships and Mental Health," *Journal of Health and*

Social Behavior, volume 55, pp. 56– 72, 2014.

40 Wyndol Furman and Elizabeth Wehner, "Adolescent Romantic Relationships: A Developmental Perspective," in *Romantic Relationships in Adolescence: Developmental Perspectives,* edited by Shmuel Shulman and Andrew Collins (San Francisco: Wiley/ Jossey- Bass, 1997), pp. 23, 27.

41 National Campaign to Prevent Teen Pregnancy, *14 and Younger: The Sexual Behavior of Young Adolescents* (Washington, DC: 2003), summary at http://thenationalcampaign.org/resource/14- and- younger- sexual- behavior- young- adolescents. See also Conduct Problems Prevention Research Group, "Trajectories of Risk for Early Sexual Activity and Early Substance Use in the Fast Track Prevention Program," *Prevention Science,* volume 15, pp. 33– 46, 2014.

第 7 章

1 CASA: Center on Addiction and Substance Abuse, *The Formative Years: Pathways to Substance Abuse Among Girls and Young Women Ages 8– 22.* In chapter 5, see the heading "Concerns about Weight and Appearance Increase Risk," on pp. 42–45. The report is online at www.centeronaddiction.org/ addiction- research/reports/formative- years- pathways- substance-abuse- among- girls- and- young- women- ages.

2 Dreama Moon and associates, "Ethnic and Gender Differences and Similarities in Adolescent Drug Use and Refusals of Drug Offers," *Substance Use and Misuse,* volume 34, pp. 1059– 1083, 1999.

3 Elisabeth Simantov, Cathy Schoen, and Jonathan Klein, "Health- Compromising Behaviors: Why Do Adolescents Smoke or Drink?" *Archives of Pediatrics and Adolescent Medicine,* volume 154, pp. 1025– 1033, 2000.

4 Emmanuel Kuntsche and colleagues, "Drinking Motives Mediate Cultural Differences but Not Gender Differences in Adolescent Alcohol Use," *Journal of Adolescent Health,* volume 56, pp. 323– 329, 2015. See also Emmanuel Kuntsche and colleagues, "Disentangling Gender and Age Effects on Risky Single Occasion Drinking During Adolescence," *European Journal of Public Health,* volume 16, pp. 670– 675, 2006.

5 See, for example, Kirsti Kumpulainen and Saija Roine, "Depressive Symptoms at the Age of 12 Years and Future Heavy Alcohol Use," *Addictive Behaviors,* volume 27, pp. 425– 436, 2002. See also John Hoffmann and Susan Su, "Stressful Life Events and Adolescent Substance Use and Depression: Conditional and Gender Differentiated Effects," *Substance Use and Misuse,* volume 33, pp. 2219–2262, 1998.

6 Michele Moore and Chad Werch, "Sport and Physical Activity Participation and Substance Use Among Adolescents," *Journal of Adolescent Health,* volume 36, pp. 486– 493, 2005. In an earlier study Deborah Aaron and her colleagues at the University of Pittsburgh found that boys who played sports were slightly more likely to drink alcohol, whereas playing sports had a protective effect for the girls. Playing sports decreased the likelihood that a girl would smoke cigarettes, for example. See

Deborah Aaron and associates, "Physical Activity and the Initiation of High- Risk Health Behaviors in Adolescents," *Medicine and Science in Sports & Exercise,* volume 27, pp. 1639– 1645, 1995

7 Katherine M. Keyes, Guohua Li, and Deborah S. Hasin, "Birth Cohort Effects and Gender Differences in Alcohol Epidemiology: A Review and Synthesis," *Alcoholism: Clinical and Experimental Research,* volume 35, pp. 2101– 2112, 2011.

8 我在這個部分針對酒精的討論改編自我的書《棉花糖女孩》(*Girls on the Edge*)第三章。

9 See Almila Erol and Victor Karpyak, "Sex and Gender- Related Differences in Alcohol Use and Its Consequences: Contemporary Knowledge and Future Research Considerations," *Drug and Alcohol Dependence,* volume 156, pp. 1–13, 2015. See also Enrique Baraona and colleagues, "Gender Differences in Pharmacokinetics of Alcohol," *Alcoholism: Clinical and Experimental Research,* volume 25, pp. 502– 507, 2001; and also the National Institute on Alcohol Abuse and Alcoholism, "Are Women More Vulnerable to Alcohol' s Effects?" *Alcohol Alert,* number 46 (1999), online at http://pubs.niaaa.nih.gov/publications/aa46.htm. 在實驗室動物身上觀察到類似的性別差異,see Silvia Alfonso- Loeches and colleagues, "Gender Differences in Alcohol- Induced Neurotoxicity and Brain Damage," *Toxicology,* volume 311, pp. 27– 34, 2013.

10 See, for example, Krista Medina and colleagues, "Prefrontal Cortex Volumes in Adolescents with Alcohol Use Disorders: Unique Gender Effects," *Alcoholism: Clinical and Experimental Research,* volume 32, pp. 386– 394, 2008. 這些研究者發現,比起不喝酒的青春期女孩(十五到十七歲),濫用酒精的女孩前額葉皮質較小,但青春期男孩卻不是這樣。無論男女,大量喝酒的成年人前額葉皮質都較小。也請參考 K. Mann and colleagues, "Neuroimaging of Gender Differences in Alcohol Dependence: Are Women More Vulnerable?" *Alcoholism: Clinical and Experimental Research,* volume 29, pp. 896– 901, 2005. 他們的結論是:「女性(因為酒精引起的)腦部萎縮發展得比較快。」

11 Krista Lisdahl Medina and colleagues, "Prefrontal cortex volumes in adolescents with alcohol use disorders: unique gender effects," *Alcoholism: Clinical and Experimental Research,* volume 32, pp. 386– 394, 2008.

12 See Timo Kvamme and colleagues, "Sexually Dimorphic Brain Volume Interaction in College- Aged Binge Drinkers," *NeuroImage: Clinical,* volume 10, pp. 310– 317, 2016. 類似的雙態現象也可參考 Lindsay Squeglia and colleagues, "Binge Drinking Differentially Affects Adolescent Male and Female Brain Morphometry," *Psychopharmacology,* volume 220, pp. 529– 539, 2012. For a review, see Lynda Sharrett- Field, "Sex Differences in Neuroadaptation to Alcohol and Withdrawal Neurotoxicity," *European Journal of Physiology*, volume 465, pp. 643– 654, 2013.

13 K. T. Foster and colleagues, "Gender Differences in the Structure of Risk for Alcohol Use Disorder in Adolescence and Young Adulthood," *Psychological Medicine,* volume 45, pp. 3047– 3058, 2015.

第8章

1 在這個主題上，我和學生有過一些有意思的討論。有時候，在和學生公開討論之後，會有一位學生過來跟我說，她確實有寫日記的習慣，但沒有舉手。她不願意在其他同學面前承認，因為寫日記看起來像是書呆子才會做的事情。所以，光看公開舉手的人，可能低估了實際寫日記的人數。

2 Susan Herring and Sanja Kapidzic, "Teens, Gender, and Self- Presentation in Social Media" *in International Encyclopedia of Social and Behavioral Sciences,* 2nd ed., ed. J. D. Wright (Oxford: Elsevier, 2015), pp. 146– 152, full text online at http://info.ils.indiana.edu/~herring/teens.gender.pdf.

3 Jessica Ringrose and colleagues, "Teen Girls, Sexual Double Standards, and Sexting: Gendered Value in Digital Image Exchange," *Feminist Theory,* volume 14, pp. 305– 323, 2013.

4 Nicola Doring and colleagues, "How Gender- Stereotypical Are Selfies? A Content Analysis and Comparison with Magazine Adverts," *Computers in Human Behavior,* volume 55, pp. 955– 962, 2016. 這些學者發現，就好幾個方面而言，女孩在社交媒體上的自我呈現，比廣告更具有性別歧視、更為物化。請參考最近的學術文獻：Izaskun Sarabia and Ana Estevez, "Sexualized Behaviors on Facebook," Computers in Human Behavior, volume 61, pp. 219–226, 2016.

5 Elizabeth Daniels and Eileen Zurbriggen, "The Price of Sexy: Viewers' Perceptions of a Sexualized Versus Nonsexualized Facebook Profile Photography," *Psychology of Popular Media Culture*, volume 5, pp. 2– 14, 2016.

6 Marsha Gabriel and colleagues, "Narcissistic Illusions in Self- Evaluations of Intelligence and Attractiveness," *Journal of Personality,* volume 62, pp. 143– 155, 1994.

7 Sarah Kate Bearman, Erin Martinez, and Eric Stice, "The Skinny on Body Dissatisfaction: A Longitudinal Study of Adolescent Girls and Boys," *Journal of Youth and Adolescence,* volume 35, pp. 217– 229, 2006.

8 Sylvia Beyer, "Gender Differences in Self- Perception and Negative Recall Biases," *Sex Roles*, volume 38, pp. 103– 133, 1998.

9 Emily Grijalva, "Gender Differences in Narcissism: A Meta- analytic Review," *Psychological Bulletin*, volume 141, pp. 261– 310, 2015. 研究者注意到，自戀的神經物質男女大不同。請參考 Wenjing Yang and colleagues, "Gender Differences in Brain Structure and Resting- State Functional Connectivity Related to Narcissistic Personality," *Scientific Reports,* volume 5, article number 10924, 2015, online at www.nature.com/articles/srep10924.

10 Jacqueline Nesi and Mitchell Prinstein, "Using Social Media for Social Comparison and Feedback- Seeking: Gender and Popularity Moderate Associations with Depressive Symptoms," *Journal of Abnormal Child Psychology*, volume 43, pp. 1427– 1438, 2015.

11 Susan C. Herring and Sanja Kapidzic, "Teens, Gender, and Self- Presentation in Social Media," *International Encyclopedia of Social and Behavioral Sciences*, 2nd edition, pp. 146– 152, 2015.

12 Amanda Kimbrough and colleagues, "Gender Differences in Mediated Communication: Women Connect More Than Do Men," *Computers in Human Behavior,* volume 29, pp. 896– 900, 2013.

13 Robert Fairlie, "Do Boys and Girls Use Computers Differently, and Does It Contribute to Why Boys Do Worse in School Than Girls?" IZA Discussion Papers, No. 9302, 2015, online at www.econstor.eu/bitstream/10419/120955/1/ dp9302.pdf.

14 柏拉圖在《對話錄》的斐多篇（Phaedo）裡面說，「真正的哲學家（譯註：原本字義是「愛智者」）會喜悅地離開人世」，又說哲學（愛智）就是「練習死亡」，也就是愉快地面對自己的死亡。網路上有完整文字：http://classics.mit.edu/Plato/phaedo.html.

15 這個連結是澳聯社（AAP）針對五歲以下兒童的指引："Media and Young Minds"：http://pediatrics.aappublications.org/content/pediatrics/138/5/e20162591.full.pdf. 這個連結則是澳聯社針對五歲到十七歲未成年人的指引："Media Use in School-Aged Children and Adolescents"：http://pediatrics.aappublications.org/content/pediatrics/138/5/e20162592.full.pdf.

16 Robert Fairlie, "Do Boys and Girls Use Computers Differently, and Does It Contribute to Why Boys Do Worse in School than Girls?" IZA Discussion Papers, No. 9302, 2015, online at www.econstor.eu/bitstream/10419/120955/1/dp9302.pdf. See also Karla Hamlen, "Re- examing Gender Differences in Video Game Play: Time Spent and Feelings of Success," *Journal of Educational Computing Research*, volume 43, pp. 293– 308, 2010.

17 Mark Griffiths and Nigel Hunt, "Dependence on Computer Games by Adolescents," *Psychological Reports*, volume 82, pp. 475– 480, 1998. See also Rani Desai and colleagues, "Video Game Playing in High School Students: Health Correlates, Gender Differences and Problematic Gaming," *Pediatrics,* volume 126, pp. e1414– e1424, 2010; also Mark Griffiths and colleagues, "Video Game Addiction: Past, Present, and Future," *Current Psychiatry Reviews,* volume 8, pp. 308– 318, 2012; also Gi Jung Hyun and colleagues, "Risk Factors Associated with Online Game Addiction: A Hierarchical Model," *Computers in Human Behavior*, volume 48, pp. 706– 713, 2015; and also Sacip Toker and Meltem Baturay, "Antecedents and Consequences of Game Addiction," *Computers in Human Behavior*, volume 55, pp. 668– 679, 2016.

18 Yvonne Yau and colleagues, "Are Internet Use and Video- Game- Playing Addictive Behaviors? Biological, Clinical, and Public Health Implications for Youths and Adults," *Minerva psichiatrica,* volume 53, pp. 153– 170, 2012. See also Jeanne Funk and colleagues, "Preference for Violent Electronic Games, Self- Concept and Gender Differences in Young Children," *American Journal of Orthopsychiatry*, volume 70, pp. 233– 241, 2000.

19 Fumiko Hoeft, "Gender Differences in the Mesocorticolimbic System During Computer Game- Play," *Journal of Psychiatric Research*, volume 42, pp. 253– 258, 2008.

20 這個部分改寫自我的書《浮萍男孩》第五章。(New York: Basic Books, Second Edition, 2015).

21 The simplest way to watch the commercial is to go to YouTube and enter "Greatness Awaits, PS4" in the search box.

22 Marc Sestir and Bruce Bartholow, "Violent and Nonviolent Video Games Produce Opposing Effects on Aggressive and

Prosocial Outcomes," *Journal of Experimental Social Psychology,* volume 46, pp. 934– 942, 2010. See also Muniba Saleem, Craig Anderson, and Douglas Gentile, "Effects of Prosocial, Neutral, and Violent Video Games on College Students' Affect," *Aggressive Behavior,* volume 38, pp. 263– 271, 2012.

23 Bruce Bartholow and colleagues, "Chronic Violent Video Game Exposure and Desensitization to Violence: Behavioral and Event- Related Brain Potential Data," *Journal of Experimental Social Psychology,* volume 42, pp. 532– 539, 2006. See also Tom Hummer and colleagues, "Short- Term Violent Video Game Play by Adolescents Alters Prefrontal Activity During Cognitive Inhibition," *Media Psychology,* volume 13, pp. 136– 154, 2010.

24 Christopher Barlett and Christopher Rodeheffer, "Effects of Realism on Extended Violent and Nonviolent Video Game Play on Aggressive Thoughts, Feelings, and Physiological Arousal," *Aggressive Behavior,* volume 35, pp. 213–224, 2009.

25 Craig Anderson and colleagues, "Violent Video Game Effects on Aggression, Empathy, and Prosocial Behavior in Eastern and Western Countries: A Metaanalytic Review," *Psychological Bulletin,* volume 136, pp. 151– 173, 2010. 關於很有見解的評論——我知道，無論證據有多麼強，某些保持懷疑態度的人永遠不會被說服——請參考 L. Rowell Huesmann, "Nailing the Coffin Shut on Doubts That Violent Video Games Stimulate Aggression: Comment on Anderson et al. 2010," *Psychological Bulletin,* volume 136, pp. 179– 181, 2010.

26 See Craig Anderson, "Violent Video Games: Myths, Facts, and Unanswered Questions," *Psychological Science Agenda,* volume 16, October 2003; full text available online at www.apa.org/science/about/psa/2003/10/anderson.aspx.

27 *Brown v. Entertainment Merchants Association,* 564 U.S. 786 (2011) (Alito, S., dissenting). The full text of the case, including Justice Alito' s concurrence, is online at www.supremecourt.gov/opinions/10pdf/08- 1448.pdf; the quotes in this paragraph come from pp. 12 and 14 of the concurrence.

28 You can read Professor Anderson's guidelines in full at this link: www.psychology.iastate.edu/faculty/caa/VG_recommendations.html.

29 Patrick Welsh, "It's No Contest: Boys Will Be Men, and They' ll Still Choose Video Games," *Washington Post*, December 5, 2004, p. B1.

30 Tamar Lewin, "At Colleges, Women Are Leaving Men in the Dust," *New York Times,* July 9, 2006, pp. A1, A18, A19.

31 Lewin, "At Colleges, Women Are Leaving," pp. A18, A19.

32 Craig Anderson, Douglas Gentile, and Katherine Buckley, *Violent Video Game Effects on Children and Adolescents* (New York: Oxford University Press, 2007), p. 66.

33 Griffiths and Hunt, "Dependence on Computer Games by Adolescents."

第9章

1 Wendy Waters, Michael Ziegler, and Janice Meck, "Postspaceflight Orthostatic Hypotension Occurs Mostly in Women and Is Predicted by Low Vascular Resistance," *Journal of Applied Physiology*, volume 92, pp. 586– 594, 2002. 更多新近研究顯示，容易有姿位性低血壓的人（無論男女）可以使用個人化的訓練過程。例如 Nandu Goswami and colleagues, "Effects of Individualized Centrifugation Training on Orthostatic Tolerance in Men and Women," *PLOS One,* May 28, 2015, http://journals.plos.org/plosone/article?id=10.1371/journal.pone.0125780.

2 anomalous males：卡根把這些孩子叫做「超級反應」(highly reactive)，但是這個名詞容易帶來混淆，因為在某些情境，這些男孩其實很害羞、很被動、很退縮，而其他的男生卻很主動、很自信。

3 Jerome Kagan and colleagues, "Temperament and Allergic Symptoms," *Psychosomatic Medicine,* volume 53, pp. 332– 340, 1991. See also Iris Bell and colleagues, "Is Allergic Rhinitis More Frequent in Young Adults with Extreme Shyness?" *Psychosomatic Medicine,* volume 52, pp. 517– 525, 1990; and also Anne- Charlotte Lilljeqvist, Dag Smørvik, and Asbjørn Faleide, "Temperamental Differences Between Healthy, Asthmatic, and Allergic Children Before Onset of Illness," *Journal of Genetic Psychology,* volume 163, pp. 219– 227, 2002.

4 Doreen Arcus and Jerome Kagan, "Temperament and Craniofacial Variation in the First Two Years," *Child Development*, volume 66, pp. 1529– 1540, 1995.

5 Shawn Geniole and colleagues, "Fearless Dominance Mediates the Relationships Between the Facial Width- to- Height Ratio and Willingness to Cheat," *Personality and Individual Differences,* volume 57, pp. 59– 64, 2014.

6 See for example Vit Trebicky and colleagues, "Further Evidence for Links Between Facial Width- to- Height Ratio and Fighting Success," *Aggressive Behavior*, volume 41, pp. 331– 334, 2015.

7 Jerome Kagan, Galen' s Prophecy: *Temperament in Human Nature* (New York: Basic Books, 1994), especially chapter 6, "Early Predictors of the Two Types."

8 Patricia Cayo Sexton, *The Feminized Male: Classrooms, White Collars, and the Decline of Manliness* (New York: Random House, 1969).

9 The song is "I Am a Rock," from the Simon & Garfunkel album *Sounds of Silence*, first released in January 1966.

10 Sexton, *Feminized Male*, p. 35.

11 Jerome Kagan, *Galen's Prophecy: Temperament in Human Nature* (New York:Basic Books, 1994), p. 205.

12 Kagan, *Galen's Prophecy*, pp. 204– 207.

13 Sexton, *Feminized Male,* p. 129.

14 當我說：「或是他們自己」時，我想到的是羅斯福總統的非凡故事。他小時候體弱又害羞，總是待在室內、避免運動；他有氣喘。青春期後期，他刻意重新創造自己，以成為戰士為目標。他變成喜歡戶外活動的男人、牛仔和狂野的騎士，並克服了氣喘。古巴革命家切・格瓦拉（Che Guevara）也是如此。

15 Sexton, *Feminized Male*, p. 93.

16 Katherine Green and Malcolm Gynther, "Blue Versus Periwinkle: Color Identification and Gender," *Perceptual and Motor Skills*, volume 80, pp. 27– 32, 1995. See also Dimitris Mylonas, Galina Paramei, and Lindsay MacDonald, "Gender Differences in Colour Naming," Section III, pp. 225– 239 in *Colour Studies: A Broad Spectrum*, edited by Wendy Anderson and colleagues, Amsterdam: John Benjamins Publishing, 2014.

17 See my comments about Theodore Roosevelt and Che Guevara, note 14 above.

18 See, for example, Bonnie Auyeung and colleagues, "Prenatal and Postnatal Hormone Effects on the Human Brain and Cognition," European Journal of Physiology, volume 465, pp. 557– 571, 2013.

19 Hyu Jung Kang and colleagues, "Spatio- temporal Transcriptome of the Human Brain," *Nature*, volume 478, pp. 483– 489, 2011

20 Anton Aluja and colleagues, "Interactions Among Impulsiveness, Testosterone, Sex Hormone Binding Globulin and Androgen Receptor Gene CAG Repeat Length," *Physiology & Behavior*, volume 147, pp. 91– 96, 2015. See also Michael Zitzmann and Eberhard Nieschlag, "The CAG Repeat Polymorphism Within the Androgen Receptor Gene and Maleness," *International Journal of Andrology,* volume 26, pp. 76– 83, 2003.

21 Stuart Seidman and colleagues, "Testosterone Level, Androgen Receptor Polymorphism, and Depressive Symptoms in Middle- Aged Men," *Biological Psychiatry,* volume 50, pp. 371– 376, 2001.

22 Aluja, 2015 (cited above).

23 See for example Marina Butovskaya and colleagues, "Androgen Receptor Gene Polymorphism, Aggression, and Reproduction in Tanzanian Foragers and Pastoralists," *PLOS One,* August 20, 2015, http://dx.doi.org/10.1371/journal.pone.0136208; and also Singh Rajender and colleagues, "Reduced CAG Repeats Length in Androgen Receptor Gene Is Associated with Violent Criminal Behavior," *International Journal of Legal Medicine,* volume 122, pp. 367– 372, 2008.

24 Akitsugu Konno and colleagues, "Androgen Receptor Gene Polymorphisms Are Associated with Aggression in Japanese Akita Inu," *Biology Letters,* volume 7, pp. 658– 660, 2011, full text online at http://rsbl.royalsocietypublishing.org/ content/ roybiolett/7/5/658.full.pdf.

第10章

1 我已經更新了本書第一版裡的這個故事。大約二〇〇〇年時，這個男孩的父母告訴我的故事是，媽媽在兒子床下發現男同性戀雜誌。現在的男孩很少看色情雜誌了，都是在手機上瀏覽色情網站。

2 J. Michael Bailey and colleagues, "Sexual Orientation, Controversy, and Science," *Psychological Science in the Public*

Interest, volume 17, pp. 45– 101, 2016.

3 Lillian Faderman, *The Gay Revolution: The Story of the Struggle* (New York: Simon & Schuster, 2015), p. 546.

4 Siobhan Fenton, "LGBT Relationships Are Illegal in 74 Countries, Research Finds," *Independent*, May 17, 2016.

5 David McCullough, *Truman* (New York: Simon & Schuster, 1993), p. 43.

6 J. Michael Bailey and Richard Pillard, "A Genetic Study of Male Sexual Orientation," *Archives of General Psychiatry,* volume 48, pp. 1089– 1096, 1991.

7 J. Michael Bailey and colleagues, "Genetic and Environmental Influences on Sexual Orientation and Its Correlates in an Australian Twin Sample," *Journal of Personality and Social Psychology*, volume 78, pp. 524– 536, 2000.

8 Niklas Lángström and colleagues, "Genetic and Environmental Effects on Same-Sex Sexual Behavior: A Population Study of Twins in Sweden," *Archives of Sexual Behavior,* volume 39, pp. 75– 80, 2010.

9 Bailey and colleagues, "Sexual Orientation, Controversy, and Science," 2016.

10 Ray Blanchard and Anthony Bogaert, "Homosexuality in Men and Number of Older Brothers," *American Journal of Psychiatry,* volume 153, pp. 27– 31, 1996.

11 Anthony Bogaert, "Biological Versus Nonbiological Older Brothers and Men's Sexual Orientation," *Proceedings of the National Academy of Sciences,* volume 103, pp. 10771– 10774, 2006.

12 Roy Blanchard and colleagues, "The Relation of Birth Order to Sexual Orientation in Men and Women," *Journal of Biosocial Science,* volume 30, pp. 511– 519, 1998.

13 Ray Blanchard, "Fraternal Birth Order and the Maternal Immune Hypothesis of Male Homosexuality," *Hormones and Behavior,* volume 40, pp. 105– 114, 2001. See also Anthony Bogaert and Malvina Skorska, "Sexual Orientation, Fraternal Birth Order, and the Maternal Immune Hypothesis," *Frontiers in Neuroendocrinology*, volume 32, pp. 247– 254, 2011.

14 J. Michael Bailey, "Gay Femininity," in *The Man Who Would Be Queen: The Science of Gender- Bending and Transsexualism* (Washington, DC: National Academies Press, 2003), pp. 61– 84.

15 Nicholas Fonseca, "They' re Here! They' re Queer! And They Don' t Like Your End Tables!" *Entertainment Weekly,* August 8, 2003, pp. 24– 28. 這是《每週娛樂》（*Entertainment Weekly*）八月八日的封面故事，宣稱「這個暑假最誇張的熱門節目」。二〇〇七年十月演出最後一集，不過聽說網飛（Netflix）可能重新製作這個電視節目，見 http://ew.com/tv/2017/01/24/netflix- queer- eye- for- the- straight- guy/.

16 Louis Bayard, "Not All of Us Can Accessorize," *Washington Post*, August 10, 2003, p. B2.

17 Anthony D'Augelli and colleagues, "Gender Atypicality and Sexual Orientation Development Among Lesbian, Gay, and Bisexual Youth," *Journal of Gay & Lesbian Mental Health*, volume 12, pp. 121– 143, 2008. See also Daryl Bem, "Is There a Causal Link Between Childhood Gender Nonconformity and Adult Homosexuality?" *Journal of Gay & Lesbian Mental*

Health, volume 12, pp. 61– 79, 2008.

18 Kenneth Zucker, "Reflections on the Relation Between Sex- Typed Behavior in Childhood and Sexual Orientation in Adulthood," *Journal of Gay & Lesbian Mental Health*, volume 12, pp. 29– 59, 2008. See also Richard Green, "Childhood Cross- Gender Behavior and Adult Homosexuality," *Journal of Gay & Lesbian Mental Health*, volume 12, pp. 17– 28, 2008.

19 Alan Bell, Martin Weinberg, and Sue Hammersmith, *Sexual Preference: Its Development in Men and Women* (Bloomington: Indiana University Press, 1981).

20 Letitia Anne Peplau and Mark Huppin, "Masculinity, Femininity and the Development of Sexual Orientation in Women," *Journal of Gay & Lesbian Mental Health,* volume 12, pp. 145– 165, 2008.

21 Gerulf Rieger and colleagues, "Sexual Orientation and Childhood Gender Nonconformity: Evidence from Home Videos," *Developmental Psychology,* volume 44, pp. 46– 58, 2008.

22 J. Michael Bailey and colleagues, "Effects of Gender and Sexual Orientation on Evolutionarily Relevant Aspects of Human Mating Psychology," *Journal of Personality and Social Psychology,* volume 66, pp. 1081– 1093, 1994.

23 William Masters and Virginia Johnson, *Homosexuality in Perspective* (Philadelphia: Lippincott, Williams & Wilkins, 1979).

24 Donald Symons, *The Evolution of Human Sexuality* (New York: Oxford University Press, 1979), p. 300.

25 Meredith Chivers, J. Michael Bailey, and colleagues, "A Sex Difference in the Specificity of Sexual Arousal," *Psychological Science,* volume 15, pp. 736– 744, 2004. These comments are based on Figure 2, p. 740.

26 Again, see Chivers and colleagues 2004, Figure 2, p. 740 (previous citation).

27 And once again, see Chivers and colleagues 2004, figure 2, p. 740. See also Meredith Chivers and colleagues, "Gender and Sexual Orientation Differences in Sexual Response to Sexual Activities Versus Gender of Actors in Sexual Films," *Journal of Personality and Social Psychology,* volume 93, pp. 1108– 1121, 2007.

28 J. Michael Bailey, "What Is Sexual Orientation and Do Women Have One?" in D. A. Hope (editor), *Contemporary Perspectives on Lesbian, Gay, and Bisexual Identities* (New York: Springer, 2009), pp. 43– 63.

29 *Huffington Post*, "Ke$ha Bisexual: Pop Star Says She Doesn't 'Love Just Men,' " January 2, 2013, www.huffingtonpost.com/2013/01/02/kesha- bisexual- pop- star- doesnt- love- just- men_n_2396180.html.

30 Korin Miller, "Miley Cyrus Identifies as Pansexual. What Does That Mean, Exactly?" *Yahoo! Beauty,* August 28, 2015, www.yahoo.com/beauty/miley- cyrus- identifies- as- pansexual- what- does- 127797473807.html.

31 See, for example, Benedict Carey, "Straight, Gay or Lying? Bisexuality Revisited," *New York Times*, July 5, 2005.

32 Joe Stokes and colleagues, "Predictors of Movement Toward Homosexuality: A Longitudinal Study of Bisexual Men," *Journal of Sex Research,* volume 34, pp. 304– 312, 1997.

33 Gerulf Rieger, Meredith Chivers, and J. Michael Bailey, "Sexual Arousal Patterns of Bisexual Men," Psychological Science,

volume 16, pp. 579– 584, 2005. The quote is from page 582.

34 National Public Radio, "Bisexuality Study," *Day to Day,* July 5, 2005, www.npr.org/templates/story/story.php?storyId=4730109.

35 A. M. Rosenthal, J. Michael Bailey, and colleagues, "The Male Bisexuality Debate Revisited: Some Bisexual Men Have Bisexual Arousal Patterns," *Archives of Sexual Behavior,* volume 41, pp. 135– 147, 2012.

36 但是在《紐約時報》週日版的一篇文章中提到了更新的文章——在發表的兩年後。見 Benoit Denizet- Lewis, "The Scientific Quest to Prove Bisexuality Exists," March 20, 2014, www.nytimes.com/2014/03/23/magazine/the- scientific-quest- to- prove- bisexuality- exists.html.

37 Lisa Diamond, "Was It a Phase? Young Women's Relinquishment of Lesbian/ Bisexual Identities over a 5- Year Period," *Journal of Personality and Social Psychology*, volume 84, pp. 352– 364, 2003.

38 See, for example, Cindy Hazan and Phillip Shaver, "Romantic Love Conceptualized as an Attachment Process," *Journal of Personality and Social Psychology,* volume 52, pp. 511– 524, 1987; and Cindy Hazan and Phillip Shaver, "Love and Work: An Attachment- Theoretical Perspective," *Journal of Personality and Social Psychology,* volume 59, pp. 270– 280, 1990.

39 Lisa Diamond, "What Does Sexual Orientation Orient? A Biobehavioral Model Distinguishing Romantic Love and Sexual Desire," *Psychological Review*, volume 110, pp. 173– 192, 2003. The quotation comes from page 175.

40 Michael Marshal and colleagues, "Suicidality and Depression Disparities Between Sexual Minority and Heterosexual Youth: A Meta- analytic Review," *Journal of Adolescent Health,* volume 49, pp. 115– 123, 2011. See also Alexa Martin- Storey and Robert Crosnoe, "Sexual Minority Status, Peer Harassment and Adolescent Depression," *Journal of Adolescence*, volume 35, pp. 1001– 1011, 2012.

41 Mark Hatzenbuehler, "The Social Environment and Suicide Attempts in Lesbian, Gay, and Bisexual Youth," *Pediatrics,* volume 127, pp. 896– 903, 2011.

42 Michael Marshal and colleagues, "Sexual Orientation and Adolescent Substance Use: A Meta- analysis and Methodological Review," *Addiction*, volume 103, pp. 546– 556, 2008.

43 Elizabeth McConnell and colleagues, "Typologies of Social Support and Associations with Mental Health Outcomes Among LGBT Youth," *LGBT Health,* volume 2, pp. 55– 61, 2015; and also Dorothy Espelage and colleagues, "Homophobic Teasing, Psychological Outcomes, and Sexual Orientation Among High School Students: What Influence Do Parents and Schools Have?" *School Psychology Review,* volume 37, pp. 202– 216, 2008; and also Caitlin Ryan and colleagues, "Family Acceptance in Adolescence and the Health of LGBT Young Adults," *Journal of Child and Adolescent Psychiatric Nursing,* volume 23, pp. 205–213, 2010.

44 Ian Moss, "Ending Reparative Therapy in Minors: An Appropriate Legislative Response," *Family Court Review,* volume 52,

pp. 316– 329, 2014.

45 Ron de Graaf and colleagues, "Suicidality and Sexual Orientation: Differences Between Men and Women in a General Population- Based Sample from the Netherlands," *Archives of Sexual Behavior,* volume 35, pp. 253– 262, 2006.

第11章

1 See for example Margaret Corey and colleagues, "A Case of XX/XY Mosaicism," *American Journal of Human Genetics,* volume 19, pp. 378– 387, 1967; see also Nathalie Josso and colleagues, "True Hermaphroditism with XX/XY Mosaicism, Probably Due to Double Fertilization of the Ovum," *Journal of Clinical Endocrinology & Metabolism*, volume 25, pp. 114–126, 1965.

2 更精確地說，雙性人的染色體性別與性徵代表的性別不一致，例如染色體是 XY，卻因為對雄激素不敏感而看起來是女性；或是性徵無法界定為男性或女性，例如，有一個卵巢和一個睪丸的 XX/XY。此處的定義來自我的文章 "How Common is Intersex? a Response to Anne Fausto- Sterling," *Journal of Sex Research,* volume 39, pp. 174– 178, 2002.

3 數據為百分之〇．〇一八，也就是一萬人中有一．八位。請參考我的文章 "How common is intersex?" (previous citation).

4 Milton Diamond and H. K. Sigmundson, "Sex Reassignment at Birth: Long- Term Review and Clinical Implications," *Archives of Pediatrics and Adolescent Medicine,* volume 151, pp. 298– 304, 1997. 關於「被當成女孩養的男孩」，以下有更多資訊：John Colapinto's book *As Nature Made Him: The Boy Who Was Raised as a Girl* (New York: Harper, 2006).

5 在雷諾（Reiner）的學術文獻中找不到這句話，而是引述自麥克．貝利（J. Michael Bailey）：*The Man Who Would Be Queen: The Science of Gender- Bending and Transsexualism* (Washington, DC: National Academies Press, 2003), p. 49.

6 Steve Friess, "Mike Penner, Christine Daniels: A Tragic Love Story," *LA Weekly,* August 19, 2010.

7 Mike Penner, "Old Mike, New Christine," *Los Angeles Times,* April 26, 2007.

8 Rick Reilly, "Extreme Makeover," *Sports Illustrated,* July 2, 2007.

9 All quotes in this paragraph come from Steve Friess' article for *LA Weekly,* "Mike Penner, Christine Daniels: A Tragic Love Story," August 19, 2010.

10 Friess, "Mike Penner, Christine Daniels," previous citation.

11 Friess, previous citation.

12 Friess, previous citation.

13 Friess, previous citation.

14 Friess, previous citation.

15 Karine Schwarz and colleagues, "Neural Correlates of Psychosis and Gender Dysphoria in an Adult Male," *Archives of Sexual Behavior,* volume 45, pp. 761–765, 2016.

16 關於變性代言者成功遊說解僱祖克的事件，更多資訊可參考 Dr. Zucker, see Jesse Singal, "How the Fight over Transgender Kids Got a Leading Sex Researcher Fired," *New York Magazine,* February 7, 2016, http://nymag .com/ scienceofus/2016/02/ fight- over- trans- kids- got- a- researcher- fired.html.

17 See, for example, Kelley Drummond and colleagues, "A Follow-up Study of Girls with Gender Identity Disorder," *Developmental Psychology,* volume 44, pp. 34–45, 2008; Devita Singh, "A Follow-up Study of Boys with Gender Identity Disorder" Ph.D. dissertation, University of Toronto, 2012, online at http://images.nymag.com/images/2/daily/2016/01/ SINGH- DISSERTATION.pdf; and Madeleine Wallien and Peggy Cohen Kettenis, "Psychosexual Outcome of Gender-Dysphoric Children," *Journal of the American Academy of Child and Adolescent Psychiatry,* volume 47, pp. 1413– 1423, 2008. 仔細探索什麼因子可以預測哪個孩子會持續認為自己是變性者（堅持型），哪些孩子不會堅持（放棄型），請看 Thomas Steensma and colleagues, "Factors Associated with Desistence and Persistence of Childhood Gender Dysphoria: A Quantitative Follow-up Study," *Journal of the American Academy of Child & Adolescent Psychiatry,* volume 52, pp. 582–590, 2013.

18 Bailey, *The Man Who Would Be Queen*, p. 32.

19 Bailey, *The Man Who Would Be Queen*, Part III, "Women Who Once Were Boys."

20 Bailey, *The Man Who Would Be Queen*, pp. 197– 198.

21 Bailey, *The Man Who Would Be Queen*, p. 185.

22 These data are taken from Cecilia Dhejne and colleagues, "Long- Term Follow-up of Transsexual Persons Undergoing Sex Reassignment Surgery: Cohort Study from Sweden," *PLOS One,* 2011, full text online at http://journals.plos.org/ plosone/ article/asset?id=10.1371/journal.pone.0016885.PDF.

23 Lauren Hare and colleagues, "Androgen Receptor Repeat Length Polymorphism Associated with Male- to- Female Transsexualism," *Biological Psychiatry,* volume 65, pp. 93– 96, 2009.

24 Bailey, *The Man Who Would Be Queen,* p. 178.

25 Sebastian Schagen, Ray Blanchard, and colleagues, "Sibling Sex Ratio and Birth Order in Early- Onset Gender Dysphoric Adolescents," *Archives of Sexual Behavior,* volume 41, pp. 541– 549, 2012.

26 Thomas Steensma and colleagues, "Factors Associated with Desistence and Persistence of Childhood Gender Dysphoria: A Quantitative Follow-up Study," *Journal of the American Academy of Child & Adolescent Psychiatry,* volume 52, pp. 582–590, 2013. 這篇文章的表一指出，七十九位男孩中，二十三位是堅持型、五十六位是放棄型，也就是百分之二十九堅持了下來。四十八位女孩中，則是二十四位堅持、二十四位放棄。

27 Kelley Drummond and colleagues, "A Follow-up Study of Girls with Gender Identity Disorder," *Developmental Psychology,* volume 44, pp. 34– 45, 2008.

28 Timo Nieder and colleagues, "Age of Onset and Sexual Orientation in Transsexual Male- to- Females," Journal of Sexual *Medicine,* volume 8, pp. 783–791, 2011.

29 Amy Ellis Nutt, *Becoming Nicole: the Transformation of an American Family* (New York: Random House, 2015), p. 29.

30 Nutt, p. 95.

31 Jay Prosser, *Second Skins: The Body Narratives of Transsexuality* (New York: Columbia University Press, 1998), p. 69.

32 Marco Colizzi and colleagues, "Transsexual Patients' Psychiatric Comorbidity and Positive Effect of Cross- Hormonal Treatment on Mental Health: Results from a Longitudinal Study," *Psychoneuroendocrinology,* volume 39, pp. 65– 73, 2014. See also Gunter Heylens and colleagues, "Effects of Different Steps in Gender Reassignment Therapy on Psychopathology: A Prospective Study of Persons with a Gender Identity Disorder," *Journal of Sexual Medicine,* volume 11, pp. 119– 126, 2014.

33 Kenneth Zucker, Anne Lawrence, and B. P. C. Kreukels, "Gender Dysphoria in Adults," *Annual Review of Clinical Psychology,* volume 12, pp. 217– 247, 2016. The quote is from page 237.

34 J. Eldh and colleagues, "Long- Term Follow up After Sex Reassignment Surgery," *Scandinavian Journal of Plastic and Reconstructive Surgery,* volume 31, pp. 39– 45, 1997; T. S?rensen and P. Hertoft, "Male and Female Transsexualism: The Danish Experiences with 37 Patients," *Archives of Sexual Behavior,* volume 11, pp. 133–155, 1982; P. J. van Kesteren and colleagues, "Mortality and Morbidity in Transsexual Subjects Treated with Cross- Sex Hormones," *Clinical Endocrinology,* volume 47, pp. 337– 342, 1997; and L. J. Gooren and colleagues, "Long- Term Treatment of Transsexuals with Cross- Sex Hormones," *Journal of Clinical Endocrinology and Metabolism,* volume 93, pp. 19– 25, 2008. See also Arnold Grossman and Anthony D' Augelli, "Transgender Youth and Life- Threatening Behaviors," *Suicide and Life- Threatening Behavior*, volume 37, pp. 527– 537, 2007.

35 Dhejne and colleagues, "Long- Term Follow-up of Transsexual Persons," figure 1.

36 Kenneth Zucker and colleagues, "A Developmental, Biopsychosocial Model for the Treatment of Children with Gender Identity Disorder," *Journal of Homosexuality,* volume 59, pp. 369– 397, 2012.

37 Quoted in Erin Anderssen, "Gender Identity Debate Swirls over CAMH Psychologist, Transgender Program," *Globe and Mail,* February 18, 2016.

38 Anderssen, "Gender Identity Debate."

39 Zucker, "Developmental, Biopsychosocial Model" (cited above).

第12章

1 Tina Susman, "Steubenville Rape: More Charges Possible with Grand Jury Probe," *Los Angeles Times,* March 27, 2013.

2 Lynn Messina, "I Don' t Want My Preschooler to Be a 'Gentleman,' " *New York Times*, January 10, 2013.

3 For a sense of the controversy surrounding the policy of affirmative consent, you might start by reading Conor Friedersdorf, "Why One Male College Student Abandoned Affirmative Consent," *The Atlantic*, October 20, 2014; and also Sandy Keenan, "Affirmative Consent: Are Students Really Asking?" *New York Times*, July 28, 2015.

4 Richard Oppel, "Ohio Teenagers Guilty in Rape That Social Media Brought to Light," *New York Times*, March 17, 2013.

5 This summary of the career of Judith Butler is drawn from Gabriele Kuby, *The Global Sexual Revolution*, translated by James Kirchner (Kettering, OH: Angelico, 2015), pp. 47– 48.

6 This quote is from the preamble to the Yogyakarta Principles, drawn up at an international conference in Indonesia in November 2006, as quoted in Kuby, *Global Sexual Revolution*, p. 67.

7 Jennifer Yunger and colleagues, "Does Gender Identity Influence Children's Psychological Well- being?" *Developmental Psychology,* volume 40, pp. 572– 582, 2004; see especially table 4.

8 變性革命的更多資訊請看 Vanessa Baird, "The Trans Revolution," *New Internationalist*, October 2015, https://newint.org/features/2015/10/01/the- trans- revolution- keynote/.

9 Lionel Shriver, "Gender— Good for Nothing," *Prospect*, April 21, 2016. 引述的原文是「在這個即將到來的開明時代，小學會舉辦變性日，就像他們以前舉辦烘焙義賣一樣。我們鼓勵孩子對自己的性別保持彈性，選擇當男孩、女孩或二者之間。」

10 Elizabeth Reis, "Pronoun Privilege," *New York Times*, September 25, 2016.

11 Amanda Datnow, Lea Hubbard, and Elisabeth Woody, *Is Single Gender Schooling Viable in the Public Sector?* (New York: Ford Foundation, 2001), p. 51.

12 Datnow, Hubbard, and Woody, p. 7.

13 二〇一四年——有數據的最近年度——百分之四十．二的新生兒是未婚生子。see Brady Hamilton and colleagues, "Births: Final Data for 2014," *National Vital Statistics Reports,* volume 64, number 12, December 2015, www.cdc.gov/nchs/data/nvsr/nvsr64/nvsr64_12.pdf.

14 二〇一六年，根據美國人口普查局，美國大約有 125,819,000 個家庭（see"America's Families and Living Arrangements: 2016: Households," Table H1, www.census.gov/hhes/families/ data/cps2016H.html). 其中有大約 23,772,000 家庭是已婚夫妻，孩子在八歲以下（see "America's Families and Living Arrangements: 2016: Family Households," Table F1, www.census.gov/hhes/families/data/cps2016F.html). 算起來，大約是百分之十八．九而已，不到百分之二十。

15 對於教男生如何成為男人的加州老師的討論來自我的書《浮萍男孩》新版的第八章 (New York: Basic Books, 2015).

16 法文原文是「On ne nait pas femme: on le devient」。《第二性》（*The Second Sex*）的第一本英文譯本的譯者 H. M. Parsley 將這句話翻譯成：「女人不是生來就是女人，而是成為一個女人。」最近的譯者 Constance Borke 觀察到，法文原文中沒有使用不定冠詞，所以更精準的翻譯為「女人不是生來就是女人，而是成為女人。」為什麼這一點有其重要性，請看

Constance Borde 翻譯的版本 (New York: Vintage, 2011), p. xviii.

17 This quotation is from Charlotte Allen's article "The Transgender Triumph," *Weekly Standard*, March 2, 2015.

18 對於女性主義者如何分析 TERF 一詞的問題，請看 Rebecca Reilly- Cooper, "The Word 'TERF,""November 1, 2016, https://rebeccarc.com/2016/11/01/the- word- terf/.

19 現在至少有四間女子大學允許變性女子（已經變成女人的男人）入學：Mount Holyoke, Mills College, Simmons College, and Bryn Mawr. See Allen, "Transgender Triumph."

20 Quoted in Allen, "The Transgender Triumph."

21 Elinor Burkitt, "What Makes a Woman?" *New York Times*, June 6, 2015.

22 Burkitt, "What Makes a Woman?"

23 Again, see the article by Jane Goodall and her associates in the *American Journal of Physical Anthropology*, "Patterns of Predation by Chimpanzees on Red Colobus Monkeys in Gombe National Park, 1982– 1991," volume 94, pp. 213– 228, 1994 (I cited this article in chapter 4). 他們發現，青少年和成年雄性黑猩猩常常殺死黑白疣猴。古德和同事從未看過青春期雌性黑猩猩殺猴子，即使是成年雌性黑猩猩也很少殺猴子。學者指認出十五隻不同的雄性黑猩猩，每一隻都殺過三隻或更多的猴子，另外還有九隻雄性黑猩猩，每隻都殺過十隻以上的猴子。有一隻雄性黑猩猩甚至殺過七十六隻猴子。相對地，只有兩隻雌性黑猩猩殺過超過兩隻猴子：一隻殺了四隻猴子，一隻（從未交配或懷孕過）殺了十隻猴子。See their Table 3, p. 220.

24 對於這一點——性別不是在出生時「指定」的，而是在出生時「指認」的——我很感謝 Katherine Kersten's article for *First Things*, "Transgender Conformity," December 2016, online at www.firstthings.com/article/2016/12/ transgender-conformity.

25 Quoted in Kuby, *Global Sexual Revolution*, p. 94.

26 Shriver, "Gender— Good for Nothing."

27 See for example Lisa Selin Davis, "My Daughter Is Not Transgender. She's a Tomboy," *New York Times*, April 18, 2017.

28 American Psychiatric Association, *Diagnostic and Statistical Manual of Mental Disorders*, 4th edition (Washington, DC: American Psychiatric Association, 1994), p. 535.

29 A. Bakker and colleagues, "Prevalence of Transsexualism in the Netherlands," *Acta Psychiatrica Scandinavica*, volume 87, pp. 237– 238, 1993.

30 Jan Hoffman, "Estimate of U.S. Transgender Population Doubles to 1.4 million Adults," *New York Times*, June 30, 2016.

31 Abbas Hyderi and colleagues, "Transgender Patients: Providing Sensitive Care," *Journal of Family Practice*, volume 65, pp. 450– 461, 2016. The estimate of "0.3% to 5%" prevalence is on the opening page, p. 450.

32 Lindsay Collin and colleagues, "Prevalence of Transgender Depends on the'Case'Definition: A Systematic Review," *Journal*

of Sexual Medicine, volume 13, pp. 613– 626, 2016.

33 這方面的突破——真正改變大家如何看待性別的文章，讓大家了解性別不是一維的，而是二維的——來自 Alfred Heilbrun's article, "Measurement of Masculine and Feminine Sex Identities as Independent Dimensions," *Journal of Consulting and Clinical Psychology*, volume 44, pp. 183–190, 1976.

34 這些書頁上的圖表——一維或二維——以及關於這些圖表的討論都來自我的書《棉花糖女孩》的第七章 (New York: Basic Books, 2010).

35 如果你不熟悉團體對比效應，可以閱讀 Judith Rich Harris' book *The Nurture Assumption: Why Children Turn Out the Way They Do*, 2nd edition (New York: Simon & Schuster, 2009), chapter 7, "Us and Them," pp. 115– 135.

36 討論女孩和男孩團體對比效應的學術研究，請參考我在《棉花糖女孩》(New York: Basic Books, 2010), pp. 174– 177. 裡的討論。

37 雅芳老農場的故事改編自《浮萍男孩》第二版的第七章 (New York: Basic Books, 2016).

38 Heather Haupt, *Knights in Training: Ten Principles for Raising Honorable, Courageous, and Compassionate Boys* (New York: Tarcher Perigee, 2017).

39 David Gilmore, *Manhood in the Making: Cultural Concepts of Masculinity* (New Haven: Yale University Press, 1990), pp. 14– 15.

40 Gilmore, p. 25.

41 這個故事發生在二〇〇一年的雷灣，加拿大當時的少年法尚未革新。現在，加拿大的男孩第一次犯下非暴力犯罪（沒有造成身體傷害）後，一般不會被送進監獄裡。加拿大的少年犯罪法適用於十二歲到十七歲的未成年人。根據統計，加拿大的少年禁閉比例是西方國家中最高的國家之一，比美國高。二〇〇三年四月一日，新的少年法代替了舊的少年法。請參考 JoAnn Miller- Reid, "Transforming Ontario's Youth Justice System to Improve Outcomes for Youth," presentation at the IPAC Annual Conference 2015, online at www.ipac.ca/documents/adjudicated- miller- reid.pdf.

42 The book that resulted from this conference was titled *Hardwired to Connect*, jointly sponsored by the YMCA of the USA, Dartmouth Medical School, and the Institute for American Values. The authors included child psychiatrist Elizabeth Berger, legendary pediatrician Dr. T. Berry Brazelton, Harvard professor Robert Coles, and Stephen Suomi of the National Institutes of Health, among others. The lead authors were Kathleen Kovner Kline and Arthur Maerlender, both of Dartmouth Medical School. This quote comes from page 24.

43 *Hardwired to Connect*, p. 24.

44 *Hardwired to Connect*, pp. 24 and 57.

45 You can access every article in the special edition, free of charge, at http://onlinelibrary.wiley.com/doi/10.1002/jnr.v95.1- 2/issuetoc.

46 Larry Cahill, "An Idea Whose Time Has Come," *Journal of Neuroscience Research*, volume 95, pp. 12– 13, 2017.

額外資訊：聽覺的性別差異

1 Dennis McFadden, "Sex Differences in the Auditory System," *Developmental Neuropsychology*, volume 14, pp. 261– 298, 1998. The quote is from page 262.

2 Stanley Stevens, "Neural Events and the Psychophysical Law," *Science*, volume 170, pp. 1043– 1050, 1970.

3 Elad Sagi and colleagues, "Identification Variability as a Measure of Loudness: An Application to Gender Differences," *Canadian Journal of Experimental Psychology*, volume 61, pp. 64– 70, 2007. 準確地說：男性對女性的比例是 0.3053：0.2218，也就是 0.3053/0.2218=1.376，男性比女性高出百分之三十七．六，近百分之三十八。感謝 Norwich 於二〇一七年一月二日的私人溝通，為我澄清此事。

4 Lisa D' Alessandro and Kenneth Norwich, "Loudness Adaptation Measured by the Simultaneous Dichotic Loudness Balance Technique Differs Between Genders," Hearing Research, volume 247, pp. 122– 127, 2009. 準確地說：在五十分貝時，男性比女性是 52/36，或 1.444，男性比女性高出百分之四十四。在六十分貝時，男性比女性是 49/33，或 1.485，男性比女性大約高出百分之四十九。再度感謝 Norwich 於二〇一七年一月二日的私人溝通，為我澄清此事。

5 引述來自 Sagi and colleagues, page 69.

6 Diane McGuinness, "Equating Individual Differences for Auditory Input," *Psychophysiology*, volume 11, pp. 115– 120, 1974.

7 Colin Elliott, "Noise Tolerance and Extraversion in Children," *British Journal of Psychology*, volume 62, pp. 375– 380, 1971.

8 Deanna Rogers and colleagues, "The Influence of Listener's Gender on the Acceptance of Background Noise," *Journal of the American Academy of Audiology*, volume 14, pp. 372– 382, 2003.

9 Neil Weinstein, "Individual Differences in Reactions to Noise: A Longitudinal Study in a College Dormitory," *Journal of Applied Psychology*, volume 63, pp. 458– 466, 1978.

10 Dr. Lise Eliot published an article titled "Single- Sex Education and the Brain" (Sex Roles, volume 69, pp. 363– 381, 2013)。她激烈攻擊我在本書第一版裡的主張，即認為女孩和男孩有聽覺上的差異。Eliot 為了反駁我，引述了二〇〇八年賓州大學一位語言學者 Dr. Mark Liberman 的網路文章 "Liberman on Sax on Liberman on Sax on Hearing," Language Log, May 19, 2008, http://languagelog.ldc.upenn.edu/ nll/?p=171. Liberman 在他的網路文章中強烈仰賴德國調查者 Zimmer 和 Ellermeier 於一九九八年的問卷結果，以及 Ellermeier、Eigensteller 和 Zimmer 在二〇〇一年的問卷結果。這些德國調查者的德文問卷則是根據一九七八年 Weinstein 的英文問卷（我在文中已經描述過這個問卷的問題了）。Ellermeier、Eigensteller 和 Zimmer 的問卷針對六十一位大學生調查他們對於噪音的敏感度。他們很驚訝地發現，大部分對噪音敏感的都是女性，大部分對噪音不敏感的人都是男性。他們認為，他們發現的噪音敏感度的性別差異並不典型。為了支持這個看法，他們引述了自己之前的經驗，以及其他人的三份研究報告，都沒有發現任何在噪音敏感度上的性別差異。其中一份研究是 Weinstein（一九七八）的報告，我已經在文中討論過這篇報告的問題了。Ellermeier 與同事引述的第二份研究是 Moreira 和 Bryan 一九七二年的報告。雖然 Moreira 和 Bryan 沒有發現噪音敏感度的性別差異，但是 Ellermeier 與同事沒有指出這個研究只包括五位女性。Moreira 和 Bryan 自己都承認「三十四位受試者之中，只有五位女性，採樣太小了，任何相關結論都無法成立。」（第四五五頁）

Ellermeier 與同事引述的第三份研究是是 Tayler 於一九八四年發表的報告，標題是" A Path Model of Aircraft Noise Annoyance"。但是 Tayler 的報告完全不是原創的經驗研究，而是對過去二十年（一直到一九六三年，倫敦人對於飛機飛過頭上的煩躁反應）出版的數據進行分析。Tayler 的分析是基於噪音敏感度和性別無關的假設之上。Tayler 發現，噪音敏感度是一個人對於飛機飛過頭上是否會感到煩躁的重大預測值。這一點絕對是正確的。但是 Tayler 排除了統計模型中的變數，認為性別不是數據中額外的變數。Tayler 的分析與「噪音敏感度和女性性別共同變化」的可能性一致。總之，Tayler 並未提供足夠資訊，讓讀者重新創造他的一九六三年的倫敦數據，以便和美國最新數據（從一九七〇年以降）相較。

所以，Ellermeier 與同事引述的三篇文獻都為他們的論點（噪音敏感度的性別差異是「非典型」現象）提供了極微弱的支持。Ellermeier 和同事也引述了他們之前使用自己的問卷的經驗（Zimmer 與 Ellermeier，一九九八）。這份問卷緊密跟隨 Weinstein（一九七八）的英文問卷。例如，問卷中有一項是：「我試圖工作的地方有噪音，我會有攻擊性。」受試者必須同意這句話，才會被列為「噪音敏感」。

但是我已經說過了，像這種自省式的問卷會反映出性別的社會建構——女性會不願意承認當別人製造噪音時，自己會生氣或「有攻擊性」——因此遮掩了噪音敏感度的議題，結果讓人困惑。一般而言，女性可能比男性更不會同意「如果某件事情發生了，我會有攻擊性。」的句子。Zimmer、Ellermeier 以及之前的 Weinstein 都沒有覺察到自己的問卷受到了性別的社會建構的影響，沒有考慮到受試者願不願意承認噪音會讓自己有攻擊性的性別差異。

這些就是 Eliot 引述的 Liberman 的網路文章中所仰賴的研究。我們要接受這些主觀調查，而不信任更客觀的心理測量（我在此處引述的研究）嗎？如果是這樣，為什麼？這是 Eliot 應該討論卻沒有討論的問題之一。

回頭看，我們可以理解為什麼 Ellermeier、Eigensteller 和 Zimmer 發現研究中的女性對噪音更為敏感時會感到意外了。因為 Ellermeier 和同事使用如此有偏見的問卷，受試者必須承認自己「有攻擊性」才被視為對噪音敏感，那麼，之後的研究發現女性比男性對噪音更為敏感的結果就確實很令人驚訝了。可能，二〇〇一年的女性比以前的女性更願意承認自己「有攻擊性」。我們其實不知道。研究者可以從中學到的教訓似乎是，如果你想要測量噪音敏感度，就不應該仰賴受試者的自省，不能問他們是否覺得自己「有攻擊性」。你應該用心理測量更直接地評估噪音敏感度。

以下是這篇註解引述的文獻：Wolfgang Ellermeier, Monika Eigenstetter, and Karin Zimmer, "Psychoacoustic Correlates of Individual Noise Sensitivity," *Journal of the Acoustical Society of America*, volume 109, pp. 1464–1473, 2001; Naomi Moreira and M. Bryan, "Noise Annoyance Susceptibility," *Journal of Sound and Vibration*, volume 21, pp. 449– 462, 1972; S. M. Taylor, "A Path Model of Aircraft Noise Annoyance," *Journal of Sound and Vibration*, volume 96, pp. 243– 260, 1984;

Karin Zimmer and Wolfgang Ellermeier, "Konstruktion und Evaluation eines Fragebogens zur Erfassung der individuellen Lärmempfindlichkeit" ["Construction and Evaluation of a Noise Sensitivity Questionnaire"] *Diagnostica*, volume 44, pp. 11– 20, 1998.

11 David DeBonis and Deborah Moncrieff, "Auditory Processing Disorders: An Update for Speech- Language Pathologists," *American Journal of Speech- Language Pathology*, volume 17, pp. 4– 18, 2008.

額外資訊：視覺的性別差異

1 有時候，研究者會讓兒童選擇少數幾個玩具，例如 Sheri Berenbaum and Melissa Hines, "Early Androgens Are Related to Childhood Sex- Typed Toy Preferences," Psychological Science, volume 3, pp. 203– 206, 1992. 其他時候，研究者會和兒童或家長面談，問他喜歡玩什麼玩具，例如 (in chronological order), Brian Sutton- Smith and Benjamin Rosenberg, "Development of Sex Differences in Play Choices During Preadolescence," *Child Development*, volume 34, pp. 119– 126, 1963; Jane Connor and Lisa Serbin, "Behaviorally- Based Masculine- and Feminine- Activity Preference Scales for Preschoolers," *Child Development*, volume 48, pp. 1411– 1416, 1977; Peter Smith and Linda Daglish, "Sex Differences in Parent and Infant Behavior in the Home," *Child Development*, volume 48, pp. 1250– 1254, 1977; David Perry, Adam White, and Louise Perry, "Does Early Sex Typing Result from Children's Attempts to Match Their Behavior to Sex Role Stereotypes?" *Child Development*, volume 55, pp. 2114– 2121, 1984; D. Bruce Carter and Gary Levy, "Cognitive Aspects of Early Sex- Role Development: The Influence of Gender Schemas on Preschoolers' Memories and Preferences for Sex- Typed Toys and Activities," *Child Development*, volume 59 pp. 782– 792, 1988.

2 Both figures here are taken from the paper by Janice Hassett, Erin Siebert, and Kim Wallen, "Sex Differences in Rhesus Monkey Toy Preferences Parallel Those of Children," *Hormones and Behavior*, volume 54, pp. 359– 364, 2008. For the figure depicting toy preferences of children, Hassert and colleagues drew on data originally published by Sheri Berenbaum and Melissa Hines in their paper "Early Androgens Are Related to Childhood Sex- Typed Toy Preferences," *Psychological Science*, volume 3, pp. 203– 206, 1992.

3 Janice Hassett, Erin Siebert, and Kim Wallen, "Sex Differences in Rhesus Monkey Toy Preferences Parallel Those of Children," *Hormones and Behavior*, volume 54, pp. 359– 364, 2008.

4 這是稱為「奧卡姆剃刀」（Occam's Razor）的邏輯學法則。牛頓在《數學法則》（Principia Mathematica, 1687）中如此解釋：「對於同樣的自然結果，我們必須盡量用相同的原因來詮釋。」無論我們如何解釋雄性猴子喜歡玩卡車，不喜歡玩娃娃的事實，邏輯上都應該用同樣的解釋來解釋人類兒童的同樣結果。因此，如果我們無法用性別的社會建構來解釋猴子的行為，（除非違反奧卡姆剃刀法則）就無法用性別的社會建構來解釋人類兒童的行為。

5 Melvin Konner, *The Evolution of Childhood: Relationships, Emotion, Mind* (Cambridge, MA: Harvard University Press, 2010), p. 675.

6 I am borrowing the title of this section from the letter on this subject written by Melissa Hines and Gerianne Alexander, "Monkeys, Girls, Boys and Toys," *Hormones and Behavio*r, volume 54, pp. 478– 479, 2008.

7 Gerianne Alexander and Melissa Hines, "Sex Differences in Response to Children' s Toys in Nonhuman Primates," *Evolution and Human Behavior*, volume 23, pp. 467– 479, 2002.

8 Gerianne Alexander, "An Evolutionary Perspective of Sex- Typed Toy Preferences: Pink, Blue, and the Brain," *Archives of Sexual Behavior*, volume 32, pp. 7– 14, 2003.

9 Leslie Ungerleider 和 Mortimer Mishkin 是神經科學家，大家公認他們是首先——在一九八〇年代早期——發現「什麼」系統和「何處」系統在解剖上的差別的人。請參考 "Object Vision and Spatial Vision: Two Cortical Pathways," *Trends in Neuroscience*, volume 6, pp. 414– 417, 1983.

10 For a review of this literature, please see the article by Melvyn Goodale and David Westwood, "An Evolving View of Duplex Vision: Separate But Interacting Cortical Pathways for Perception and Action," *Current Opinion in Neurobiology*, volume 14, pp. 203– 211, 2004.

11 Gerianne Alexander, Teresa Wilcox, and Rebecca Woods, "Sex Differences in Infants' Visual Interest in Toys," *Archives of Sexual Behavior*, volume 38, pp. 427–433, 2009. 關於嬰兒視覺上的性別差異，請參考 Anna Horwood and Patricia Riddell, "Gender Differences in Early Accommodation and Vergence Development," *Ophthalmic and Physiological Optics*, volume 28, pp. 115– 126, 2009.

12 Robert Handa and Robert McGivern, "Steroid Hormones, Receptors, and Perceptual and Cognitive Sex Differences in the Visual System," *Current Eye Research*, volume 40, pp. 110– 127, 2015. The quote is from page 116. These authors cite seven different studies in support of this statement (their references 82 through 88).

13 Robert McGivern and colleagues, "Men and Women Exhibit a Differential Bias for Processing Movement Versus Objects," *PLOS One*, March 14, 2012, DOI: 10.1371/journal.pone.0032238, www.plosone.org/article/info%3Adoi%2F10.1371%2Fjournal.pone.0032238.

14 Melissa Hines and colleagues, "Spatial Abilities Following Prenatal Androgen Abnormality: Targeting and Mental Rotations Performance in Individuals with Congenital Adrenal Hyperplasia," *Psychoneuroendocrinology*, volume 28, pp. 1010– 1026, 2003.

15 Katrin Amunts and colleagues, "Gender- Specific Left- Right Asymmetries in Human Visual Cortex," *Journal of Neuroscience*, volume 27, pp. 1356– 1364, 2007, full text available at no charge at this link: www.jneurosci.org/cgi/content/

full/27/6/1356.

16 John Vanston and Lars Strother, "Sex Differences in the Human Visual System," *Journal of Neuroscience Research*, volume 95, pp. 617–625, 2017.

17 在大部分的教育學院，表示某一科的教學方法應該男女有別比較好，就會被視為政治不正確。在這個不幸的趨勢中，有兩個例外：Stetson University in DeLand, Florida, and the University of Nevada at Reno.

國家圖書館出版品預行編目 (CIP) 資料

養男育女調不同 / Leonard Sax 著；洪蘭 & 丁凡譯 .
-- 二版 . -- 臺北市：遠流，2020.08
面；　公分
譯自：Why Gender Matters, 2nd ed.

ISBN 978-957-32-8806-0（平裝）

544.7　　　　109007364

養男育女調不同 全新增訂版

作　　者——Leonard Sax
譯　　者——洪蘭（初版）& 丁凡（新版補譯）

副總編輯——陳莉苓
特約編輯——張立雯
封面設計——唐壽南
排　　版——平衡點設計

發 行 人——王榮文
出版發行——遠流出版事業股份有限公司
100 臺北市南昌路二段 81 號 6 樓
電話／ 02-2392-6899・傳真／ 02-2392-6658
郵政劃撥／ 0189456-1
著作權顧問——蕭雄淋律師

2020 年 8 月 1 日　三版一刷
售價新台幣 400 元（缺頁或破損的書，請寄回更換）

遠流博識網　http://www.ylib.com　e-mail:ylib@ylib.com

WHY GENDER MATTERS, 2nd Edition: What Parents and Teachers Need to Know about the Emerging Science of Sex Differences by Leonard Sax

Published in the United States by Harmony Books, an imprint of the Crown Publishing Group, New York.
Published in agreement with Leonard Sax c/o FELICIA ETH LITERARY REPRESENTATION, Palo Alto, California, U.S.A.
through Chinese Connection Agency, a Division of the Yao Enterprises, LLC.